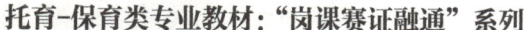

托育-保育类专业教材："岗课赛证融通"系列

数字化教育技术应用

SHUZIHUA JIAOYU JISHU YINGYONG

主　编：尚　武
副主编：邱小云
编　委：陈　艳
　　　　李　江
　　　　闻绘敏
　　　　陈　鑫

北京师范大学出版集团
BEIJING NORMAL UNIVERSITY PUBLISHING GROUP
北京师范大学出版社

图书在版编目（CIP）数据

数字化教育技术应用／尚武主编 . -- 北京：北京师范大学出版社，2024.10
ISBN 978-7-303-29575-3

Ⅰ.①数… Ⅱ.①尚… Ⅲ.①学前教育—计算机辅助教学—中等专业学校—教材 Ⅳ.① G613-39

中国国家版本馆 CIP 数据核字（2023）第 218337 号

出版发行：北京师范大学出版社 https://www.bnupg.com
北京市西城区新街口外大街 12-3 号
邮政编码：100088

印　　刷：	鸿博睿特（天津）印刷科技有限公司
经　　销：	全国新华书店
开　　本：	889 mm × 1194 mm　1/16
印　　张：	13.75
字　　数：	288 千字
版　　次：	2024 年 10 月第 1 版
印　　次：	2024 年 10 月第 1 次印刷
定　　价：	48.00 元

策划编辑：姚贵平	责任编辑：易　新　张　沫
美术编辑：焦　丽	装帧设计：焦　丽
责任校对：陈　民	责任印制：赵　龙

版权所有 侵权必究
读者服务电话：010-58806806
如发现印装质量问题，影响阅读，请联系印制管理部：010-58800608

前言

信息技术的发展不仅给社会带来了巨大影响，促进了经济的飞速发展，也给人们的学习、生活、工作带来了便利，促进了教育的重大变革。在信息化浪潮的冲击下，数字化教育技术已经成为现代教育不可或缺的重要技术手段。在信息化时代，学生的知识来源更丰富、更多样化，知识更新的速度前所未有，教师的教学也面临更多的挑战，广大师生只有更加深入地了解并学习数字化教育技术，才能跟上潮流、适应时代的发展。

党的二十大报告指出，科技是第一生产力、人才是第一资源、创新是第一动力。要把技能人才作为第一资源来对待，特别是要将高技能人才纳入高层次人才进行统一部署。根据中职学校的人才培养目标要求，中职学生通过对信息技术基础知识与技能的学习，能够增强信息意识、发展计算思维、提高数字化学习与创新能力、树立正确的信息社会价值观和人生观，养成符合时代要求的信息素养与适应职业发展的信息能力。

数字化教育技术同样也是学前教育信息化的重要内容，是职业教育幼儿保育专业学生必须掌握的信息技术。掌握电子文档、电子表格、多媒体课件的制作方法和多媒体技术的应用，对提高工作效率，提高教育的信息化水平，加强家园沟通，实现幼儿园的信息化管理有重要作用。

本书由四个模块组成，主要内容包括幼儿园教育活动文档设计、幼儿园教育活动表格制作、幼儿园多媒体课件制作、幼儿园多媒体技术应用。

幼儿园教育活动文档设计（模块一）：主要讲解运用 Word 文字编辑软件制作幼儿保育工作中所需文档的操作步骤。

幼儿园教育活动表格制作（模块二）：主要讲解运用 Excel 电子表格处理软件制作幼儿保育工作中所需表格的操作步骤。

幼儿园多媒体课件制作（模块三）：主要讲解运用 PowerPoint 图形演示文稿软件制作幼儿保育工作中所需多媒体课件的方法。

幼儿园多媒体技术应用（模块四）：主要讲解幼儿保育工作中微课的制作方法和一些常用软件的使用方法，内容包括微课的制作、HTML5 页面的制作、美篇的制作、直播平台的使用及一些常用微信小程序的使用。

本书针对中等职业教育幼儿保育专业进行编写，针对性强，结构清晰，图文并茂，强调实用性、操作性和专业性，结合"岗课赛证"的要求，采用项目任务式编排方式，充分体现了"做中学，做中教"的教学理念。此外，本书配备微课视频、多媒体课件等电子资源，读者只需扫描本书中提供的二维码，便可以查看相应配套资源，学习掌握相应技能。

本书充分发挥课程思政的作用，在编写过程中将古诗词、中国传统节日等思政元素充分融入，让学生在学习的过程中也能受到思想熏陶。

本书计划课时为 36 课时。建议课时分配如下表。

序号	模块	内容		建议课时
一	幼儿园教育活动文档设计	任务 1	制作幼儿园自主性游戏设计教案	2 课时
		任务 2	制作幼儿园检查登记表	2 课时
		任务 3	制作幼儿园半日活动方案	2 课时
二	幼儿园教育活动表格制作	任务 1	制作幼儿基本信息表	2 课时
		任务 2	制作幼儿体检信息表	2 课时
		任务 3	制作幼儿素质发展报告表	2 课时
三	幼儿园多媒体课件制作	任务 1	制作数学课件	2 课时
		任务 2	制作古诗鉴赏课件	2 课时
		任务 3	制作交通安全教育课件	2 课时
		任务 4	制作中秋节主题活动课件	2 课时
四	幼儿园多媒体技术应用	任务 1	制作动态邀请函	4 课时
		任务 2	制作 HTML5 招生宣传页面	4 课时
		任务 3	微课设计与制作	2 课时
		任务 4	制作美篇	2 课时
		任务 5	开展线上教学	2 课时
		任务 6	制作调查问卷	1 课时
		任务 7	制作打卡接龙	1 课时

本书由尚武担任主编，由邱小云担任副主编，编写分工为：闻绘敏编写模块一，陈艳编写模块二，邱小云编写模块三，李江编写模块四中的任务 1 至任务 5，陈鑫编写模块四中的任务 6 和任务 7。

受编者水平所限，书中难免存在疏漏和不足之处，敬请广大读者及专家批评指正（发邮件到 yaoguiping@126.com），以便我们修订、完善。

模块一 幼儿园教育活动文档设计……1

- 任务1 制作幼儿园自主性游戏设计教案……2
- 任务2 制作幼儿园检查登记表……12
- 任务3 制作幼儿园半日活动方案……20

模块二 幼儿园教育活动表格制作……29

- 任务1 制作幼儿基本信息表……30
- 任务2 制作幼儿体检信息表……40
- 任务3 制作幼儿素质发展报告表……46

模块三 幼儿园多媒体课件制作……55

- 任务1 制作数学课件……56
- 任务2 制作古诗鉴赏课件……65
- 任务3 制作交通安全教育课件……79
- 任务4 制作中秋节主题活动课件……90

模块四 幼儿园多媒体技术应用……99

- 任务1 制作动态邀请函……100
- 任务2 制作HTML5招生宣传页面……133
- 任务3 微课设计与制作……153
- 任务4 制作美篇……166
- 任务5 开展线上教学……175
- 任务6 制作调查问卷……184
- 任务7 制作打卡接龙……198

附录 全书任务素材……212

模块一 幼儿园教育活动文档设计

学习目标

通过本模块的学习,学生可以解决文档排版中常见的问题,提升文档编辑与应用的能力,从而可以解决工作中常见的问题,具体目标如下。

1. 掌握文档创建、保存、加密的方法。
2. 熟练地进行文本格式编辑,包括设置字体、字号、颜色、间距等。
3. 熟练地进行段落格式编辑,包括对齐方式、缩进、行距、段落间距等。
4. 灵活应用项目符号及编号。
5. 掌握各种常用文档表格的创建、编辑、美化操作。
6. 熟练完成插入图片、文本框等操作,实现图文混排效果。
7. 独立完成文档页面设置。
8. 掌握文档的输出、打印方法。

学习导航

幼儿园教育活动文档设计

- 任务1 制作幼儿园自主性游戏设计教案
  - 文档基本操作
  - 设置文本格式
  - 设置图片格式
- 任务2 制作幼儿园检查登记表
  - 表格的创建
  - 表格的编辑与美化
- 任务3 制作幼儿园半日活动方案
  - 设置封面
  - 编辑文本框
  - 设置页眉、页脚、页码
  - 设置文档的输出和打印

模块导入

文档排版是幼儿保育工作中常需要进行的操作,设置不同,文档呈现的效果也会不一样。使用文档排版的各种方法优化版面的布局,会使版面内容的呈现更加直观、更具美感,从而便于具体工作的开展。如何用 Word 软件排版文档?如何设置字体、字号,如何插入表格和图片呢?我们将在本模块学习这些操作,让我们开始吧!

任务 1
制作幼儿园自主性游戏设计教案

学习任务单

姓名		班级		学习时间	2 课时	
序号	任务描述		学习建议	完成效果		
				自己评	同伴评	教师评
1	文档基本操作。		以实践操作为主,掌握对文档的基本操作,包括创建文档、保存文档和文档加密。			
2	设置文本格式。		实践操作为主,独立完成文字格式的编辑,如字体、字号、颜色的设置,结合案例和布局调整段落格式。			
3	设置图片格式。		以实践操作为主,插入并设置图片格式。			
学习反思						

芒果同学在制作以游戏设计为主题的教案，为了让电子教案更加精致、美观，想对文档中文字的字号与颜色进行调整，同时为使条理清晰，想要添加编号。想法有了但不知道如何实施，芒果同学向苏老师问道："苏老师，Word软件中如何改变字号、颜色，怎么排版能使教案美观呢？"苏老师笑着说："这个不难，在工具栏中设置一下就可以，而且可以根据需要设置出各种效果，让版面更加有条理。"让我们一起跟着苏老师来学习吧！

请思考

1. 文字的字体、字号、颜色如何修改？
2. 字符间距、行距又该如何编辑？
3. 项目符号和编号如何添加？
4. 边框与底纹如何设置？

好的教学设计方案是教学活动顺利实施并取得良好效果的基础，它可以对教学活动的开展进行引导和限制。为了更好地开展授课，使课堂教学思路清晰，重点突出，授课教案的编写非常重要。在制作电子教案时，可以对文档进行排版，通过字体、字号、颜色及各种设置，让教案条理清晰，重难点突出，让整个授课环节流畅。

本次任务是设计幼儿寓言故事《小马过河》的教学方案，如图1-1-1所示为目标效果。通过字体与字号的设置、颜色的改变、编号与项目符号的添加等技巧来完成教案的排版。

图1-1-1 《小马过河》教学活动设计方案（范本）

 学习笔记

下面将介绍教学活动设计方案的具体制作方法，包括新建和保存文档、文本的编辑及段落格式的编辑等，现在开始我们的学习之旅吧。

一、文档基本操作

打开 Word 应用程序后，系统将自动新建一个名为"文档1"的空白文档，用户可以根据实际需求进行命名与保存。新建文档、保存文档及加密文档的具体操作如下。

1. 双击桌面上 Word 软件快捷方式图标 ，选择空白文档即可打开工作界面；或者单击"开始"按钮，在打开的"开始"菜单中单击"所有程序"→"Word 2016"→"空白文档"，即可创建空白文档，如图 1-1-2 所示和图 1-1-3 所示。

图 1-1-2　启动 Word

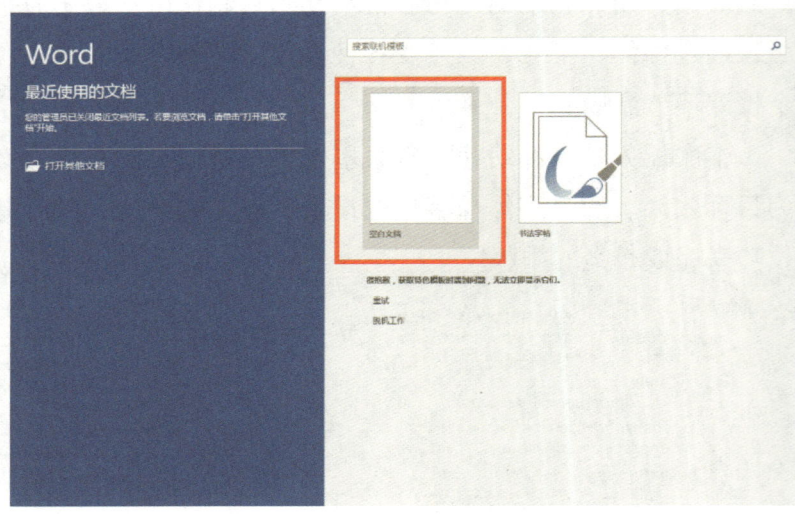

图 1-1-3　新建文档

2. 将新建的空白文档保存。单击工具栏中的"文件"→"另存为"，打开"另存为"对话框，选择保存路径，输入文档的名称后单击"保存"按钮即可保存，如图 1-1-4 和图 1-1-5 所示。

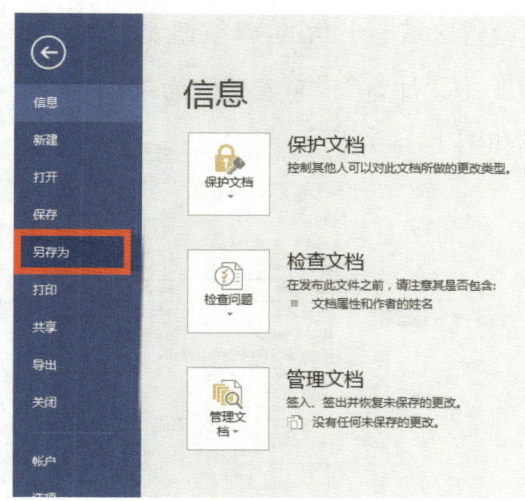
图 1-1-4　保存文档

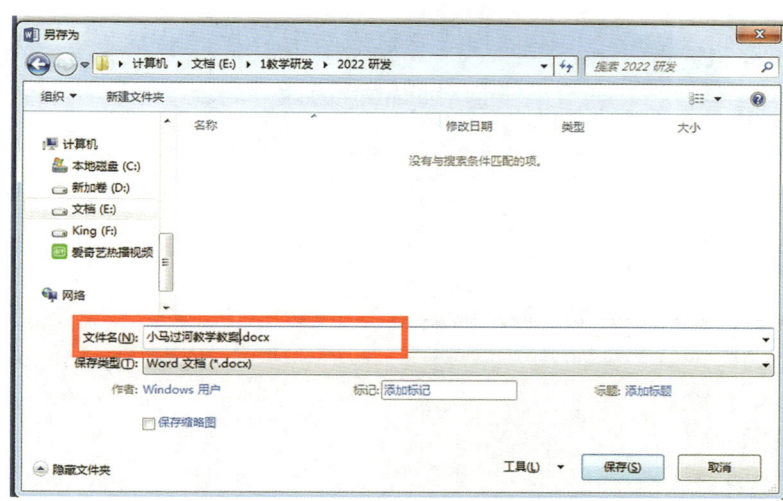
图 1-1-5　命名文档

3. 为了保护重要文档的安全，可以单击"文件"→"信息"→"保护文档"→"用密码进行加密"，即可给文档设置密码保护，如图 1-1-6 和图 1-1-7 所示。

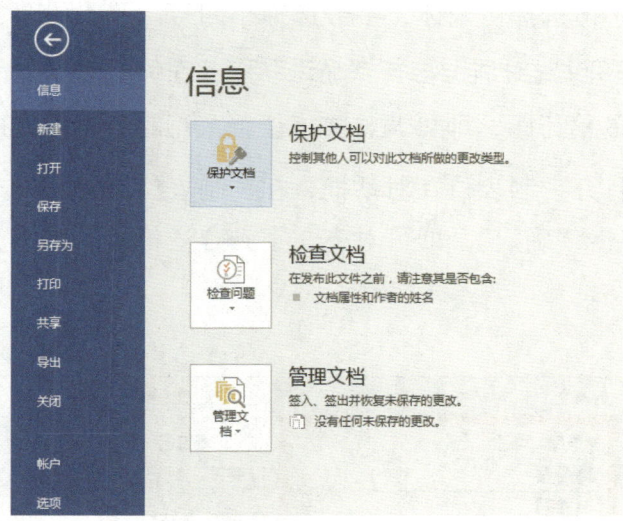
图 1-1-6　保护文档

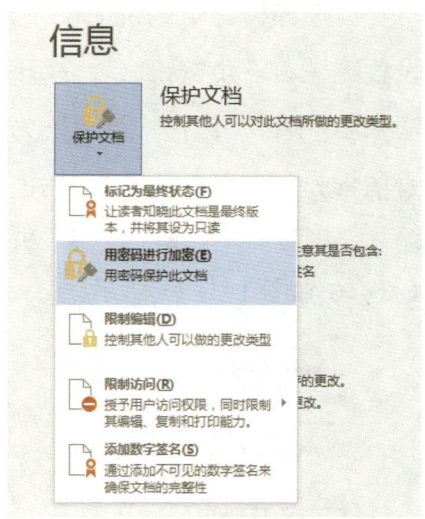
图 1-1-7　设置密码

温馨提示

"新建文档"的快捷键：Ctrl+N；"保存"的快捷键：Ctrl+S；"另存为"的快捷键：F12。

"保存"和"另存为"在第一次保存文档时是相同的；如果文档之前已经被保存过，用户对文档进行编辑后，可以用"另存为"保存文档，这样可以不覆盖之前的文档，而是重新命名文档并保存。

学习笔记

二、设置文本格式

设置文本格式是 Word 文档排版时最常用的操作之一，为了使文档美观，在完成文本输入之后，可以对文本进行字体格式和段落格式编辑。下面我们来学习《小马过河》教案的编辑。具体操作如下。

1. 双击打开《小马过河》教案文档，用鼠标选中标题，单击"开始"→"字体"，选择黑体，字号选择三号，如图 1-1-8 所示。

2. 选择标题文字，单击"开始"→"段落"，单击"居中"按钮，将所选标题设置为居中对齐；单击工具栏字体设置区域右下角的按钮，打开"字体"对话框，选择"高级"→"字符间距"→"加宽"，输入磅值为1.4磅，即可调整标题文字的字符间距，如图1-1-8和图1-1-9所示。

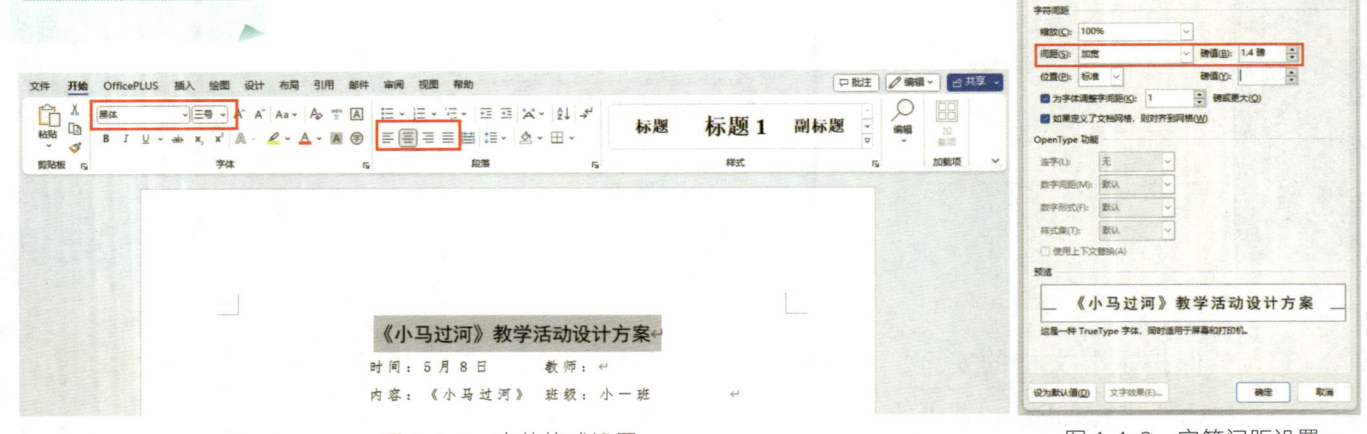

图1-1-8　字体格式设置　　　　　　　图1-1-9　字符间距设置

3. 选择标题下的说明文字，字体选择仿宋体，字号选择小四号。单击段落设置区域右下角按钮，打开段落设置对话框，在"缩进"→"左侧"选项处输入10字符，选择"行距"为1.5倍行距，即可调整文字位置及行距。再单击对话框左下角"制表位"按钮，打开"制表位"对话框，在"制表位位置"处输入24字符，单击"设置"并单击"确定"，即可对齐文字到合适位置，如图1-1-10和图1-1-11所示。

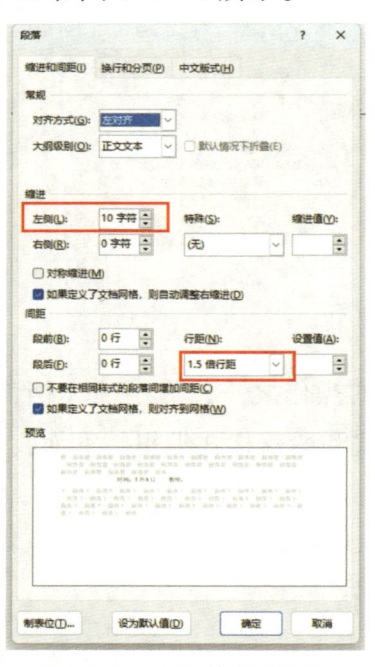 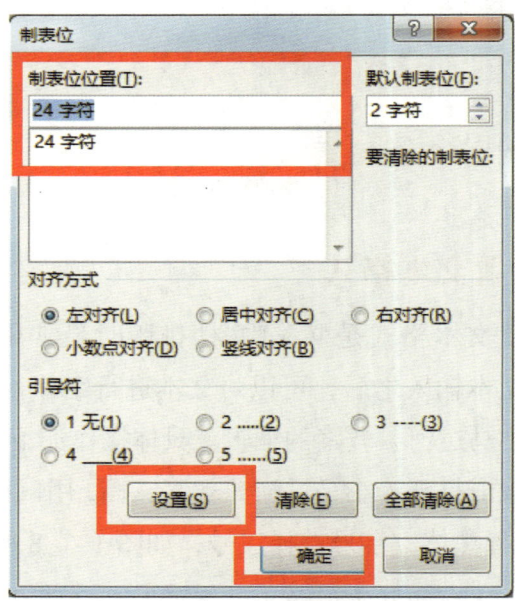

图1-1-10　设置缩进和行距　　　　　　图1-1-11　设置制表位

4.根据以上步骤设置好相关参数,就可以调整好教案的开头部分,如图1-1-12所示。

《小马过河》教学活动设计方案

时间：5月8日　　　教师：

内容：《小马过河》　　班级：小一班

图1-1-12　调整后教案开始部分

5.选中相关文本,单击"段落"中的编号按钮 ，选择编号库中合适的编号格式,即可添加编号,打开"段落"对话框,设置左侧缩进2字符,如图1-1-13、图1-1-14和图1-1-15所示。

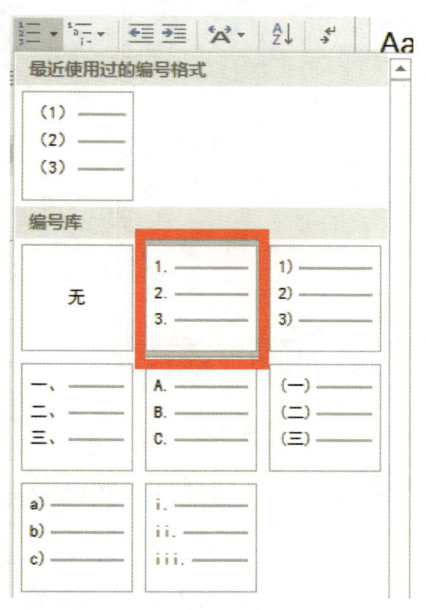

图1-1-13　设置编号

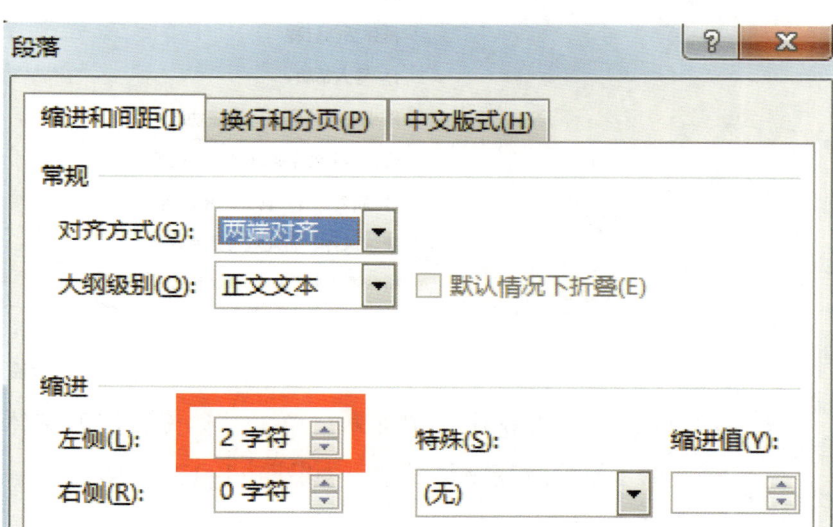

图1-1-14　设置缩进量

《小马过河》教学活动设计方案

时间：5月8日　　　教师：

内容：《小马过河》　　班级：小一班

活动目标：

1. 引导幼儿仔细观察图片,讲述故事大概内容。
2. 激发幼儿参与表演的兴趣,并能大胆地进行角色表演。
3. 乐于参与活动,与同伴进行互动。

图1-1-15　排版效果

6.选中相关文本,打开"段落"对话框,选择"缩进"→"特殊格式"→"首行缩进"→"缩进值"→"2字符",单击"确定"按钮,如图1-1-16所示。

温馨提示

打开字体对话框快捷键：Ctrl+D；制表位使用方法：先设置参数,将鼠标放在需要调整位置的文本前方,按Tab键即可。

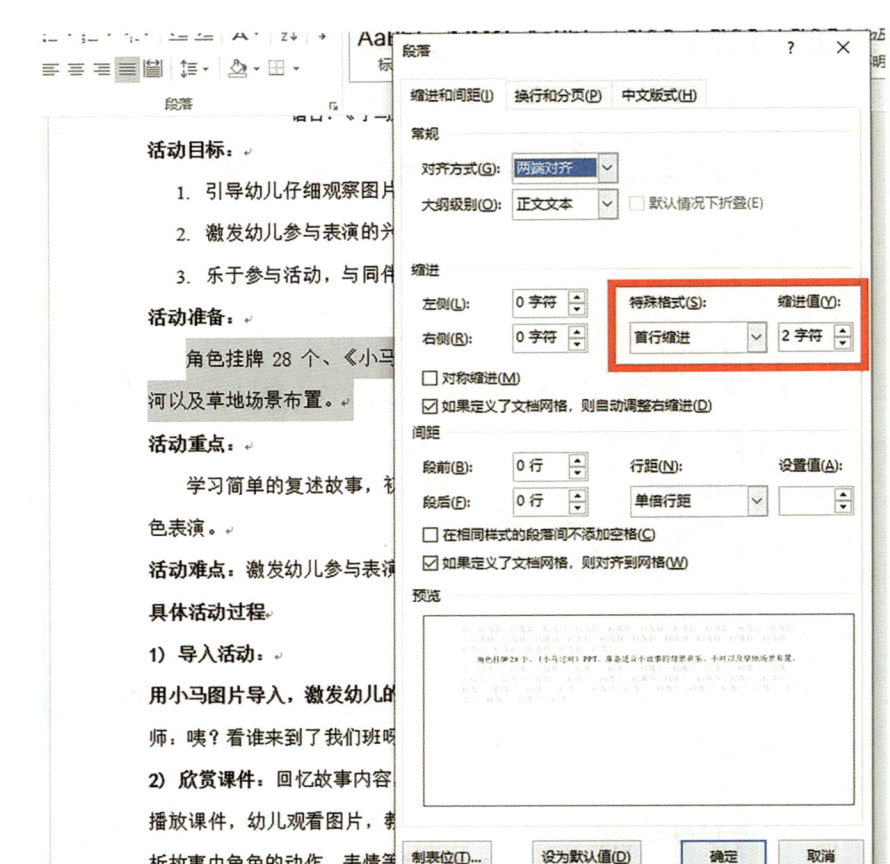

图 1-1-16　设置段落首行缩进效果

7. 选中相关文本，单击字体设置组的字体颜色按钮 ，选择标准色红色，即可改变字体颜色，如图 1-1-17 所示。

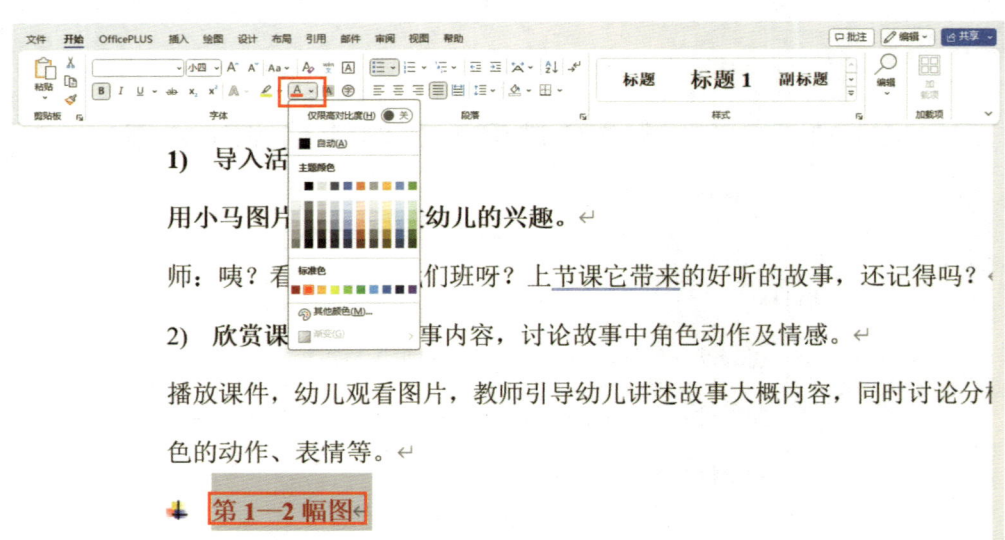

图 1-1-17　改变文本的颜色

8. 选中相关文本，单击段落设置组中的边框按钮 ，打开下拉列表，选择"边框与底纹",打开"边框和底纹"对话框,设置边框样式并应用于文字,如图 1-1-18 和图 1-1-19 所示。

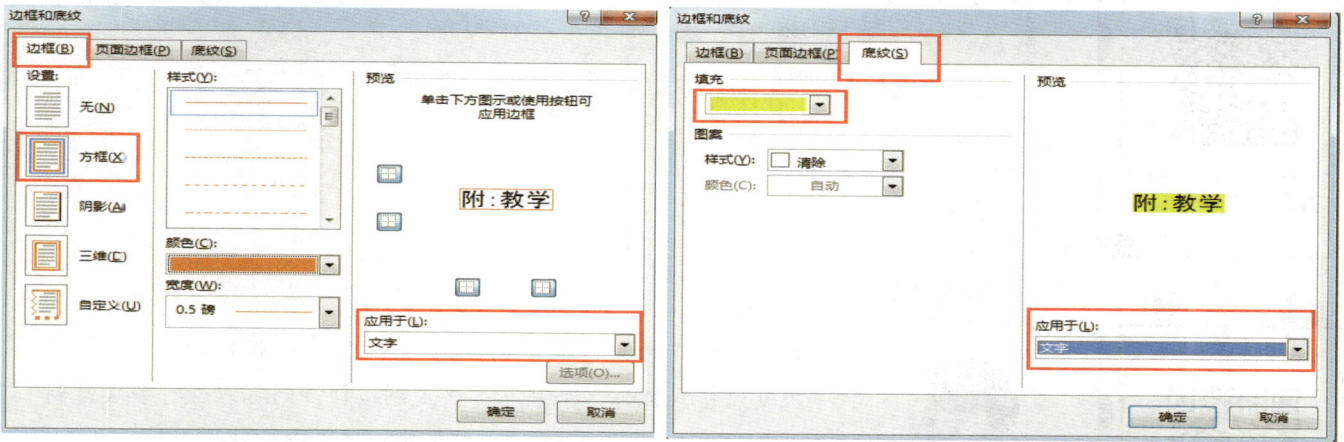

图 1-1-18　文字边框设置　　　　　　图 1-1-19　文字底纹设置

三、设置图片格式

1.在合适位置单击"插入",在工具栏中选择图片按钮 ,打开对话框,找到需要插入图片的存储路径,选择相应图片,点击"插入"即可,如图 1-1-20 所示。

图 1-1-20　"插入图片"对话框　　　　　图 1-1-21　设置图片大小

2.选择插入进来的图片,单击工具栏"设置图片格式",单击"大小"设置组中的按钮 ,即可打开"设置图片格式"对话框,可以根据需要调整高度和宽度,单击"确定"即可,如图 1-1-21 所示。

3.按上述方法,可以依次插入其他图片,然后根据需要调整大小。

温馨提示

调整图片大小,也可以按 Shift 键,拖拽图片的任意一角;选中图片,还可以选择不同的文字环绕方式,如嵌入型、四周型、上下型、紧密型等。

要点小结

1. Word中字体格式和段落格式的设置是非常重要的,尤其是字体、字号、颜色、字间距、行距及对齐方式。

2. 项目符号和编号的添加可以让教案更有条理,更方便教学。

3. 边框和底纹的设置可以让画面色彩更丰富,是我们在排版中常用的方法。

微课：字符格式编辑

拓展阅读 ▶▶▶

在使用格式刷复制文本格式时,单击格式刷按钮一次,可以执行一次复制格式操作;如果双击格式刷按钮,则可以进行多次复制操作。复制完成后,可以按Esc键,退出格式复制状态。

设置文本格式时常用的快捷键如下。

调整字号大小：Ctrl+Shift+</>　　设置1.5倍行距：Ctrl+5

字体加粗：Ctrl+B　　字体倾斜：Ctrl+I　　加下画线：Ctrl+U

微课：段落格式编辑

思考与练习

模块一任务1
云测试

一、单选题

1. 中文排版首行缩进通常设置为（　　）中文字符。

A. 3个　　　　B. 4个　　　　C. 2个　　　　D. 5个

2. 格式刷单击一次可以复制格式（　　）。

A. 两次　　　　B. 一次　　　　C. 无数次　　　　D. 零次

3. 应用快捷键Ctrl+B后,字体将（　　）。

A. 加上标　　　　B. 加下画线　　　　C. 变为斜体　　　　D. 加粗

二、简答题

文字的对齐方式有哪些？

三、操作题

根据所学内容，完成素材中《五一劳动节放假通知》的排版，使版面清晰美观。

实践与运用

运用本节知识制作一个教学方案，主题为"乌鸦喝水"，完成以下操作。
1. 编辑文字，修改文字的大小、颜色、字体等。
2. 插入项目符号和编号，让文字条理清晰。
3. 插入图片并调整到合适大小。
4. 保存文档并设置密码。

自我评价与反思

任务 2
制作幼儿园检查登记表

学习任务单

姓名		班级		学习时间	2 课时
序号	任务描述		学习建议	完成效果		
				自己评	同伴评	教师评
1	表格的创建。		以实践操作为主,学会创建表格的多种方法。			
2	表格的编辑与美化。		以实践操作为主,学会表格编辑、单元格合并等操作方法,结合案例美化表格。			
学习反思						

芒果同学在整理资料时发现，在幼儿园工作中幼儿教师需要处理各种各样的表格，如学生信息登记表、每日检查登记表等。那么，这些表格文件是如何制作的呢？作为一名未来的幼儿教师，应该如何去设计这样的表格呢？想到这里，芒果同学问苏老师："苏老师，在 Word 中如何制作表格？"苏老师笑着说："这个不难，我操作给你看。"那让我们一起跟着苏老师来学习吧！

请思考

1. 在 Word 中如何插入表格？
2. 创建好的表格如何编辑？
3. 表格如何美化设计？
4. 表格中文字如何排版？

为了使信息登记更方便，条理更清晰，分类更明确，表格的设计与制作至关重要。表格可以让文本信息更加直观，也更便于查看。本次任务是制作一个幼儿园检查登记表，如图 1-2-1 所示为目标效果。

幼儿园晨检、午检、交接班记录表

年 月 日		星期：		班级：		接班老师：	
应到　人		实到　人		交班　人		接班　人	
晨检及早班幼儿活动、安全情况							
午班教师应注意的问题							
接班老师			接班时间		时　分		
交接幼儿人数		交班幼儿　人			接班幼儿　人		
午班幼儿活动安全等情况							
幼儿午休情况							
午休活动及安全情况							
晚班老师应注意的问题							
接班老师			接班时间		时　分		
交接幼儿人数		交班幼儿　人			接班幼儿　人		
晚班幼儿活动安全等情况							
备注							

图 1-2-1　幼儿园检查登记表（范本）

学习笔记

下面介绍幼儿园检查登记表的具体制作方法，包括表格的创建、编辑、美化及表格中的文字编辑等，现在开始我们的学习之旅吧。

一、表格的创建

在 Word 中创建表格有多种方法，不同的创建方法适应于不同的表格。用户可以根据实际情况选择创建方式，具体操作方法如下。

1. 启动 Word 软件，新建文档，输入标题并选中，调整字体、字号，设置居中对齐，如图 1-2-2 所示。

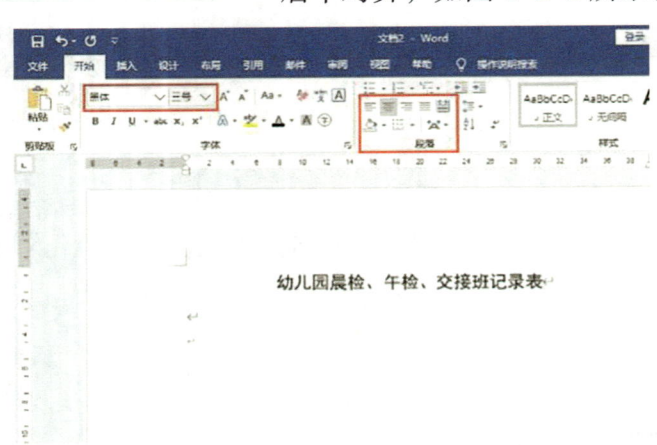
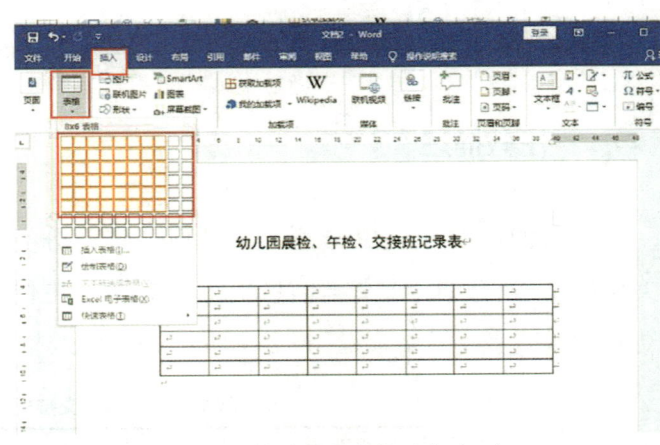

图 1-2-2　标题设置　　　　　　图 1-2-3　快速插入表格（方法 1）

2. 单击"插入"→"表格"，在下拉列表中选择合适大小的区域，单击即可插入表格，如图 1-2-3 所示，或在下拉列表中选择"插入表格"按钮，打开"插入表格"对话框，在"列数"和"行数"数值框中输入相应数字，单击 确定 按钮，即可插入一个特定大小的表格，如图 1-2-4 所示。

温馨提示

不同的创建方法适用于不同表格，比如：规则表格可以通过快速选取的方式创建（方法 1）；已知表格的行和列可以通过输入数值的方式（方法 2）创建；不规则的表格可以通过绘制的方式（方法 3）创建。具体采用哪种方法，我们可以根据需要选择。

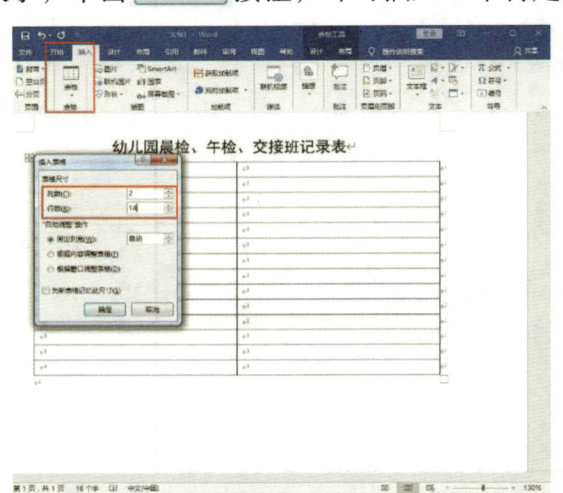
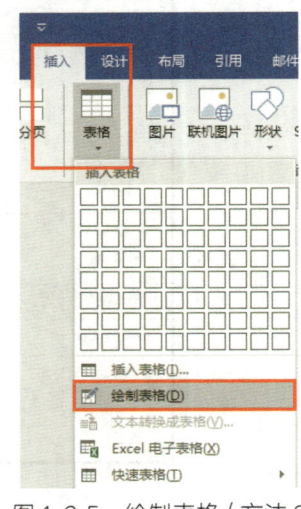

图 1-2-4　输入参数插入表格（方法 2）　　图 1-2-5　绘制表格（方法 3）

3. 单击"插入"→"表格",在下拉列表中单击 绘制表格 按钮,鼠标会变成笔的形状,按鼠标左键即可在文档空白处绘制表格,如图 1-2-5 所示。

二、表格的编辑与美化

1. 表格的整体框架创建好以后,鼠标放在整个表格的右下角,按住鼠标左键左右拖拽,将表格调整到合适大小。将光标放在列线上,光标显示为左右箭头光标,按住鼠标左键拖动,调整列宽到合适位置,如图 1-2-6 和图 1-2-7 所示。

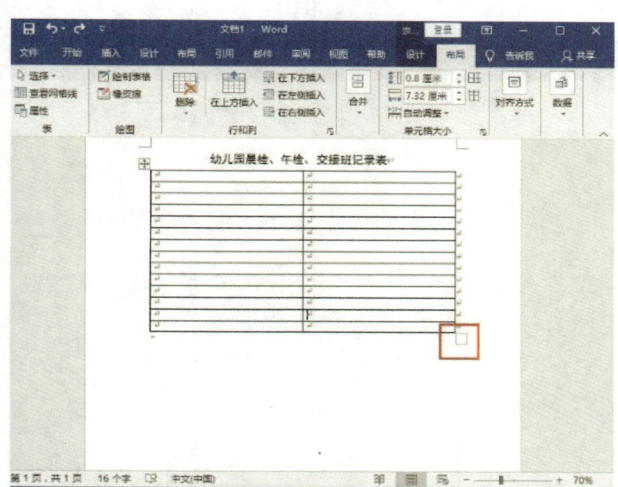

图 1-2-6 调整表格大小 　　　　　　图 1-2-7 调整表格列宽

2. 创建好表格后,工具栏处会显示出表格的编辑区域,单击"布局"→"绘图",单击 绘制表格 按钮,鼠标变成笔的形状,长按鼠标左键在合适的位置绘制框线,即可拆分单元格,创建需要的表格样式,如图 1-2-8 所示。

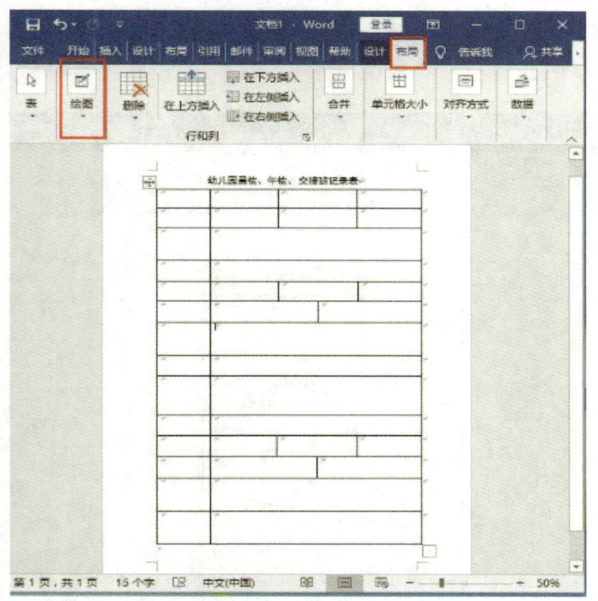
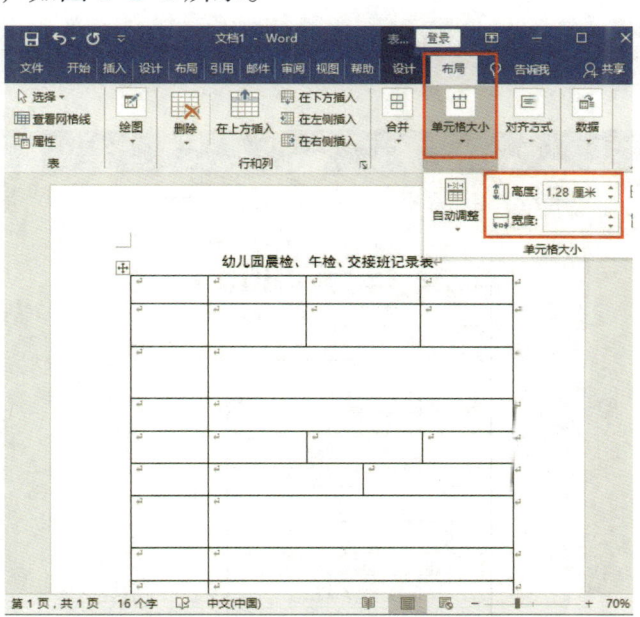

图 1-2-8 绘制表格 　　　　　　图 1-2-9 精确调整行高/列宽

学习笔记

3. 表格样式创建好以后，若发现表格中某行的行高需要调整，可以将光标放在行线上，此时光标显示为上下箭头光标，按住左键上下拖拽，即可调整表格的行高，或单击"布局"→"单元格大小"→"高度/宽度"，输入相应参数即可精确调整行高和列宽，如图 1-2-9 所示。

4. 将鼠标放在表格的左上角，使光标呈现为 ，单击选中整个表格，如图 1-2-10 所示。

5. 单击表格工具中"设计"→"边框"，设置线条宽度为 2.25 磅，颜色为黑色，单击打开边框下拉列表，选择外侧框线，将表格的外框线加粗，如图 1-2-11 所示。

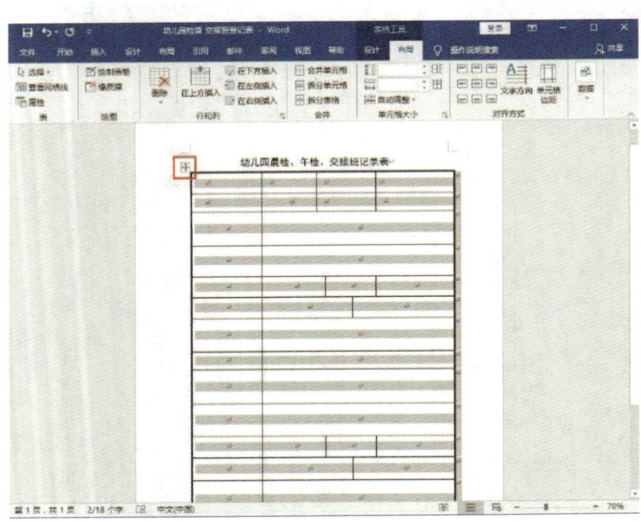

图 1-2-10　选中整个表格

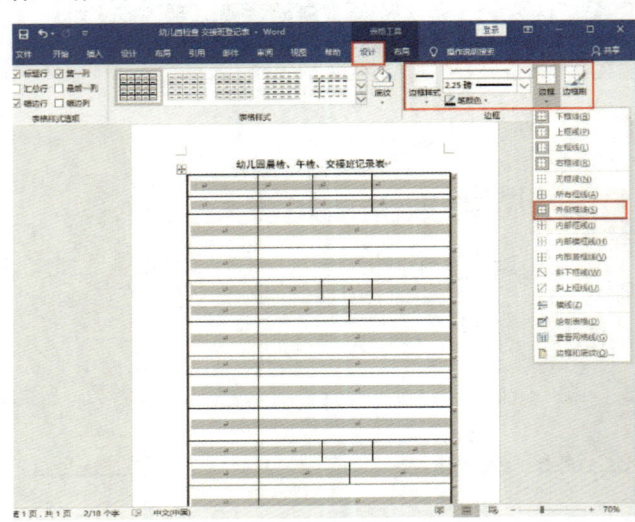

图 1-2-11　调整表格的外框线

6. 鼠标放在表格的左侧，光标变成向右上方的空心箭头，单击选中所在行。长按 Ctrl 键，单击选中所有需要调整的行，单击表格工具中"设计"→"底纹"，在颜色列表中选择合适的颜色，即可调整表格中特定行的底色，如图 1-2-12 所示。

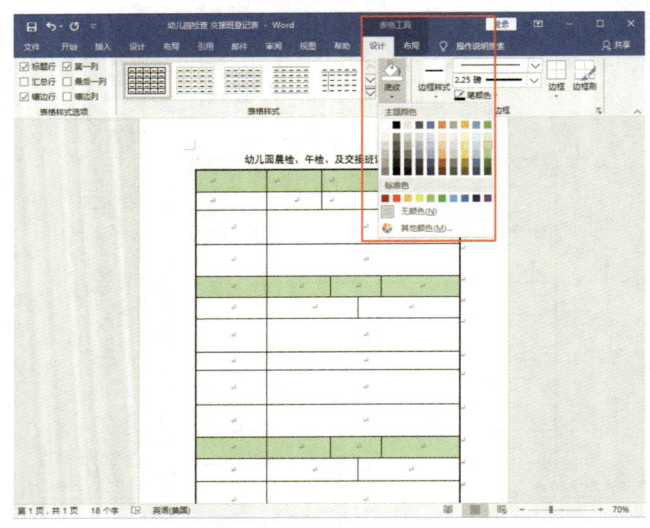

图 1-2-12　设置特定行底色

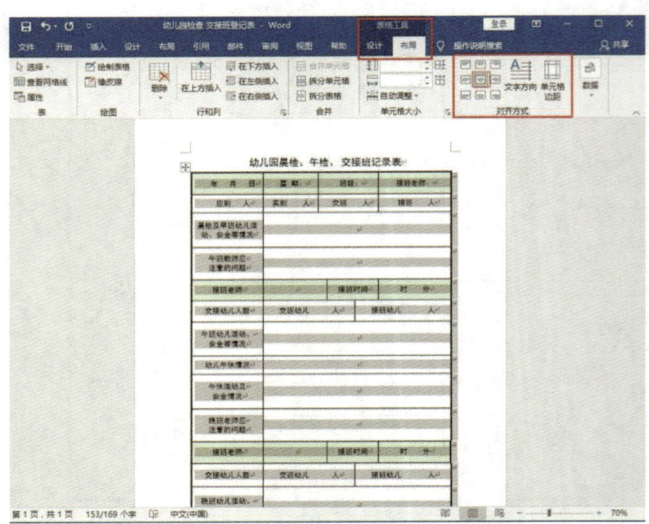

图 1-2-13　表格文本居中对齐

7. 光标定位在单元格中，输入文字并设置格式。选中所有文本，单击表格工具中"布局"→"对齐方式"，选择水平居中按钮，如图 1-2-13 所示即可使表格中的所有文字居中对齐，如图 1-2-14 所示。

微课：表格的基本编辑

图 1-2-14　幼儿园检查登记表效果图

拓展阅读 ▶▶▶

布局与设计

插入表格后，工具栏会显示出表格工具"布局"和"设计"选项卡。

在"布局"选项卡中，可以选择表格、绘制表格、插入行/列、调整单元格大小、合并与拆分单元格、对齐文本和改变文本方向等。如：光标放在左侧，光标变为向右上方的空心箭头后单击，可选中所在行；光标在单元格内，在单元格左下角单击可选中所在单元格；光标放在所在列上方，变成向下方的黑箭头时单击，可选中所在列。用户也可以通过橡皮擦按钮，擦除多余的框线来合并单元格。

在"设计"选项卡中，可以根据需要选择系统自带表格样式，设置底纹效果和边框效果，也可以灵活应用边框刷改变表格边框。

要点小结

微课：表格的美化

1. Word 中表格的设置是重要知识点之一，在工作中用到的地方也非常多。学会表格的各种创建方法，不同的表格用不同的方法创建，可以大大提高工作效率。

2. 创建好表格，可以对表格进行编辑，如合并单元格、添加和删除行与列、调整行高与列宽、使表格中文本对齐等。

3. 可以美化表格，让表格更加美观，如边框线的设计、底纹颜色的调整、表格样式的设置等。

拓展阅读

表格中的数据可以自动排序，单击"布局"→"数据"→"排序"，排序的类型有升序和降序。

当表格跨页时，可以通过"布局"→"数据"→"重复标题行"命令让表格的标题行显示在每页的开始。

表格中的数据也可以进行简单的计算操作，单击"布局"→"数据"→"公式"，选择相应函数即可，这部分知识将在后文 Excel 的使用方法中详细介绍。

思考与练习

模块一任务2
云测试

一、单选题

1. 在 Word 中，若要制作表格，可以通过（　　）选项卡实现。
A. "插入"　　　　　　　　　　　　B. "布局"
C. "视图"　　　　　　　　　　　　D. "开始"

2. 在表格编辑中，长按（　　）键，可以选择多个不连续单元格。
A. Ctrl　　　　B. Shift　　　　C. Alt　　　　D. Tab

二、简答题

1. 表格的创建方法有哪些？

2. 简述合并单元格的方法。

三、操作题

假如你是某医院医务处的行政文员，某城市突然暴发传染病疫情，医院需要组织医生支援该城市，请你结合所学知识设计并制作一张医护人员支援信息登记表。

实践与运用

运用本节所学的知识制作一个表格，主题为"幼儿园检查登记表"，完成以下操作。
1. 通过合并单元格、调整行高与列宽使表格满足幼儿园工作需求。
2. 设置边框和底纹，让表格更加清晰，重点突出。
3. 编辑表格中的文本格式，如对齐方式、文字方向、字体等。
4. 熟悉表格的三种创建方法与表格大小的调整方法。

自我评价与反思

任务 3
制作幼儿园半日活动方案

学习任务单

姓名		班级		学习时间	2课时
序号	任务描述	学习建议	完成效果		
			自己评	同伴评	教师评
1	设置封面。	以实践操作为主,学会插入和修改封面。			
2	编辑文本框。	以实践操作为主,学会插入和编辑文本框的方法。			
3	插入页眉、页脚、页码。	以实践操作为主,结合案例学会页眉、页脚、页码的设置与修改。			
4	设置文档的输出和打印。	结合案例,学会文档打印和输出的设置方法。			
学习反思					

情境导入

为了检查芒果同学对幼儿园工作的了解程度，苏老师给他布置了一项任务——制作一份大班半日活动方案。芒果同学将做好的方案交给苏老师，苏老师看完以后，表情严肃。芒果同学不解地问道："苏老师，我这个方案做得有问题吗？"苏老师说："方案没什么问题，就是这个排版不够好，整体不太美观。"如何制作出美观的排版效果呢？让我们一起来学习吧！

请思考

1．在 Word 中如何设置页面布局？
2．如何插入文本框并编辑？
3．如何设置文档的页眉、页脚和页码？
4．文档的输出与打印如何设置？

任务描述

活动方案的撰写和排版是工作中的必备技能，为了让方案呈现得更有条理、更加美观，除了基础的字符和段落设置以外，页面的布局设置也是至关重要的。本次任务是制作一个幼儿园大班半日活动方案，以 Word 中页面布局、文本框的设置，页眉、页脚的设置等为例，详细讲解活动方案的排版技巧，如图 1-3-1 所示为目标效果。

图 1-3-1　幼儿园大班半日活动方案（范本）

 学习笔记

 任务实施

下面来介绍幼儿园大班半日活动方案的具体排版方法,包括封面的设置、页面的设置、文本框的编辑等内容。

一、设置封面

在制作幼儿园教学计划、活动策划方案等多页文档时,为了使文档更加完整和美观,可利用 Word 提供的封面库为文档添加封面。具体操作方法如下。

1.打开文档,光标放在文档的开始,选择"插入"→"页面",单击"封面"按钮 ,在下拉列表中选择所需的封面类型,如图 1-3-2 所示,即可在文档的第一页插入封面,如图 1-3-3 所示。

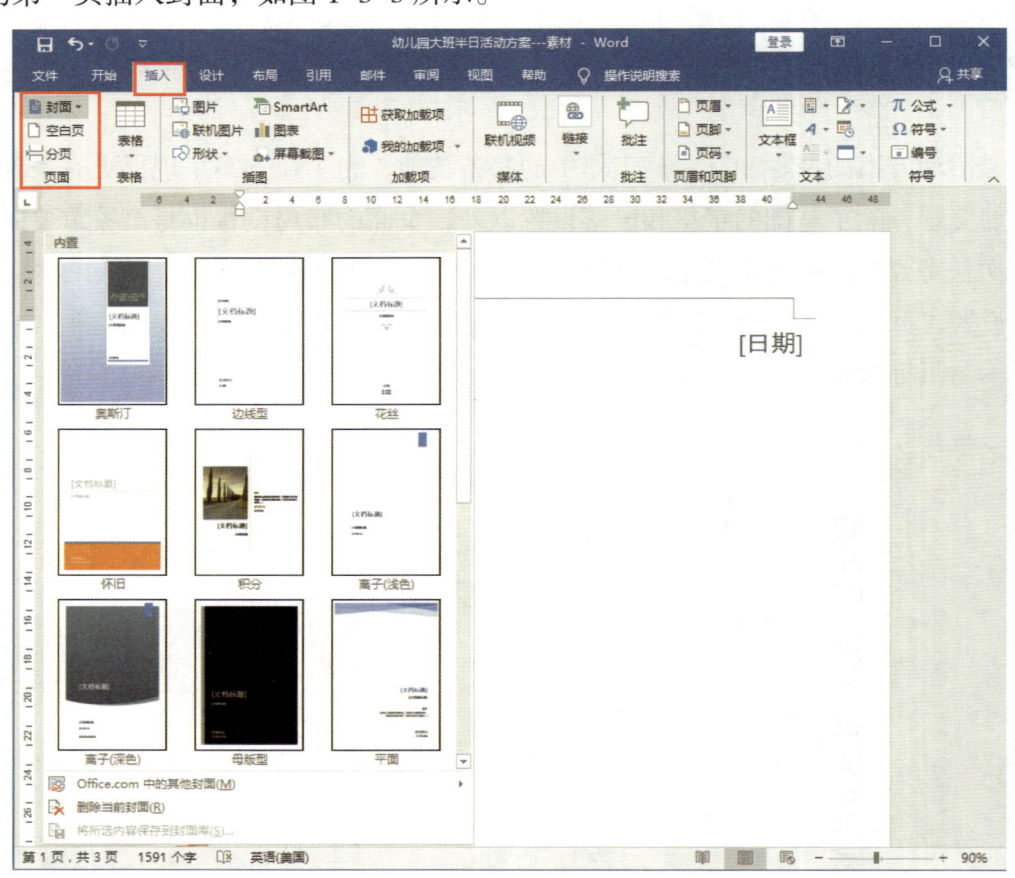

图 1-3-2　插入封面

2.插入封面后,可根据实际需要将封面样式中不需要的文本框删除,也可以调整图形框的设计。单击选中需调整的图形框,单击"格式"→"形状填充"按钮 ,在下拉列表中选择"标准色"→"蓝色",如图 1-3-4 所示。

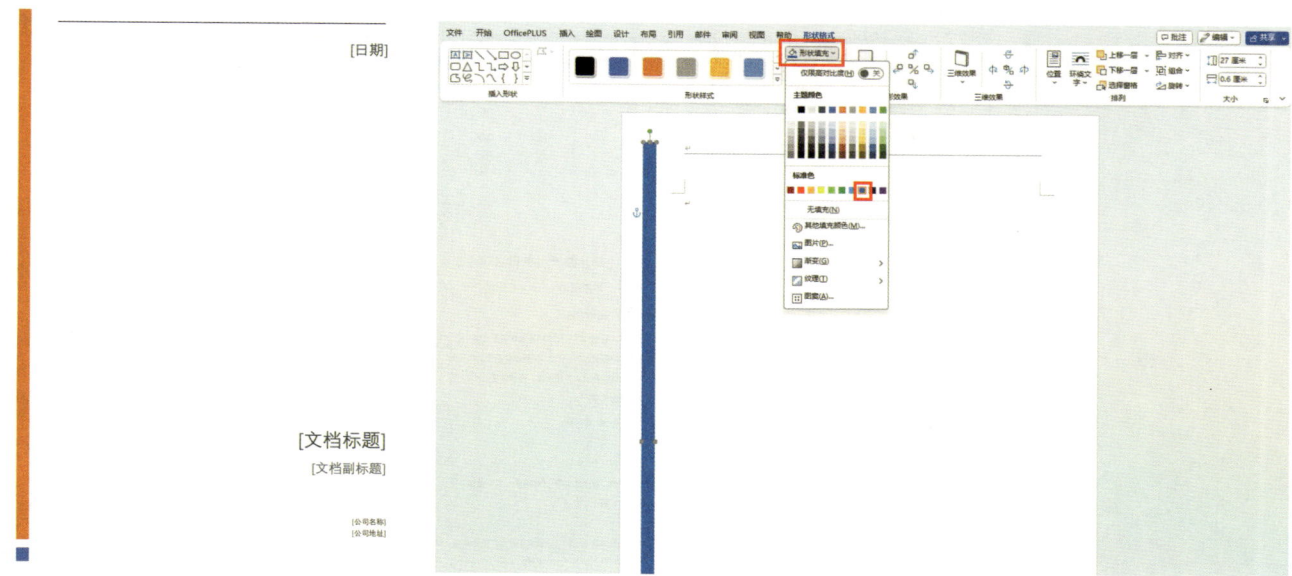

图 1-3-3　系统封面样式　　　　　图 1-3-4　修改封面

二、编辑文本框

单击"插入"→"形状"→"竖排文本框",拖动鼠标,绘制一个适当大小的文本框。输入文字,调整字体为黑体、字号为48。选中文本框,单击"格式"→"形状轮廓",在下拉列表中选择"无轮廓",单击"格式"→"位置",选择"页面居中",如图 1-3-5 所示。

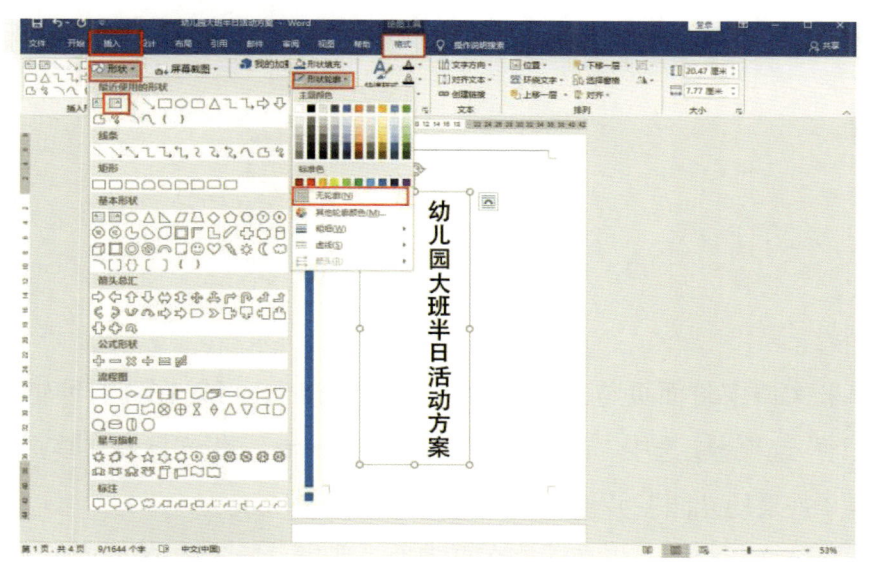

图 1-3-5　文本框的编辑

> **温馨提示**
>
> 针对不同的方案,可以选择不同的封面样式。在编辑时也可以通过单击"插入"→"封面"→"删除当前封面"去掉封面。除了可以自行编辑文本框样式之外,也可在"文本框"下拉列表中选择预设的文本框样式。
>
> 本案例中采用的是竖排文本框,也可以选择"绘制横排文本框",横排文本框中输入的文本将呈横向排列。

三、设置页眉、页脚、页码

1. 参考范例设置好字体、段落格式。光标放在文档中,单击"插入"→"页眉和页脚",单击"页眉"按钮  ,在下拉列表中单击"编辑页眉",如图

1-3-6 所示。

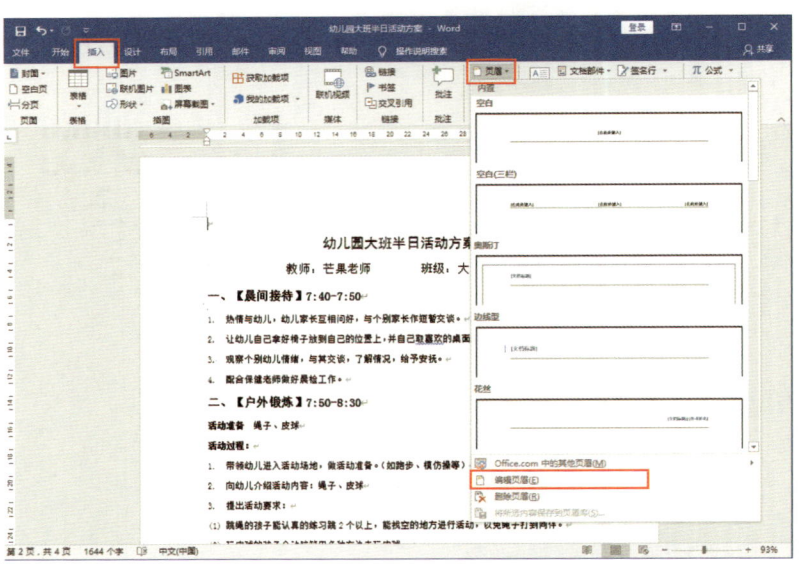

图 1-3-6　编辑页眉

2.文档进入页眉编辑状态，在页眉处输入文本"幼儿园大班半日活动方案"并选中，设置字体为宋体、字号为五号、对齐方式为居中对齐，效果如图 1-3-7 所示。

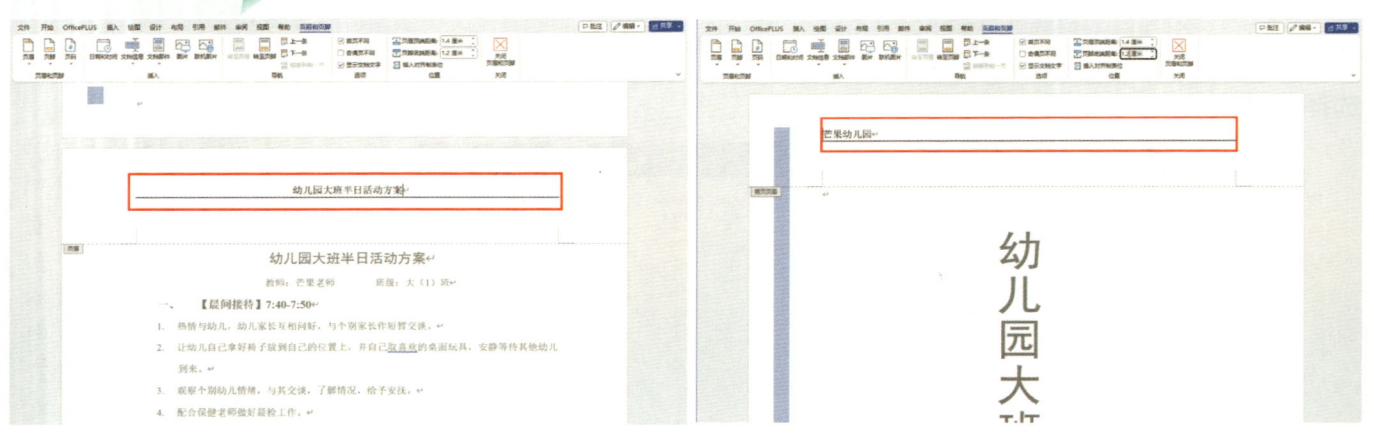

图 1-3-7　设置页眉的字体格式　　　　　　图 1-3-8　首页不同的页眉设置

3.如果文档中封面页与其他页的页眉设置不同，可以在页眉编辑状态下，单击"设计"选项卡，选中"首页不同"选项，将光标放在首页页眉处，输入文本"芒果幼儿园"并设置格式，如图 1-3-8 所示。

4.页眉设置完成后，将光标放在页脚处，选择"插入"→"页码"，在页码下拉列表中单击"页码底端"并选择合适的页码样式，即可给文档添加页码，如图 1-3-9 所示。

5.插入页码后，在页码编辑状态下，光标放在页码数字前，输入文本"第"，在页码数字后输入文本"页"，选中页码，设置合适的字体，如图 1-3-10 所示。

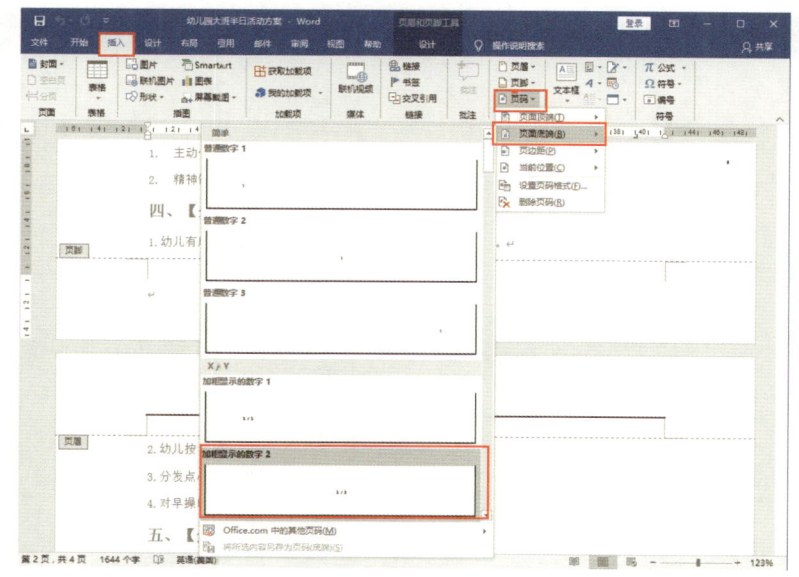
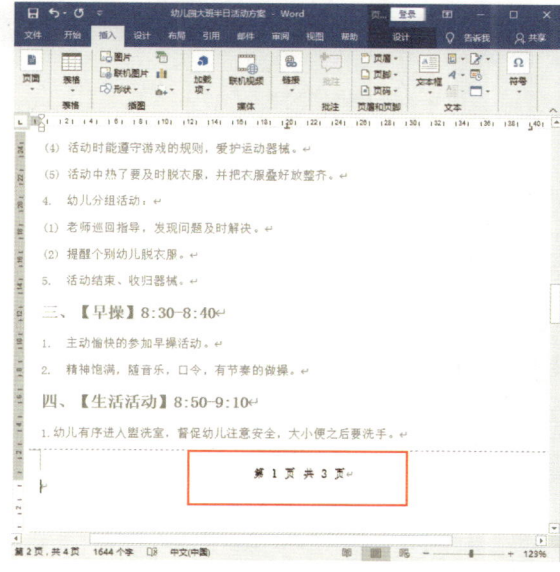

图 1-3-9　插入页码　　　　　　　图 1-3-10　编辑页码

页眉、页脚与页码的设置

页眉、页脚的设置：除了可通过上述的命令编辑外，还可以直接在文档的页眉、页脚区域双击，使文本进入页眉和页脚的编辑状态，从而显示"页眉和页脚"选项卡。在"页眉和页脚"选项卡中，可以根据需要选择性设置"奇偶页不同"或"首页不同"。

页码设置：页码可以在页面顶端，也可在页面底端。点击"插入"→"页码"，在下拉列表中选择"设置页码格式"，可以设置页码"编号样式"和"起始页码"。不想显示页码时，也可以通过"插入"→"页码"命令，在下拉列表中选择"删除页码"。

四、设置文档的输出和打印

1. 排版完成后，可以根据需要将文档保存为不同的格式进行输出与打印。为了便于浏览，可以将文档输出为 PDF 格式，具体操作为：单击"文件"→"导出"，选择"创建 PDF/XPS 文档"，在对话框中输入文件名，单击发布即可导出 PDF 文档，如图 1-3-11 和图 1-3-12 所示。

2. 打印文档的具体操作为：单击"文件"→"打印"按钮，在打印面板中，可以设置打印份数、打印范围和页面；在"页面设置"对话框中可以设置"页边距""纸张方向""页码范围"等，设置完成后，可在面板右侧预览打印效果。确认效果无误后，单击"打印"按钮 即可开始打印，具体设置如图 1-3-13 和图 1-3-14 所示。

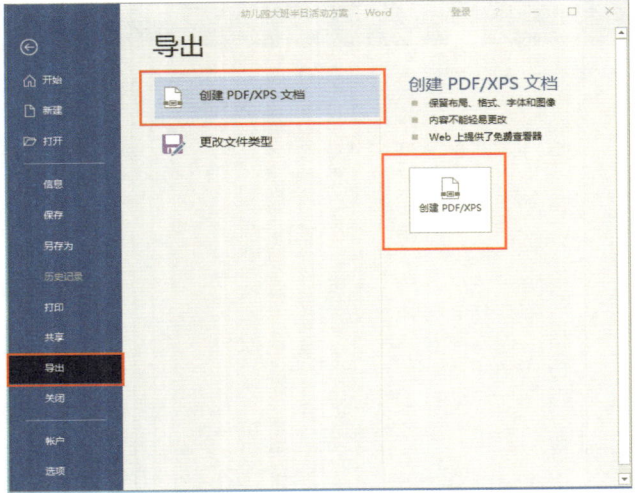

图 1-3-11　导出为 PDF/XPS 文档　　　　　　图 1-3-12　文件导出设置

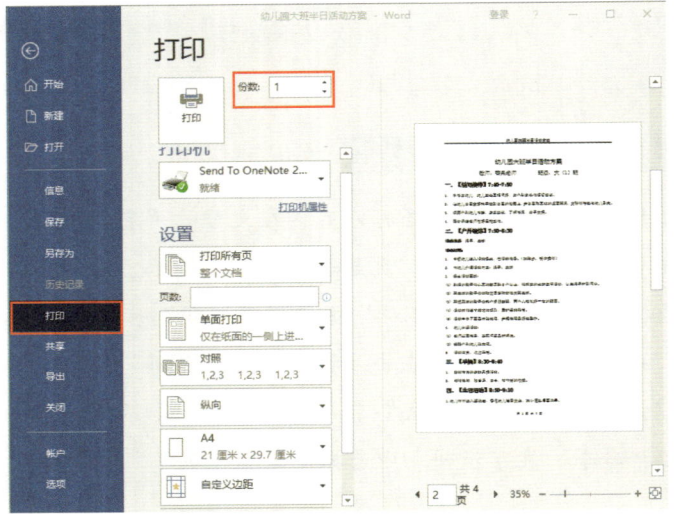
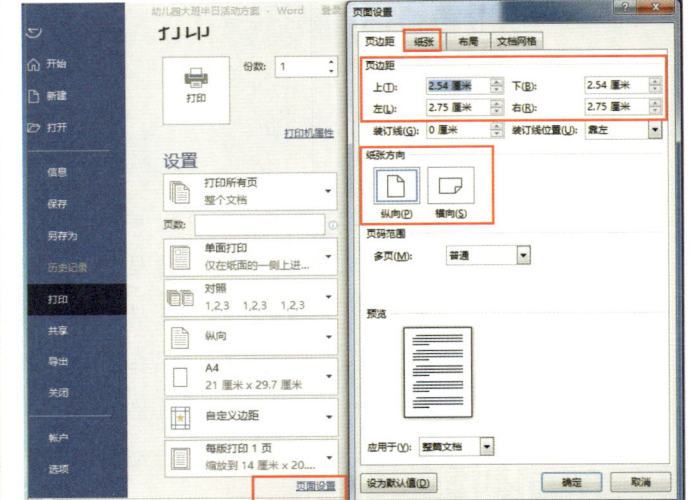

图 1-3-13　打印设置　　　　　　图 1-3-14　页面设置

要点小结

1. 对一个完整的方案文档而言，封面是必不可少的，通过封面的设计与排版，可以优化整体版面效果。

2. 文本框可以让用户灵活地输入文本，对文本框的类型、样式等进行编辑可以提高版面美观度。

3. 在 Word 中可以设置页眉和页脚的样式、页码的位置、页码编号的样式等。页眉、页脚和页码的设置可以让页面风格统一。

微课：文档的高级编辑

拓展阅读 ▶▶▶

文档的页面设置决定了打印效果。在"布局"选项卡中，我们可以设置页边距、纸张方向、纸张大小、栏、分隔符等。

1. 页边距是指页面的边线到文字的距离，在下拉列表中可以选择预设的页边距，也可以通过设定参数自定页边距。

2. 纸张方向分为横向和纵向，默认为纵向。

3. 纸张大小在 Word 中体现为文档页面的大小，默认为 A4 纸张大小，也可以根据最终的打印纸张设置。

4. 栏的选择和设置可以将版面分为若干栏，默认为一栏，还可以设置为两栏、三栏、偏左栏和偏右栏。

5. 分隔符分为分页符和分节符两大类，比较常用的是分页符。分页符标志着上一页的结束和下一页的开始，分页符插入位置的前后自动分为两页。

模块一任务3
云测试

简答题

1. 如何插入页眉、页脚？页码可以设置在哪些位置？

2. 文本框分为哪几类？可以修改文本框的哪些设置？

3. 在"页面设置"对话框中，可以调整哪些设置？

4．如何插入预设样式的封面？

5．如何调整页边距？

实践与运用

运用本节所学的知识制作一份活动方案，主题为"幼儿园运动会活动方案"，完成以下操作。

1．完成页面中文本的基本编辑（设置字符格式和段落格式）。

2．插入封面并编辑。

3．设置页眉、页脚和页码。

4．调整页面设置，输出文档为PDF形式并打印在A4纸上。

自我评价与反思

模块二

幼儿园教育活动表格制作

学习目标

1. 掌握使用 Excel 软件制作表格的方法。
2. 掌握数据录入、计算、处理的方法。
3. 掌握数据图表的制作方法。
4. 掌握页面设置的常用方法。
5. 通过本模块的学习,能根据实际需要,熟练使用函数、排序、筛选、图表等完成数据运算和分析处理,提升信息素养,培养细致认真的工匠精神。

学习导航

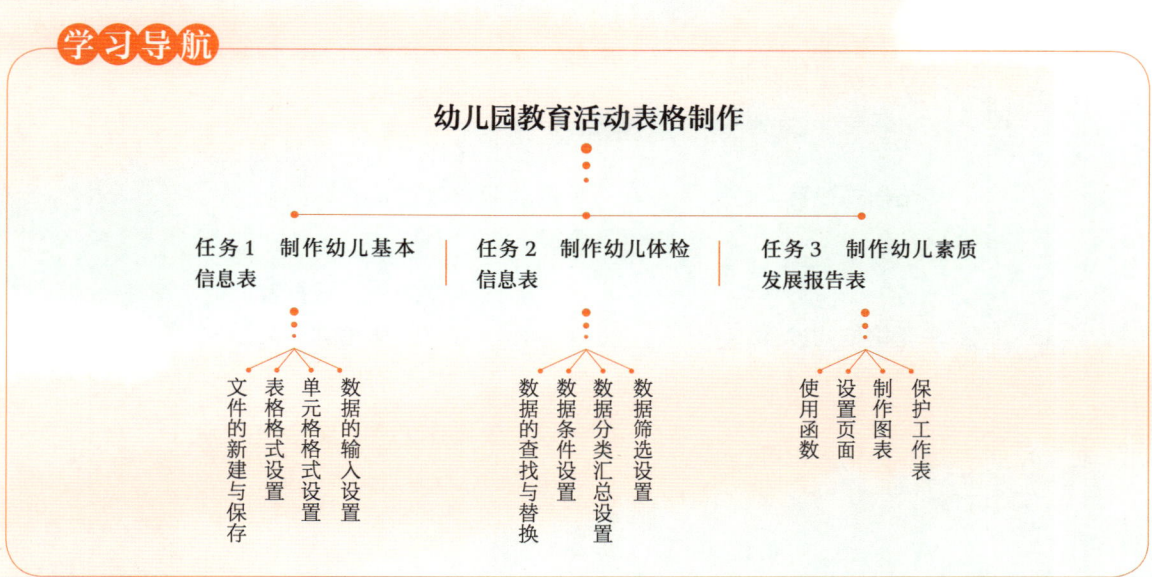

模块导入

　　幼儿园的日常管理离不开各式各样的表格,如幼儿基本信息表、幼儿体检信息表、幼儿素质发展报告表、收费表、考勤表、安全隐患排查、物品发放表、值班表等。这些表格的设计和数据的处理都离不开 Excel 软件。如何用 Excel 制作表格?如何将表格中的数据按一定规律排列?如何根据需要筛选出特定的数据呢?本模块以 Excel 2016 为例,介绍幼儿教育活动中常见表格的制作和数据处理的方法。

任务 1
制作幼儿基本信息表

学习任务单

姓名		班级		学习时间	2 课时
序号	任务描述	学习建议	完成效果		
			自己评	同伴评	教师评
1	文件的新建与保存。	以实践操作为主，尝试用不同方法创建并保存文件。			
2	表格格式设置。	以实践操作为主，根据实际需要调整表格格式，美化表格。			
3	单元格格式设置。	以实践操作为主，根据实际需要设置单元格格式，如文本对齐方式、字体等。			
4	数据的输入设置。	以实践操作为主，结合数据特点快速准确地输入数据。			
学习反思					

情境导入

芒果同学将幼儿的基本信息输入电脑中，在输入身份证号码后，发现显示的数据和输入的不同，只好请教苏老师："苏老师，请问这个数据出什么问题了？这和我输入的不一样！"经过苏老师的指导，他知道了数据有不同的格式。日常使用中，我们常常需要根据数据特点设置格式。

本任务介绍 Excel 的基础操作命令，主要是创建表格和设置单元格格式的方法，这些内容能够帮助我们在工作中准确、快速地完成数据输入，还能够为后续学习科学管理数据的方法打下基础。

请思考

1. 怎样能让数据输入更加准确？
2. 怎么让表格更美观？

任务描述

要完成本次任务，首先要了解工作簿、工作表、数据类型等概念，掌握工作簿的建立、保存、命名方法，再进行数据输入、表格美化等操作。通过幼儿基本信息表的制作，学习并掌握 Excel 软件制作表格的操作方法及提高数据输入效率的技巧。

学习笔记

幼儿基本信息表

班级	学号	姓名	性别	身份证号码	出生日期	入学年度	现住址	家长姓名	称谓	电话
小A班	1	李某新	男	11011220200424xxxx	20200424	2023	东城区	李某力	父亲	136333322xx
								陈某兰	母亲	181701099xx
小A班	2	张某丰	男	11011220200606xxxx	20200606	2023	西城区	张某翰	父亲	131336590xx
								王某	母亲	133667789xx
小A班	3	杨某蕾	女	31010620200101xxxx	20200101	2023	东城区	杨某亮	父亲	132456789xx
								赵某英	母亲	189709844xx
小A班	4	李某华	男	31011020201225xxxx	20201225	2023	西城区	李某隶	父亲	152790455xx
								黄某仁	母亲	135889977xx
小A班	5	林某玲	女	31011520200808xxxx	20200808	2023	东城区	林某三	父亲	133456688xx
								陈某	母亲	123456788xx
小A班	6	唐某	女	31011520200101xxxx	20200101	2023	东城区	唐某金	父亲	135678888xx
								徐某丹	母亲	189098755xx
小A班	7	张某	男	44030220200201xxxx	20200201	2023	东城区	张某遇	父亲	132654375xx
								杨某敏	母亲	185665577xx
小A班	8	毛某	男	44020320200505xxxx	20200505	2023	东城区	毛某沙	父亲	191432261xx
								方某红	母亲	181700098xx
小A班	9	马某	女	11111120191010xxxx	20191010	2023	东城区	马某磊	父亲	132554789xx
								庄某维	母亲	182987655xx

图 2-1-1　幼儿基本信息表（范本）

学习笔记

任务实施

Excel 是微软公司开发的办公软件 Microsoft Office 的组件之一，利用 Excel 可以进行数据处理、统计分析等，极大便利了日常工作。现在让我们从基础操作开始吧！

一、文件的新建与保存

（一）工作簿文件的新建

双击桌面 Excel 2016 图标，启动 Excel，单击"空白工作簿"（如图 2-1-2），创建一个新的工作簿，默认名称为"工作簿 1"（如图 2-1-3）。

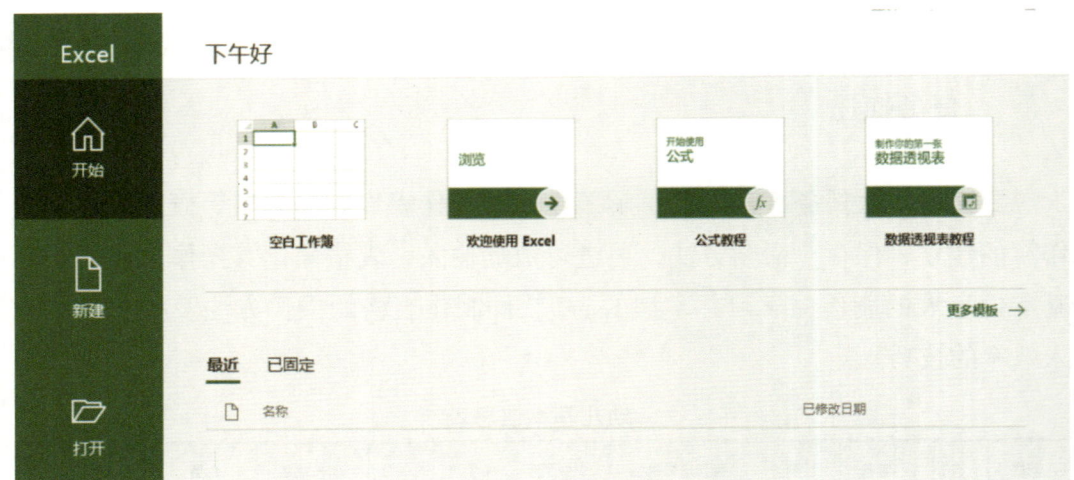

图 2-1-2　工作簿文件的新建

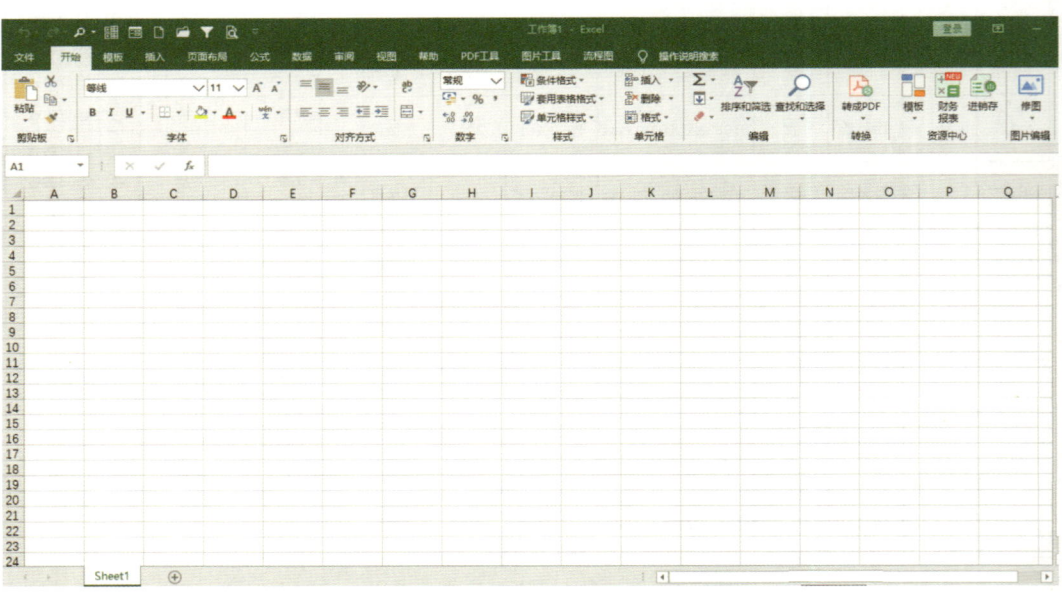

图 2-1-3　空白工作簿

（二）工作簿文件的保存

单击"文件"→"保存"命令，将工作簿保存在"这台电脑"→"我的文档"中（如图 2-1-4），输入文件名为"幼儿基本信息表"。

提示：在已打开软件的情况下，文件的新建可以使用快捷键 **Ctrl+N**；文件的保存可以使用快捷键 **Ctrl+S**。

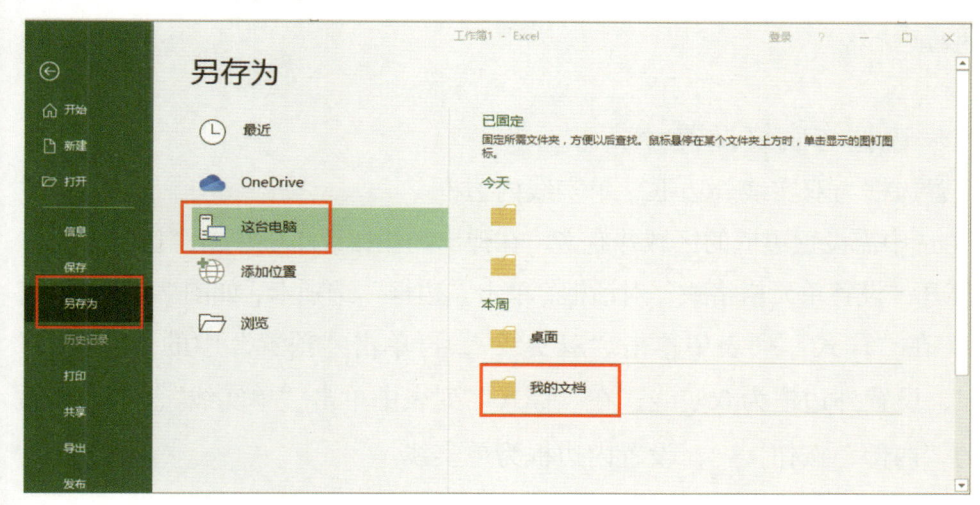

图 2-1-4　文件的保存

图 2-1-5　工作表标签快捷菜单

（三）工作表重命名

双击工作表标签"Sheet1"（如图 2-1-3），输入工作表名称"小 A 班"。

提示：右击工作表标签，在弹出的快捷菜单中选择"重命名"也可以完成工作表的重命名，如图 2-1-5 所示。

二、表格格式设置

（一）合并单元格

选中需合并的单元格，单击"开始"→"对齐方式"中 合并后居中 ▼ 按钮。

提示：多个单元格经合并后成为一个单元格。

（二）行高列宽调整

1. 单击表格最左侧的行号，拖动光标选择第 2 行到第 42 行。

2. 右击，在快捷菜单中单击"行高"（如图 2-1-6），输入行高值为 24。

3. 选中需调整的列，光标置于列右侧竖线上，此时光标变为左右箭头光标，按住左键后左右移动，可将表格列宽调整至适合值。

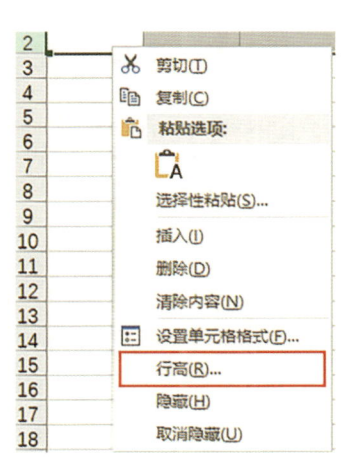

图 2-1-6　行高设置

拓展阅读

Excel工作簿中的单元格通常以其所在的行列位置命名，以数字标识行，以字母标识列，表示某特定单元格时先写列标，再写行号，如第1列第2行的单元格应表示为A2。

以这种命名方式表示单元格范围时，常在起止单元格之间加上"："，如A2:I2表示第1列第2行到第9列第2行范围内的单元格，A2:B3表示第1列第2行到第2列第3行的方形区域范围内的单元格。

（三）边框与底纹设置

1. 设置边框为双实线外边框、单实线内边框。

（1）选中需设置边框的区域并右击，在弹出的快捷菜单中单击"设置单元格格式"，打开"设置单元格格式"对话框，单击"边框"选项卡，如图2-1-7所示。

（2）在"样式"列表中单击"双实线"，再单击"预置"中的"外边框"按钮，设置外边框为双实线；在"样式"列表中单击"单实线"，单击"预置"中的"内部"按钮，设置内边框为单实线。

（3）单击"确定"按钮。

2. 设置单元格底色。

（1）选中需设置底色的单元格区域（A2:K2）并右击，在快捷菜单中单击"设置单元格格式"，单击"填充"选项卡，如图2-1-8所示。

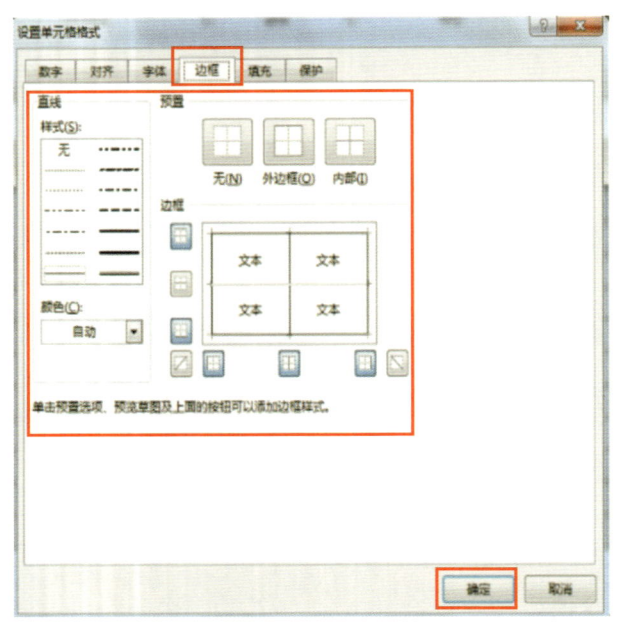

图2-1-7　边框设置　　　　　图2-1-8　底色设置

（2）选择需要的背景色。

（3）单击"确定"按钮。

三、单元格格式设置

（一）设置表格标题为水平跨列、居中对齐

1. 在 A1 单元格输入标题文字。

2. 选中 A1:K1 单元格区域并右击，在快捷菜单中选择"设置单元格格式"。

3. 在"设置单元格格式"对话框中，单击"对齐"选项卡，设置"水平对齐"为"跨列居中"，单击"确定"按钮。

（二）设置表格内容为水平对齐居中、垂直对齐居中

1. 选中表格区域 A3:I42 并右击，在快捷菜单中选择"设置单元格格式"命令。

2. 在"设置单元格格式"对话框中单击"对齐"选项卡，设置水平对齐为"居中"，垂直对齐为"居中"，如图 2-1-9 所示。

3. 单击"确定"按钮。

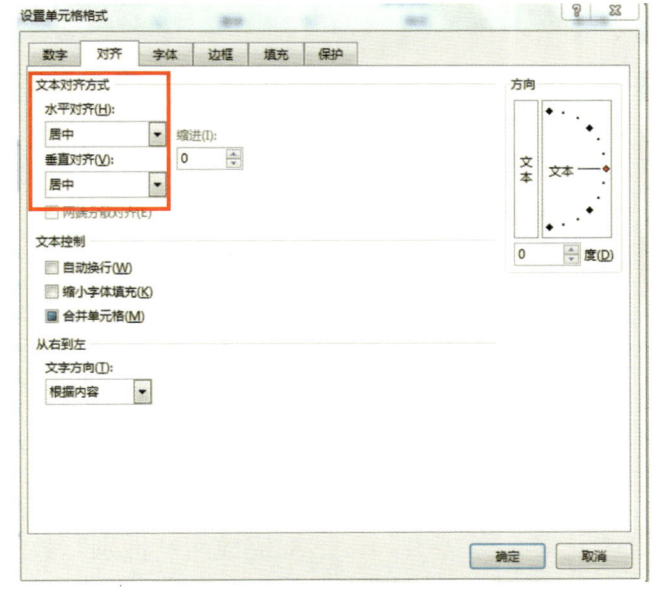

图 2-1-9　文字对齐设置

四、数据的输入设置

（一）自动填充序号

1. 单击 B3 单元格，输入"1"，按回车键。

2. 拖动 B3 单元格右下角的填充柄，向下填充至 B42 单元格。

（1）Excel 自动填充序列还有：

星期日，星期一，星期二，星期三……星期六；

一月，二月，三月，四月……十二月；

第一季，第二季，第三季，第四季；

甲，乙，丙，丁……癸；

子，丑，寅，卯……亥。

（2）自定义填充序列方法：

单击"文件"→"信息"→"选项"→"高级"→"编辑自定义列表"，在输入自定义序列后，单击"添加"→"确定"，就能够在单元格中填充自定义序列。

（二）性别输入

预先设置单元格允许输入的数据类型、范围，输入数据时就会出现提示信息，可避免数据输入错误。设置"性别"栏填写限制的操作如下。

1. 选中 D3:D42 单元格区域，在"数据工具"中单击"数据验证"按钮

（如图2-1-10），打开"数据验证"对话框，如图2-1-11所示。

图2-1-10 "数据"选项卡

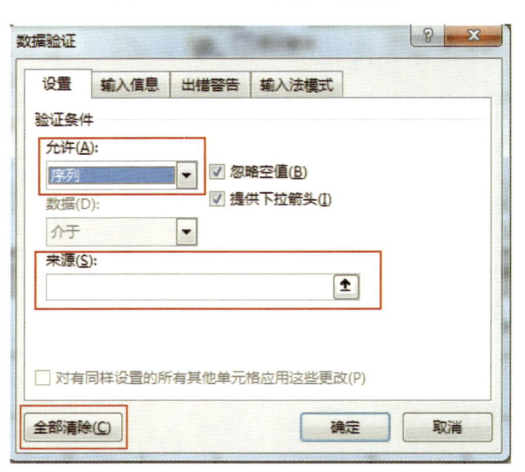

图2-1-11 "数据验证"对话框

2. 在"允许"的下拉列表中选择"序列"选项。

3. 在"来源"文本框中输入序列值："男,女"。

4. 单击"确定"按钮。

5. 完成后"性别"数据可从下拉选项中选择，如图2-1-12所示。

幼儿基本信息表

班级	学号	姓名	性别	身份证号码	出生日期	入学年度	现住址	家长姓名	称谓	电话
小A班	1	李某新	男 女	11011220200424xxxx	20200424	2023	东城区	李某力	父亲	136333322xx
								陈某兰	母亲	181701099xx
小A班	2	张某丰	男	11011220200606xxxx	20200606	2023	西城区	张某翰	父亲	131336590xx
								王某聪	母亲	133667789xx
小A班	3	杨某蕾	女	31010620200101xxxx	20200101	2023	东城区	杨某亮	父亲	132456789xx
								赵某英	母亲	189709844xx

图2-1-12 "性别"输入设置效果

提示："男,女"间的逗号必须是英文半角状态。如果要删除验证条件，可以单击如图2-1-11所示的"全部清除"按钮。

（三）身份证号码输入

1. 设置单元格数据类别为文本。

选中E3:E42单元格区域并右击，在菜单中单击"设置单元格格式"→"数字"→"分类",选择"文本"(如图 2-1-13),单击"确定"按钮。

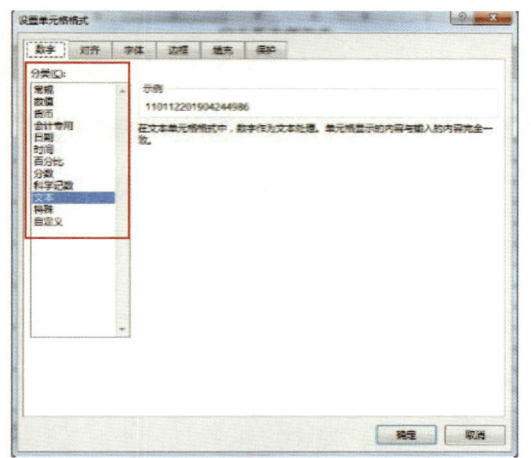

图 2-1-13 单元格数据类别设置

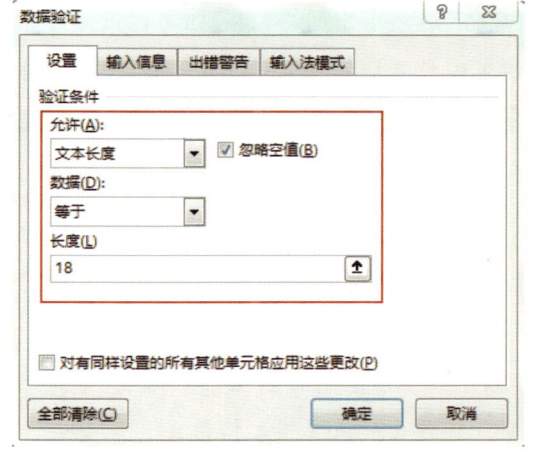

图 2-1-14 "数字验证"对话框

2. 限制单元格输入长度为 18。

选中 E3:E42 单元格区域,打开"数据验证"文本框,在"允许"下拉列表中选择"文本长度"选项,在"数据"下拉列表中选择"等于",在"长度"输入栏中输入"18"(如图 2-1-14),单击"确定"按钮。

(四)出生日期输入

使用函数可以提取身份证号码中的日期信息,这种方法较手动输入更为快速准确,大大地提高了输入效率。

MID 函数:从文本字符串中指定的起始位置起,返回指定长度的字符。

语法:=mid(字符串所在单元格,提取开始的位数,提取的字符长度)。

F3 单元格"李某新"的出生日期输入方法如下。

第 1 个参数是字符串所在单元格,"李某新"的身份证号码在单元格 E3。

第 2 个参数是提取开始的位数,身份证号码"110112××××××××86",从左往右数第 7 位开始是出生日期。

第 3 个参数是提取的字符长度,出生年月日一共 8 位。

即应在 F3 单元格中输入"=mid(E3,7,8)",使用自动填充完成其他幼儿出生日期信息的输入。

要点小结

1. 表格的新建与保存。
2. 表格格式设置。
3. 单元格格式设置。
4. 数据的输入设置。

微课:幼儿基本信息表的制作

拓展阅读

在"开始"选项卡中的"字体"组可以设置字体格式,"对齐方式"组可以设置对齐方式,"数字"组可以设置数字格式,"单元格"组可以插入或删除单元格、工作表行、工作表列。

图 2-1-15　"开始"选项卡

设置小数位数为 1 的方法如下。

（1）选中单元格区域,单击"开始"选项卡"数字"组右下角的按钮（如图 2-1-15）,弹出"设置单元格格式"对话框。

（2）在"设置单元格格式"对话框的"数字"选项卡中单击"数值",设置"小数位数"为"1",单击"确定"按钮,如图 2-1-16 所示。

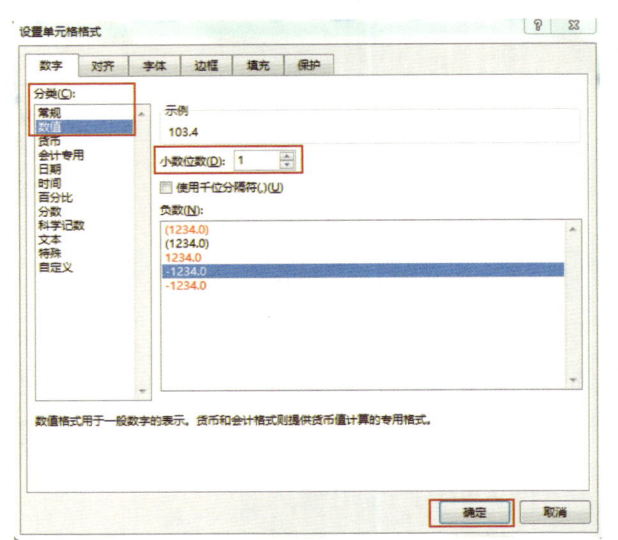

图 2-1-16　小数位数设置

模块二任务 1
云测试

思考与练习

一、填空题

为规范数据信息的格式,常需要预先设置单元格允许输入的数据类型和范围,请完成以下填空。

（1）单击"＿＿＿＿＿"选项卡"＿＿＿＿＿"按钮。

（2）在"＿＿＿＿＿"下拉列表中,根据需要选择"整数""小数""序列""日期""时间""文本长度"等选项。

二、简答题

请在横线处填写从单元格文本指定位置处提取特定长度的字符串的函数及语法。

实践与运用

打开素材中的"幼儿体检信息原表.xlsx"文件，运用本节所学的知识制作表格，使其呈现出图 2-1-17 所示效果，完成以下操作。

1. 表格格式（边框和底纹）设置。
2. 单元格格式（对齐方式和小数位数）设置。
3. 数据输入设置（限制"性别"列数据为"男"或"女"）。

幼儿体检信息表

序号	姓名	性别	身高（cm）	体重（kg）	左眼	右眼
1	李某新	男	103.4	15.0	0.6	0.8
2	张某丰	男	102.0	14.8	0.4	0.5
3	杨某蕊	女	95.5	15.7	0.3	0.3
4	李某华	男	92.0	14.0	0.6	0.5
5	林某玲	女	105.0	14.6	0.4	0.4
6	唐某菲	女	102.0	15.6	0.8	0.8
7	张某达	男	110.0	25.0	0.7	0.6
8	毛某超	男	104.0	45.0	0.5	0.5
9	马某菲	女	102.5	14.5	0.4	0.4
10	陈某宝	男	108.3	30.0	0.5	0.4
11	周某娜	女	95.0	13.0	0.6	0.6
12	赵某浩	男	110.0	18.0	0.5	0.5
13	杨某伟	男	112.5	19.0	0.7	0.7
14	邱某兰	女	105.0	15.5	0.8	0.8
15	李某梅	女	101.0	16.0	0.5	0.5
16	袁某理	女	98.0	15.4	0.4	0.6
17	赵某建	男	102.0	35.0	0.8	0.4
18	徐某艳	女	94.0	15.8	0.7	0.3
19	郑某谦	男	100.0	16.0	0.3	0.3
20	韩某红	女	92.0	14.2	0.4	0.2

图 2-1-17　幼儿体检信息表（范本）

自我评价与反思

任务 2
制作幼儿体检信息表

学习任务单

姓名		班级		学习时间	2 课时
序号	任务描述	学习建议	完成效果		
			自己评	同伴评	教师评
1	数据的查找与替换。	以实践操作为主,注意区分"查找全部"和"查找下一个"、"全部替换"和"替换"。			
2	数据条件设置。	以实践操作为主,根据实际情况设定数据条件。			
3	数据分类汇总设置。	以实践操作为主,根据分类字段排序,再根据需求设定汇总项。			
4	数据筛选设置。	以实践操作为主,掌握自动筛选操作,注意区分"与"和"或"。			
学习反思					

情境导入

苏老师走进教室，拿出一张幼儿体检信息表，要求同学们在 30 秒内找出视力低于 0.5 的幼儿的体检记录并做标识。芒果同学说："老师，我可以做到。"接着，芒果同学在表中挨个确认并用记号笔做好了标识。随后，苏老师拿出了一摞信息表。芒果同学眼睛都瞪大了："这么多！老师请给我足够的时间……"苏老师笑笑说："不用这么麻烦，这项工作我们可以借助 Excel 快速完成。"

在本任务中我们将学习用 Excel 处理数据的方法。让我们一起来学习吧！

请思考

1. 怎么设置数据条件？
2. 怎么筛选出需要的数据？
3. 怎么分类处理数据？

任务描述

在实际工作中，我们常常需要对收集到的数据进行处理分析。在本任务中，通过对幼儿体检信息表的处理，我们将学习数据的查找与替换、数据条件设置、数据分类汇总设置、数据筛选设置等的方法，掌握数据分析处理的一般方法。

任务实施

一、数据的查找与替换

在 Excel 软件工具栏中，单击"开始"→"编辑"→"查找和选择"→"查找"（如图 2-2-1），在弹出的"查找和替换"对话框中，单击"查找"→"查找内容"，在输入栏中输入"周某"，单击"选项"按钮 选项(T) << ，设置范围为"工作簿"（如图 2-2-2），在整个工作簿中查找文本中含有"周某"的信息。单击"查找下一个"按钮可以定位至下一条信息。

提示：范围可以设置为"工作簿"，也可以设置为"工作表"；若要替换数据，可以在"替换"选项卡中操作。

二、数据条件设置

1. 选中 F3:G22 单元格区域。
2. 单击"开始"→"样式"→"条件格式"→"突出显示单元格规则"→"小于"。
3. 在"小于"对话框中，输入值"0.5"，"设置为"选择"浅红填充色深红色文本"（如图 2-2-3），单击"确定"按钮，将自动筛选出视力小于 0.5 的数据。

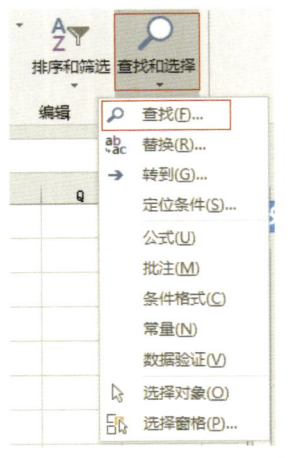

图 2-2-1 "查找和选择"下拉菜单

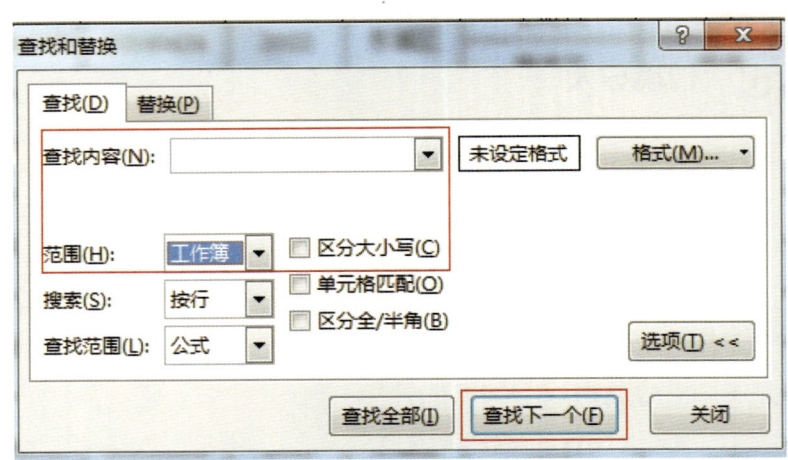

图 2-2-2 "查找和替换"对话框

✎ 学习笔记

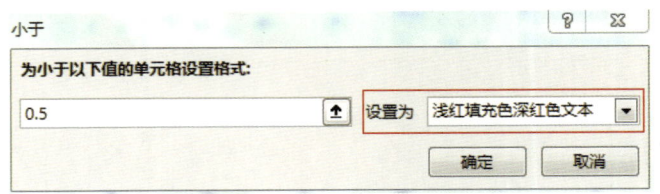

图 2-2-3 "小于"对话框

三、数据分类汇总设置

（一）排序

分类汇总前一定要根据分类字段排序。

1. 选择 A2:G22 单元格区域，单击"数据"选项卡"排序和筛选"组中的"排序"按钮，如图 2-2-4 所示。

图 2-2-4 "数据"选项卡

2. 在弹出的"排序"对话框（如图 2-2-5）中，设置主要关键字为"性别"，单击"确定"按钮。

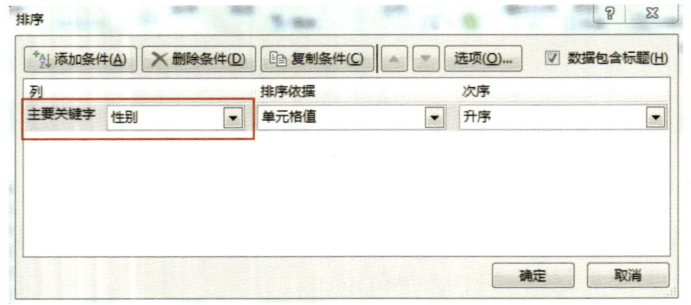
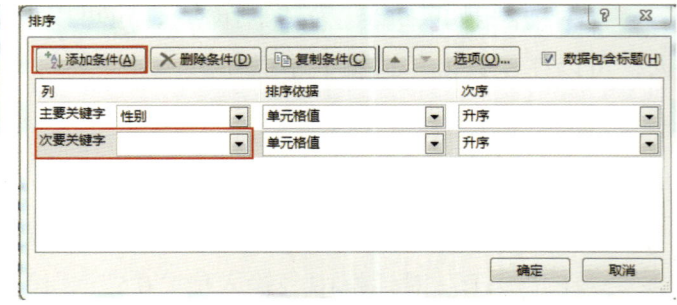

图 2-2-5 排序设置

提示：如果有多个排序条件时，可单击“添加条件”，设置“次要关键字”。

学习笔记

（二）分类汇总（分男女统计身高、体重的平均值）

分析数据，可知分类字段是“性别”，汇总方式为“平均值”，汇总项有“身高”和“体重”两个。

1. 选中 A2:G22 单元格区域，单击“数据”选项卡中的“分类汇总”按钮（如图 2–2–4）。

2. 在“分类汇总”对话框中分别设置“分类字段”为“性别”，“汇总方式”为“平均值”，“选定汇总项”勾选“身高”及“体重”，单击“确定”按钮（如图 2–2–6）。分类汇总后工作簿左侧会出现分级显示按钮 1 2 3 （如图 2–2–7），同时，原表格将按照设定被分为两类，两类数据下会显示汇总结果（平均值），如图 2–2–7 所示。

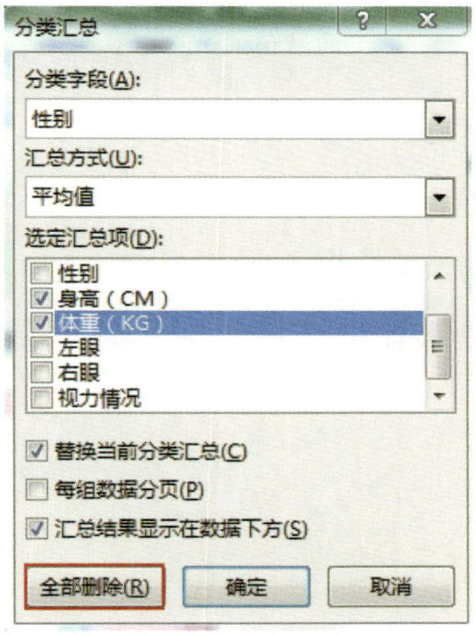

图 2-2-6　“分类汇总”对话框

1	幼儿体检信息表						
2	序号	姓名	性别	身高（CM）	体重（KG）	左眼	右眼
3	1	李某新	男	103.4	15.0	0.6	0.8
4	2	张某丰	男	102.0	14.0	0.4	0.5
5	4	李某华	男	92.0	14.0	0.6	0.5
6	7	张某达	男	110.0	25.0	0.7	0.6
7	8	毛某超	男	104.0	35.0	0.5	0.5
8	10	陈某宝	男	108.3	30.0	0.5	0.4
9	12	赵某浩	男	110.0	18.0	0.5	0.5
10	13	杨某伟	男	112.5	19.0	0.7	0.7
11	17	赵某建	男	102.0	35.0	0.8	0.4
12	19	郑某谦	男	100.0	16.0	0.3	0.3
13			男 平均值	104.4	22.1		

图 2-2-7　分类汇总后的部分表格

学习笔记

3. 将分类汇总结果复制到新的工作表中，命名为“分类汇总结果”。具体操作方法是：使用 Ctrl+A 快捷键选择工作表中的全部数据，使用 Ctrl+C 快捷键复制数据，在新工作表中使用 Ctrl+V 快捷键粘贴数据，双击新工作表标签并输入标题“分类汇总结果”。

4. 在原工作表中，单击图 2–2–6 中的“全部删除”按钮 全部删除(R) 删除分类汇总结果，恢复数据至原始状态。

四、数据筛选设置

1. 将光标置于表格内，或选中想要筛选的区域。
2. 单击"数据"选项卡中的"筛选"按钮 。
3. 单击"身高"单元格中的下拉箭头，选择"数字筛选"→"介于"，在"自定义自动筛选方式"对话框中，选择"大于"选项，输入数值"96"，并在下方勾选"与"，选择"小于"选项，输入数值"104"，设置后单击"确定"按钮。

图 2-2-8 "自定义自动筛选方式"对话框

4. 将筛选结果复制到新的工作表"筛选结果"中。
5. 在原工作表中再次单击"筛选"按钮，恢复工作表数据至原始状态。

提示： "与"表示筛选出的数据同时满足设定的两个条件；"或"表示数据只需要满足两个条件中的一个，就会被筛选出来。

微课：幼儿体检信息表的制作

要点小结

1. 数据的查找与替换。
2. 数据条件设置。
3. 数据分类汇总设置。
4. 数据筛选设置。

拓展阅读 ▶▶▶

数据类型	举例	输入方法
分数	3/5	先输入"0"和"空格"，再输入分子，"/"和分母
日期	2022年6月5日	依次输入年月日，中间用"—"或"/"分隔
文本	身份证号 110101××××××××3323	输入英文输入模式下的单引号"'"，再输入身份证号

思考与练习

填空题

1. 如果需要快速筛选出表中符合条件的数据，使用 Excel 软件的自动筛选功能的操作步骤如下，请填空。

（1）单击"_____"选项卡"_____"按钮。

（2）单击相应字段旁的_____，在下拉菜单中进行设置。

2. 分类汇总前要先根据分类字段进行_____操作。

模块二任务 2
云测试

实践与运用

制作幼儿素质发展报告表（行高设置为 45，如图 2-2-9），并完成以下操作。

1. 运用自动筛选，筛选出表中平均分在 8.2 以下的学生信息，并将筛选结果复制到新的工作表"平均分低于 8.2 的学生信息"中。

2. 使用分类汇总，分别统计男女平均分的平均值。

序号	姓名	性别	健康发展	语言发展	社会发展	科学发展	艺术发展	平均分	综合评价
				幼儿素质发展报告表					
1	李某新	男	10	9	9	8	8	8.8	
2	张某丰	男	9	9	8	7	8	8.2	
3	杨某蕾	女	10	9	9	8	8	8.8	
4	李某华	男	8	9	9	9	8	8.4	
5	林某玲	女	9	9	9	9	9	9	
6	唐某菲	女	8	7	9	10	9	8.6	
7	张某达	男	8	9	9	9	8	8.4	
8	毛某超	男	8	8	8	8	7	7.8	
9	马某菲	女	8	7	9	10	9	8.6	
10	陈某宝	男	9	9	9	9	9	9	
11	周某娜	女	8	7	9	10	9	8.6	
12	赵某浩	男	9	9	8	7	8	8.2	
13	杨某伟	男	10	9	9	8	8	8.8	
14	邱某兰	女	8	9	9	9	8	8.4	
15	李某梅	女	10	9	9	8	9	9	
16	袁某瑾	女	10	9	9	8	8	8.8	
17	赵某建	男	9	9	8	7	8	8.2	
18	徐某艳	女	8	9	8	9	9	8.6	
19	郑某谦	男	7	8	5	6	5	6.2	
20	韩某红	女	6	5	5	6	5	5.4	

图 2-2-9 幼儿素质发展报告表（范本）

自我评价与反思

任务 3
制作幼儿素质发展报告表

姓名		班级		学习时间	2 课时	
序号	任务描述		学习建议	完成效果		
				自己评	同伴评	教师评
1	使用函数。		以实践操作为主，学会用 IF 函数和 AVERAGE 函数分析数据的方法。			
2	设置页面。		以实践操作为主，学会设置页边距和重复标题行的方法。			
3	制作图表。		以实践操作为主，根据数据特点和实际需求选择合适的图表类型。			
4	保护工作表。		以实践操作为主，根据实际需要设置密码保护工作表。			
学习反思						

情境导入

苏老师拿出幼儿素质发展报告表和幼儿素质发展报告图表,让同学们对比分析二者呈现数据的特点。芒果同学说:"图表中的数据更直观,更有吸引力。"苏老师点了点头道:"今天我们将学习在 Excel 中制作图表的方法,大家也可以制作出可读性高且美观的数据图表。"

在本任务中,我们将通过制作幼儿素质发展报告表,学习 Excel 中 IF 函数的使用、图表制作、保护工作表等操作方法,进一步提升数据分析处理能力。

请思考

1. 表格有多页时,如何重复标题行以使每页都能显示数据类型?
2. 怎么用函数计算平均分及综合评价?
3. 怎么用图表展现学生某方向的发展水平?

任务描述

为更生动、更直观地展现数据,我们常常制作数据图表。在本任务中,我们将通过制作幼儿素质发展报告表(如图 2-3-1),学习使用 AVERAGE、IF 等函数的方法,制作图表以直观形象地显示数据关系,设置页面达到所需效果,设置工作表保护以保护数据信息。

幼儿素质发展报告表

序号	姓名	性别	健康发展	语言发展	社会发展	科学发展	艺术发展	平均分	综合评价
1	李某新	男	10	9	9	8	8	8.8	优秀
2	张某丰	男	9	9	8	7	8	8.2	优秀
3	杨某蕾	女	10	9	9	8	8	8.8	优秀
4	李某华	男	8	9	8	9	8	8.4	优秀
5	林某玲	女	9	9	9	9	9	9	优秀
6	唐某菲	女	8	7	9	10	9	8.6	优秀
7	张某达	男	8	9	8	9	8	8.4	优秀
8	毛某超	男	8	8	8	8	7	7.8	良好
9	马某菲	女	8	7	9	10	9	8.6	优秀
10	陈某宝	男	9	9	8	9	9	8.8	优秀
11	周某娜	女	8	7	9	10	9	8.6	优秀
12	赵某浩	男	9	9	8	7	8	8.2	优秀
13	杨某伟	男	10	9	9	8	8	8.8	优秀
14	邱某兰	女	8	9	8	9	8	8.4	优秀
15	李某梅	女	10	9	8	9	9	9	优秀
16	袁某瑾	女	10	9	8	9	8	8.8	优秀
17	赵某建	男	9	9	8	7	8	8.2	优秀
18	徐某艳	女	8	9	8	9	9	8.6	优秀
19	郑某谦	男	7	8	5	6	5	6.2	良好
20	韩某红	女	6	5	5	6	5	5.4	良好

图 2-3-1 幼儿素质发展报告表(范本)

学习笔记

一、使用函数

（一）计算平均分

使用 AVERAGE 函数计算平均分的操作如下。

1. 单击 I3 单元格，输入公式"=AVERAGE(D3:H3)"，按回车键。

2. 使用自动填充完成其他学生的平均分计算。

提示：输入函数公式时，字母不区分大小写。

（二）完成综合评价

使用 IF 函数检测"综合评价"列数据，如果前五科平均分大于或等于 8，则综合评价为优秀，否则评为良好。

IF 函数语法：IF（条件表达式，满足条件结果，不满足条件结果）。

即综合评价对应的表达为：IF（前五科平均分大于等于 8，满足条件评为优秀，不满足条件评为良好）。

李某新的综合评价检测公式为：=IF（I3>=8," 优秀 "," 良好 "）。

提示：公式中的逗号、引号等标点符号均为英文输入状态下的半角符号。

使用 IF 函数进行综合评价的具体操作如下。

1. 单击 J3 单元格，输入"= IF（I3>=8," 优秀 "," 良好 "）"，按回车键。

2. 双击 J3 单元格右下角的填充柄完成填充。

二、设置页面

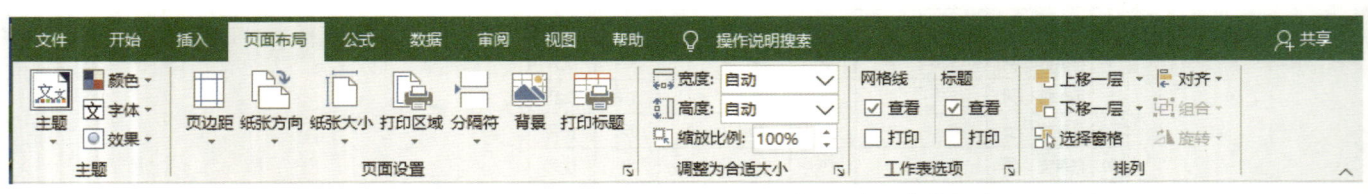

图 2-3-2 "页面布局"选项卡

（一）设置页边距

页边距可以根据需要进行调节，单击"页面布局"选项卡中的"页边距"按钮，左右页边距缩小为 1 厘米，如图 2-3-3 所示。

（二）设置重复标题行

1. 表格的标题行一般显示了表格各列的数据类型。在打印多页表格时，为了在每一页都能查看数据类型，我们常设置标题行重复。

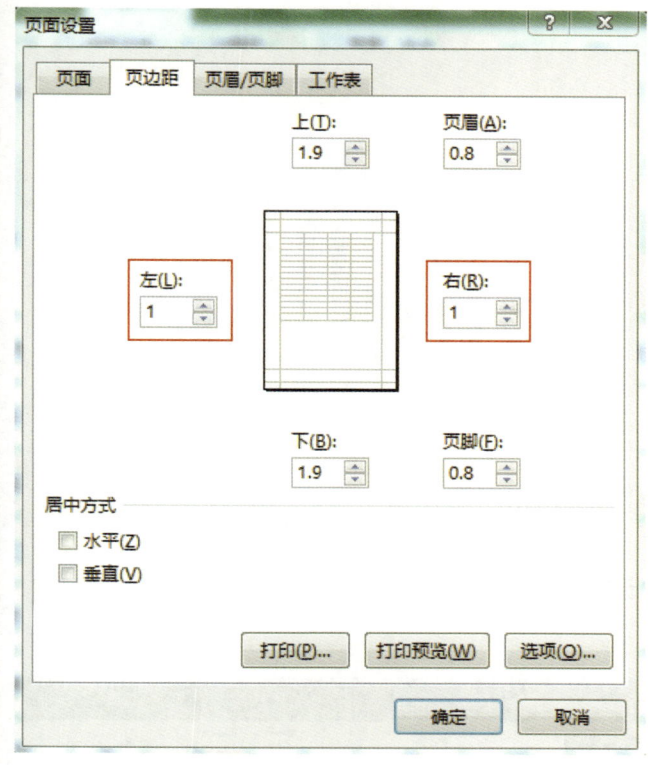
图 2-3-3　页边距设置

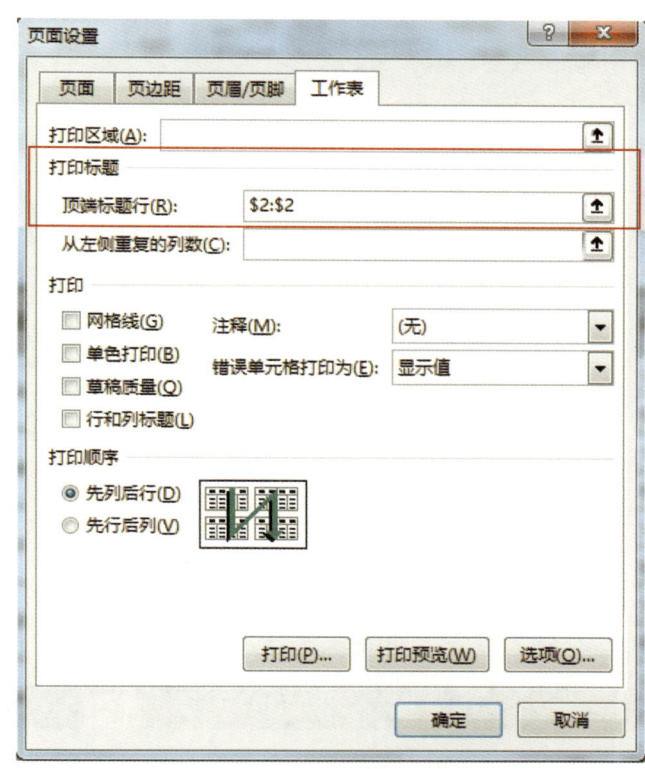
图 2-3-4　重复标题行设置

2. 单击"页面布局"选项卡中的"打印标题"按钮，设置"工作表"选项卡中的"顶端标题行"，如图 2-3-4 所示。单击"顶端标题行"右侧的折叠按钮，在表格中单击选中标题所在行（此时在第 2 行），单击展开按钮，返回到"工作表"选项卡，单击"确定"按钮。

三、制作图表

（一）建立图表

选中 B2:B22 和 D2:D22 单元格区域（按住 Ctrl 键分别选中两个区域），单击"插入"→"图表"组"插入柱形图或条形图"→"三维簇状柱形图"（如图 2-3-5），建立如图 2-3-6 所示图表。

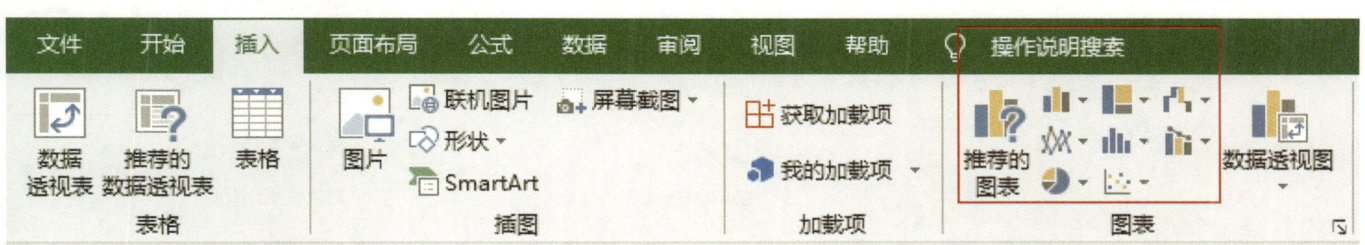
图 2-3-5　"插入"选项卡部分

提示："图表"组还有"插入饼图或圆环图""插入组合图"等，在实际应用中应根据需要选择图表的类型。

学习笔记

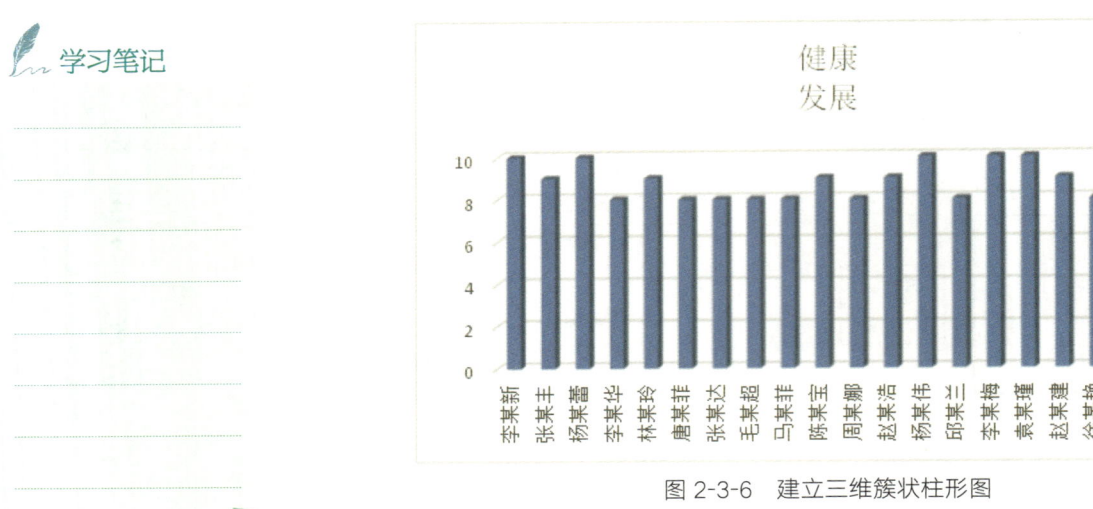

图 2-3-6　建立三维簇状柱形图

（二）编辑图表

1.插入图表后，可以使用"设计""格式"选项卡相应功能进行图表编辑，如图 2-3-7。

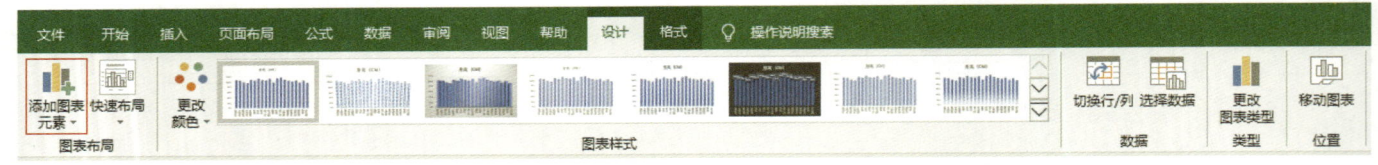

图 2-3-7　"设计"选项卡

2.右击图表，在快捷菜单中单击"设置图表区格式"，在"设置图表区格式"中选择"纯色填充"，颜色为"白色，背景1，深色5％"；设置边框为2磅、黑色、实线，并设置"连接类型"为"圆角"，如图 2-3-8 所示。

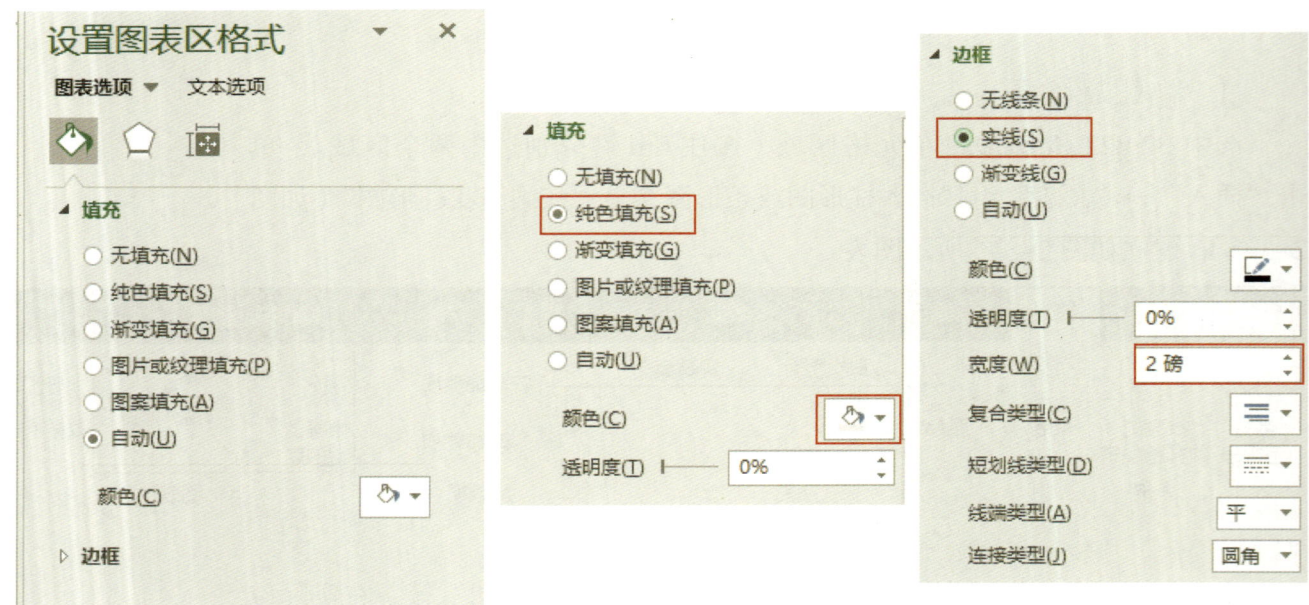

图 2-3-8　设置图表区格式

3. 单击"设计"选项卡"图表布局"组中的"添加图表元素"按钮（如图 2-3-7），在下拉菜单中选择"坐标轴标题"→"主要横坐标轴"，将标题设为"小 A 班幼儿姓名"，效果如图 2-3-9 所示。

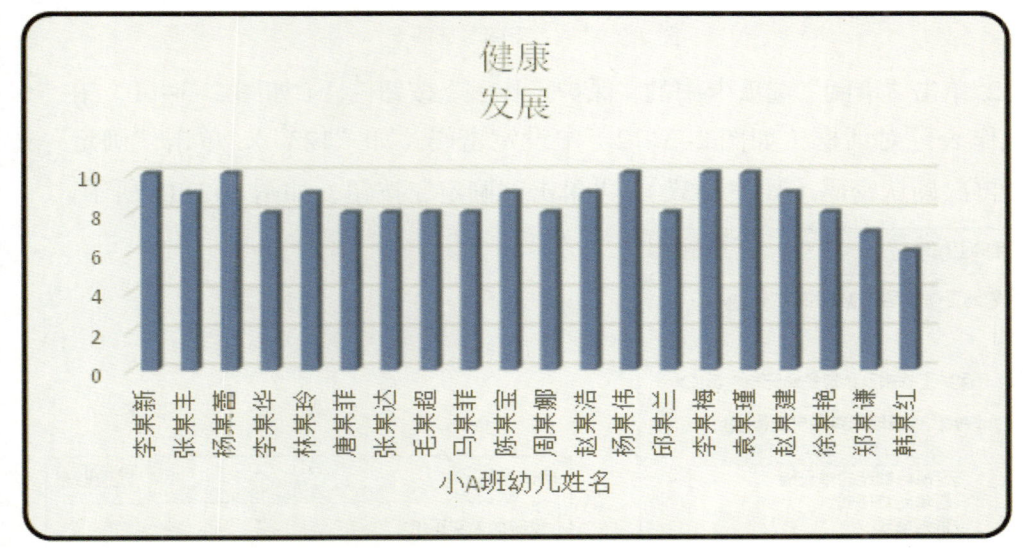

图 2-3-9　图表编辑后效果

（三）为学生生成个人素质水平图表

选择李某新同学的数据所在的单元格区域 B3:H3，按照上述方法生成三维簇状柱形图，如图 2-3-10 所示。

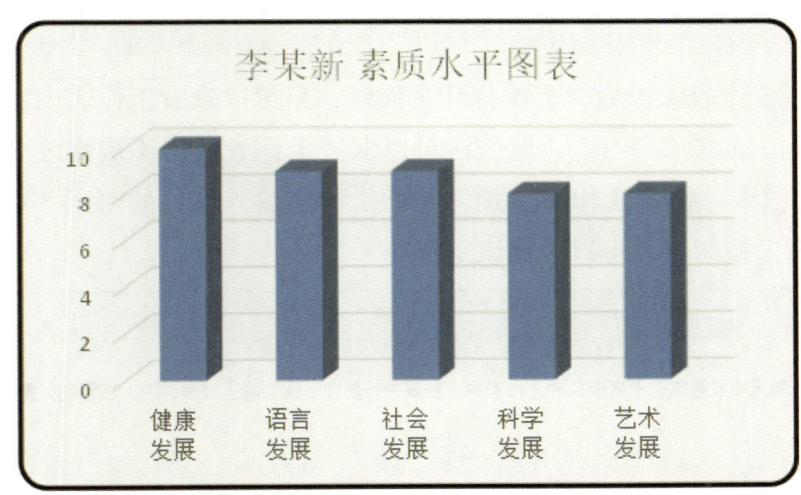

图 2-3-10　李某新素质水平图表

四、保护工作表

1. 工作表数据输入核对无误后，为了避免后期查看时误改数据，可以设置工作表保护，设置后的表格只有输入密码才可修改。

图 2-3-11 "审阅"选项卡

2. 单击"审阅"选项卡中的"保护工作表"按钮（如图 2-3-11），在"保护工作表"对话框（如图 2-3-12）中设定密码（如"123"），单击"确定"按钮后再次确认密码（如"123"），再单击"确定"按钮，如图 2-3-13 所示。

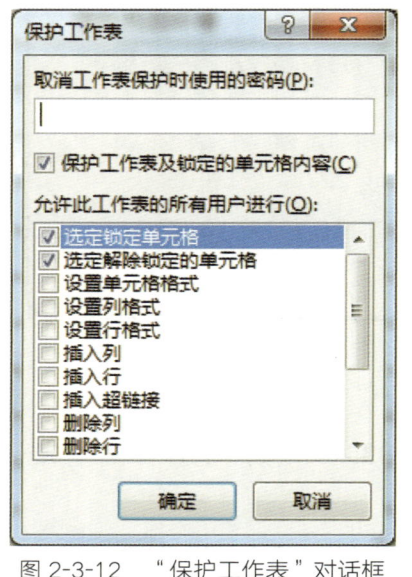

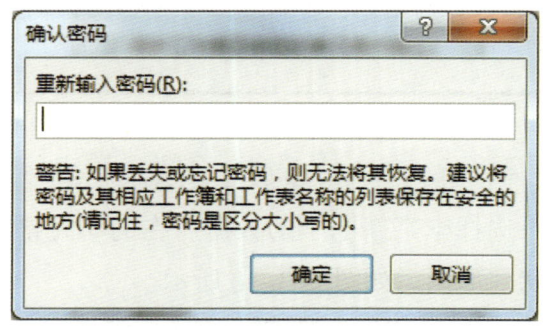

图 2-3-12 "保护工作表"对话框　　　图 2-3-13 "确认密码"对话框

3. 设置工作表保护后，下次打开文件时，只可以查看工作表内容，工作表编辑被限制（如图 2-3-14），此方法可以保护工作表数据不被修改。只有单击"审阅"选项卡"撤消工作表保护"按钮，输入设置的密码（如"123"），单击"确定"按钮，才可以编辑该工作表。

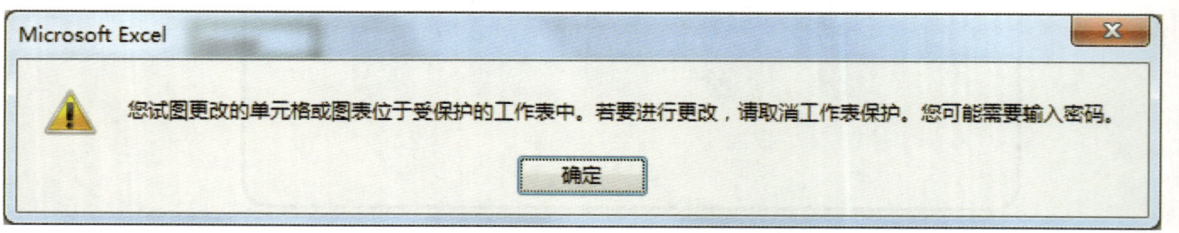

图 2-3-14 限制更改提示框

微课：幼儿素质发展报告表的制作

要点小结

1. 使用函数分析数据。
2. 页面设置。
3. 图表制作。
4. 保护工作表。

拓展阅读 ▶▶▶

页面缩放

有时需将工作表内容打印在一页中,可以通过"页面布局"→"页面设置"→"页面"中的"缩放比例"进行调整或选择调整为"1"页宽、"1"页高,如图 2-3-15 所示。

图 2-3-15 "页面"选项卡

填空题

1. 需要根据指定的条件判断返回值时可使用 IF 函数。在幼儿体检信息表中,假设 F3 单元格值为"0.6",在 H3 单元格中输入"=IF(F3>=0.6,"视力正常","视力预警")",H3 结果为_____。

2. 若要展现数据占总体的比例,最佳的图表类型是_____。

模块二任务 3
云测试

实践与运用

制作小 B 班幼儿的期末测试成绩统计表,效果如图 2-3-16 所示,完成以下操作。

1. 使用函数计算幼儿的平均成绩并给出综合评价(平均分大于 60 分为合格,低于 60 分为不合格,大于 90 分为优秀)。
2. 选择合适的样式,制作彭某的个人成绩图表。
3. 为成绩统计表设置密码保护。
4. 调整打印比例,将成绩统计表打印在 A4 纸上。

学号	姓名	音乐	体育	舞蹈	平均分	综合评价
1001	易某	90	95	89		
1002	包某	86	77	82		
1003	张某	72	80	95		
1004	王某	89	98	84		
1005	林某	75	77	96		
1006	罗某	97	97	79		
1007	赵某	81	76	71		
1008	孙某	91	93	83		
1009	李某	90	97	91		
1010	周某	60	69	66		
1011	吴某	94	85	58		
1012	郑某	67	84	64		
1013	曹某	90	56	89		
1014	高某	81	71	77		
1015	彭某	78	84	85		

图 2-3-16 小 B 班幼儿期末测试成绩统计表(范本)

自我评价与反思

模块三

幼儿园多媒体课件制作

学习目标

1. 熟练操作 PowerPoint 软件的基础命令，能够制作出与主题内容相适应、新颖美观的 PPT 课件。
2. 掌握插入动画、声音、图形、图片的操作，使幻灯片更加具有动感和吸引力。
3. 掌握设置幻灯片动画效果和切换效果的方法。
4. 独立完成图文并茂的 PPT 课件的制作，提升审美能力。

学习导航

幼儿园多媒体课件制作

- **任务1 制作数学课件**
  - 新建幻灯片
  - 设计幻灯片背景
  - 输入文字
  - 添加和删除幻灯片
  - 插入和编辑形状
  - 保存演示文稿

- **任务2 制作古诗鉴赏课件**
  - 形状的绘制与编辑
  - 艺术字的插入与编辑
  - 文字排版布局的调整
  - 动画效果的添加
  - 动画效果及播放时间的调整
  - 视频的导入与编辑

- **任务3 制作交通安全教育课件**
  - 幻灯片背景的编辑
  - 音频的插入与编辑
  - 幻灯片的切换动画设置
  - 色彩搭配技巧

- **任务4 制作中秋节主题活动课件**
  - 幻灯片母版的编辑
  - 形状的编辑
  - SmartArt 图形的编辑
  - 幻灯片的放映设置

模块导入

图 3-0-1 教学课件"儿童认识蔬菜水果"（范本）

蔬菜水果是健康饮食不可缺少的一部分。为了鼓励幼儿认识水果蔬菜,养成不挑食的好习惯,幼儿教师要对幼儿进行引导和教育。为了引发幼儿的兴趣,让幼儿在愉悦的课堂氛围中学习知识,图文并茂、生动有趣、寓教于乐的多媒体课件的使用必不可少。课件不仅仅要有艺术性、美观性,还需要符合幼儿学习的规律,让知识易学,让课堂有趣。那如何做一个简洁美观、生动有趣的 PPT 课件呢?我们将在本模块学习用 PowerPoint 软件制作课件的基础命令,包括图片图形的插入、动画的设置、音频的置入与编辑等操作,让我们一起来学习吧!

任务 1
制作数学课件

学习任务单

姓名		班级		学习时间	2 课时
序号	任务描述	学习建议	完成效果		
			自己评	同伴评	教师评
1	新建幻灯片。	以实践操作为主,尝试新建幻灯片,选择合适的模板。			
2	设计幻灯片页面。	以实践操作为主,设计幻灯片的页面大小和方向。			
3	设置幻灯片背景。	结合案例,自主完成页面背景设置。			
4	输入文字。	结合案例,在幻灯片中输入文字。			
5	添加和删除幻灯片。	以实践操作为主,掌握添加新幻灯片和删除多余幻灯片的方法。			
6	插入和编辑形状。	结合案例,在幻灯片中插入形状并进行编辑。			
7	保存演示文稿。	以实践操作为主,保存演示文稿的扩展名为"pptx"。			
学习反思					

情境导入

芒果同学走进教室,听到同学和老师在讨论教学课件的制作,凑近一看,惊讶道"这是什么软件呀,居然还有动画效果!"苏老师答道:"这是 PowerPoint,是微软公司出品的演示文稿软件,我们常常叫它 PPT。它是日常工作中常用的软件,常被用来做演示和汇报,也是目前主流的教学手段之一。"

在本任务中,我们将学习 PPT 的基础操作命令,尝试制作教学课件。一个好的 PPT 课件能够提高幼儿的学习兴趣、吸引幼儿的注意力、提高课堂的趣味性和观赏性,让幼儿在娱乐中学到知识,得到启发。

请思考

1. 图片怎么插入 PPT 文稿中?
2. 文字如何在 PPT 文稿中输入?
3. 文件如何保存,保存为什么格式?

为了让幼儿有更好的直观感受,教师在教学过程中往往会采用图片、声音等作为教学素材,让课堂更有趣。认识长短是幼儿数学教育中的一项重要内容,目的是让幼儿通过能够辨别高和低、长和短,从而感知高和低、长和短的相对性。在本任务中,我们将学习 PPT 的基础操作,如文本框插入、幻灯片插入等方法,从而拥有使用 PPT 制作数学课件的能力,为日后的工作做准备。

图 3-1-1　数学课件制作效果

PowerPoint（PPT）能够将静态的内容制作出动态的效果。现在让我们打开软件，开始学习之旅吧。

一、新建幻灯片

1. 启动软件，有两种方式可选择。

（1）直接在桌面上双击 PPT 图标按钮 启动软件。

（2）单击"开始"按钮 ，在打开的"开始"菜单中单击"Microsoft PowerPoint 2016"，启动软件，将弹出一个空白页面，如图 3-1-2 所示。

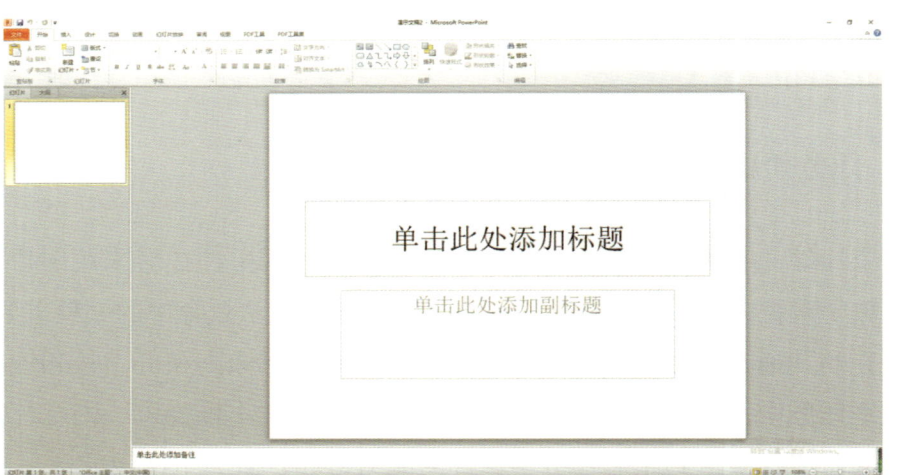

图 3-1-2　PPT 启动界面

2. 单击"开始"选项卡→"新建幻灯片"，选择合适的版式效果并单击，即创建了一张对应版式的幻灯片，如图 3-1-3 所示。

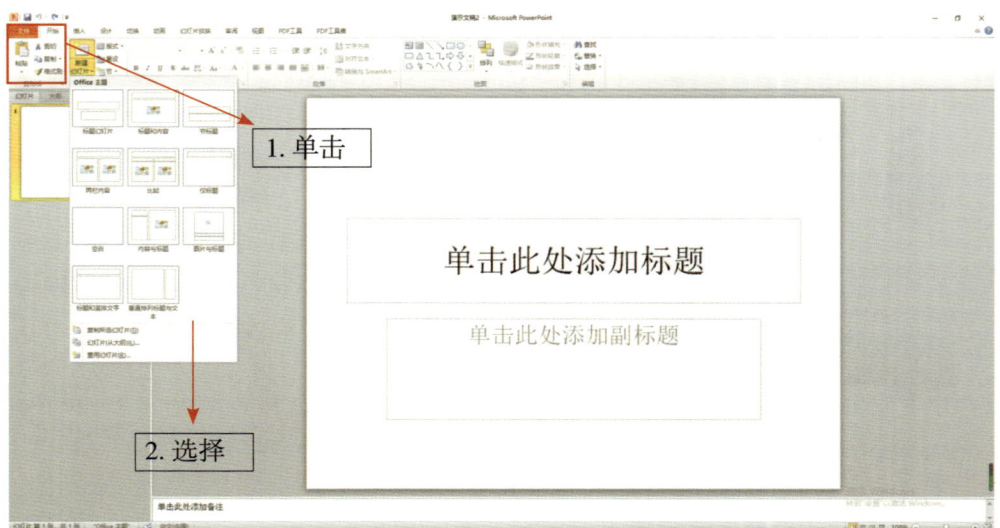

图 3-1-3　新建幻灯片

3. 在"文件"选项卡中单击"新建",根据主题选择模板,可以大大加快制作速度,如图 3-1-4 所示。

图 3-1-4　软件预设的模板与主题

二、设计幻灯片页面

幻灯片的页面设计包含幻灯片的大小、编号、方向等的设置与调整。页面的比例取决于播放的设备,本次设置为"宽屏(16:9)"的比例,实际课件制作时可以根据具体需要调整设置。

在对文稿页面的大小和方向进行设置时,需要考虑幻灯片的播放方式,默认为 33.867 厘米的宽度和 19.05 厘米的高度、方向为横向,如图 3-1-5 所示。

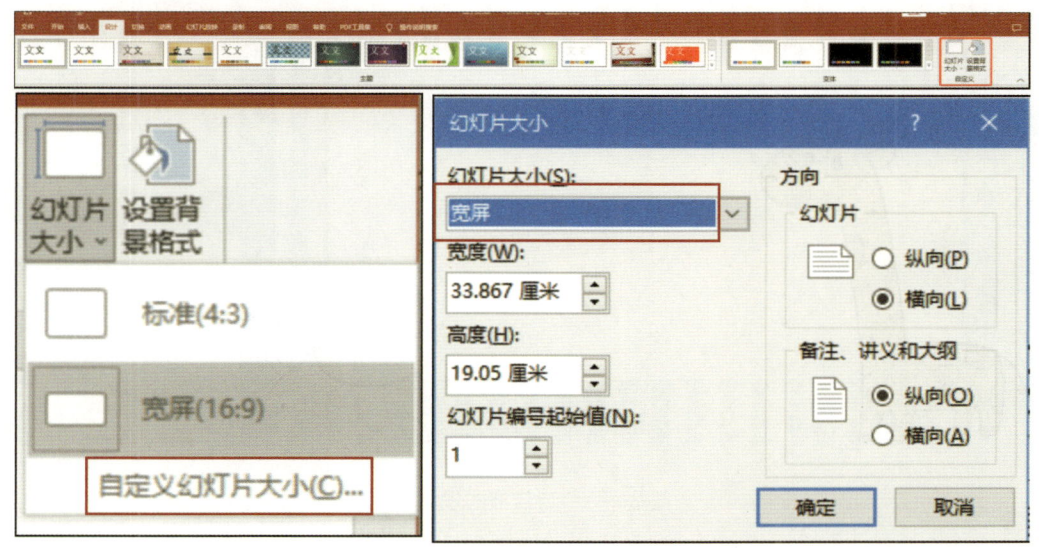

图 3-1-5　页面大小设置

三、设置幻灯片背景

默认的幻灯片背景是白色，为了让课件更加美观、更符合主题，常需要更换背景样式。

1. 单击"设计"→"设置背景格式"，将弹出"设置背景格式"对话框，如图 3-1-6 所示。

2. 在"设置背景格式"对话框中，选择"填充"中的"图片或纹理填充"选项，单击"文件"，找到素材图片，单击"插入"按钮，如图 3-1-7 所示。

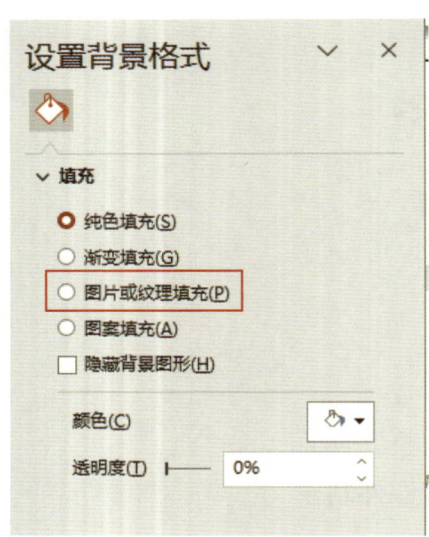

图 3-1-6　背景样式更换

图 3-1-7　插入图片

3. 插入图片后，关闭对话框，效果如图 3-1-8 所示。

图 3-1-8　背景格式设置效果

提示： 除将背景设置为图片外，也可以选择纯色填充、渐变填充、图片底纹或图案填充，同时可以根据需要调整颜色和透明度，设置全部应用，统一调整所有页面的背景效果。

四、输入文字

1. 单击"插入"→"文本框"→"横排文本框",输入"排排队比一比"文本,如图 3-1-9 和图 3-1-10 所示。

图 3-1-9　插入文本框　　　　图 3-1-10　文字输入

2. 修改输入文字的字体、大小、颜色等参数,以更好地和画面效果匹配,如图 3-1-11 所示。

图 3-1-11　文字格式调整

五、添加和删除幻灯片

在制作演示文稿的过程中,经常需要添加新幻灯片或者删除多余的幻灯片,并对幻灯片进行移动或者复制。此时应在选中需修改的幻灯片上右击,在弹出的菜单中选择对应的命令即可,如图 3-1-12 所示。

提示:删除幻灯片时,选中该幻灯片后,可以直接按键盘上的 Delete 键完成删除。

学习笔记

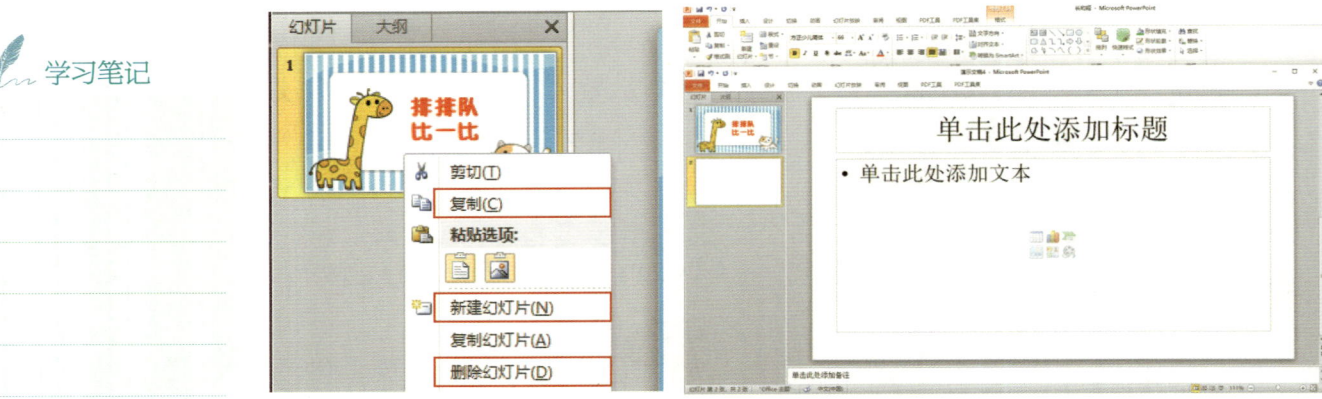

图 3-1-12　添加和删除幻灯片

六、插入和编辑形状

1. 按照上述方法，依次插入图片和文本框，调整文本的颜色和大小，制作剩下的幻灯片，效果如图 3-1-13 所示。

图 3-1-13　编辑其他幻灯片

2. 单击"插入"→"形状"，选择矩形，依次绘制四个长短不一，但宽度相同的矩形，同时修改矩形的颜色和轮廓效果各不相同。具体操作如图 3-1-14 和图 3-1-15 所示。

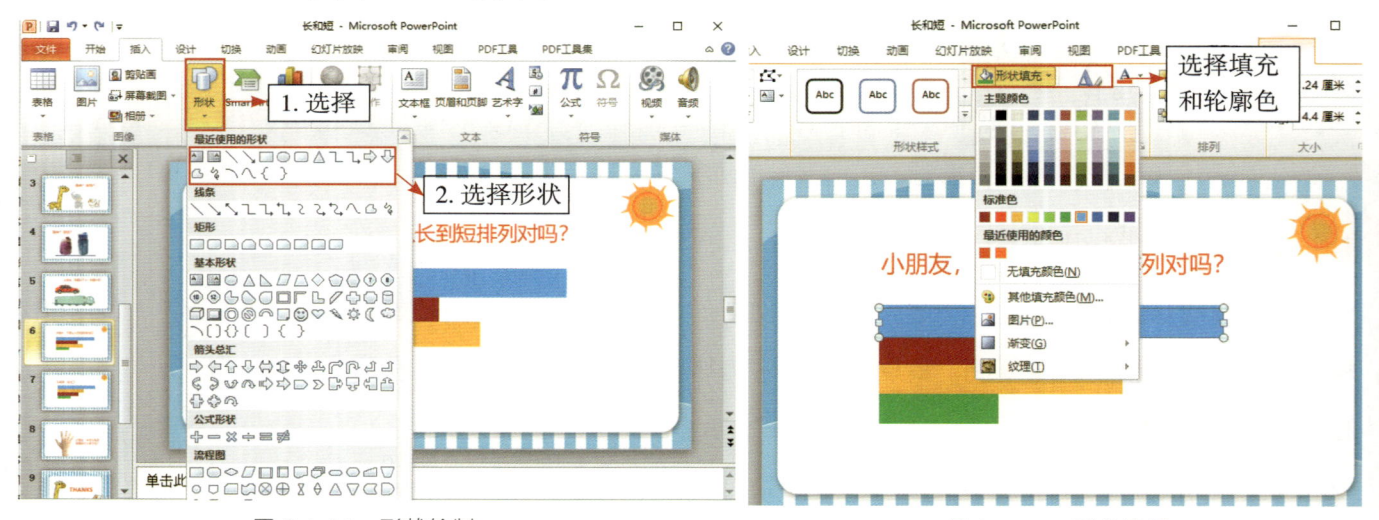

图 3-1-14　形状绘制　　　　　　　　　图 3-1-15　形状编辑

七、保存演示文稿

在"文件"选项卡中单击"保存"，设置文件名为"长和短"，保存类型为

"PowerPoint 演示文稿",如图 3-1-16 和图 3-1-17 所示。

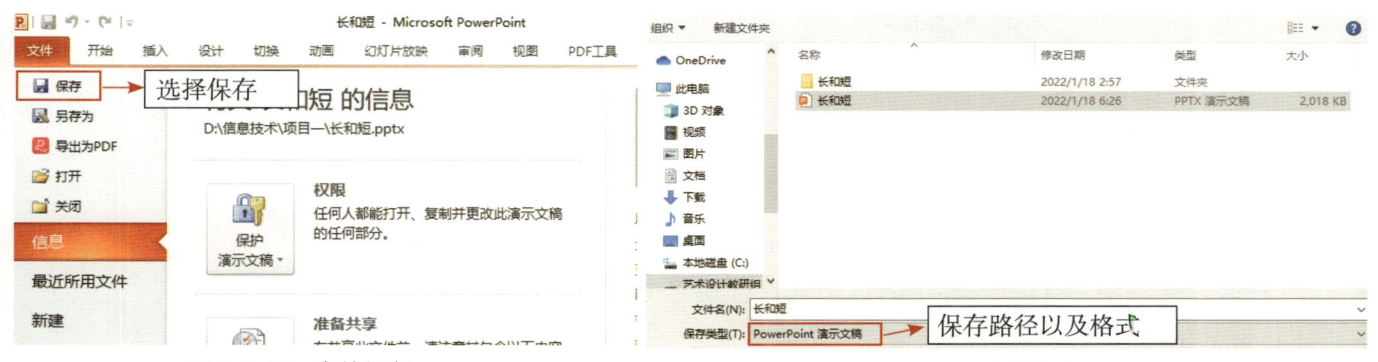

图 3-1-16　文件保存　　　　　　　　　图 3-1-17　文件保存设置

要点小结

1. PPT 文稿的新建和保存方法。
2. 幻灯片的插入和删除方法。
3. 文本框的插入和编辑。
4. 形状的插入和编辑。

拓展阅读 ▶▶▶

制作多媒体课件会使用到 PPT 的基础操作，如新建、删除、复制、保存等。需要删除幻灯片时可以右击目标幻灯片选择删除命令，也可以按键盘上的 Delete 键。

同样地，在新建的时候也可以在幻灯片窗口按下 Enter 键。移动幻灯片的时候只需选中该幻灯片，长按左键拖动即可。

思考与练习

一、单选题

1. PowerPoint 2016 的页面设置中，默认情况下不能将"幻灯片大小"设置为（　　）。

A. 全屏显示（4：3）　　　　　　　　B. 全屏显示（16：9）

C. 全屏显示（16：10）　　　　　　　D. 全屏显示（3：2）

2. 在 PowerPoint 2016 中，以下操作不能在文件中插入一个新幻灯片的是（　　）。

A. 在"普通视图"下，将鼠标定位在左侧的窗格中，然后按下 Enter 键

B. 单击"开始"选项卡中的"新建幻灯片"按钮

C. 使用快捷键 Ctrl+N

D. 使用快捷键 Ctrl+M

二、多选题

1. 在 PowerPoint 2016 中，新建文档的方法有（　　）。

A. 选择"模板"新建　　　　　　　　B. 根据现有内容新建

C. 新建"空白演示文稿"　　　　　　D. 选择主题新建

模块三任务 1
云测试

2. PowerPoint 可以用于（　　）。
A. 学术交流　　　　B. 产品展示　　　　C. 教学授课　　　　D. 制作商业广告

3. 可以对输入的文字做（　　）修改。
A. 字体类型　　　　B. 文字大小　　　　C. 文字颜色　　　　D. 字符间距

三、判断题

1. 在 PowerPoint 2016 中，新建窗口就是新建一个空白演示文稿。（　　）

2. 将某一张幻灯片上的内容全部选中的快捷键是 Ctrl+A。（　　）

四、简答题

1. 在制作 PPT 演示文稿时，插入图片和输入文本的方法是什么？

2. 需要同时给演示文稿的所有页面更换背景样式，设置背景为图片填充，应怎样操作？

实践与运用

运用本节所学的知识，使用 PPT 制作一个教学课件，主题为"认识上中下"，完成以下操作。
1. 插入文字，修改文字的大小和颜色。
2. 插入图片，并且使用图片作为背景。
3. 插入形状体现上下关系，调整形状的样式和颜色。

自我评价与反思

任务 2
制作古诗鉴赏课件

学习任务单

姓名		班级		学习时间	2 课时
序号	任务描述		学习建议	完成效果		
				自己评	同伴评	教师评
1	形状的绘制与编辑。		以实际操作为主,熟练地编辑形状的各种属性。			
2	艺术字的插入与编辑。		以实际操作为主,根据实际需要,在幻灯片中插入并编辑艺术字。			
3	文字排版布局的调整。		以实践操作为主,对文本内容的字距、行距、对齐方式、文字方向等进行修改。			
4	动画效果的添加。		结合案例,给文本框等设置合适的动画效果。			
5	动画效果及播放时间的调整。		结合案例,调整动画的细节和播放时间。			
6	视频的导入与编辑。		以实践操作为主,学会在幻灯片中导入视频的方法,并尝试对视频的播放方式进行修改。			
学习反思						

芒果同学在做古诗鉴赏的课件,为了让课件更生动形象,芒果同学想在课件里添加视频和音乐,同时为了使课件更活泼,想在课件中添加动画效果。想法有了但不知道如何实施的芒果同学向苏老师请教:"苏老师,如何在 PPT 中添加视频和动画呀?"苏老师笑着说:"这个不难,在软件中有预设的动画效果,只需要简单的操作就能完成设置,视频的添加也很容易,我示范给你看。"那让我们一起跟着苏老师来学习吧!

请思考

1. 视频如何嵌入幻灯片中?
2. 艺术字如何编辑?
3. 动画效果如何添加?
4. 如何查看和编辑不同对象的动画效果?

单调的文字不容易引起幼儿的注意,为了让幼儿更好地接受新知识,幼儿园使用的教学演示课件通常更注重生动有趣的内容展示,从视觉和听觉两个方面提高课堂的趣味性。古诗鉴赏课程是幼儿教育中非常重要的内容,为了让幼儿更好地感受古诗中的意境,启发幼儿的想象力,只用文字显然不够。如果能增加画面的动态效果,无论是对增加课堂的趣味性还是对中华优秀传统文化的宣传,都是非常好的。

本任务是以诗人杜甫的《绝句》作为主题,制作一个古诗鉴赏教学课件,如图 3-2-1 所示为目标效果。运用文字的编辑、动画的制作、视频的嵌入等技巧来制作演示课件。

图 3-2-1 古诗鉴赏课件制作效果

任务实施

打开 PowerPoint 软件,制作主题为《绝句》的古诗鉴赏课件,需要学习的内容包含艺术字的输入与编辑、文字的输入和排版、动画制作方法及视频插入的方法等。那开始我们的学习之旅吧。

一、形状的绘制与编辑

1. 打开 PowerPoint 软件,新建一个空白文档,单击"设计"→"幻灯片大小"→"自定义幻灯片大小",在弹出的"幻灯片大小"对话框中,选择"宽屏"选项,如图 3-2-2 所示。

📝 学习笔记

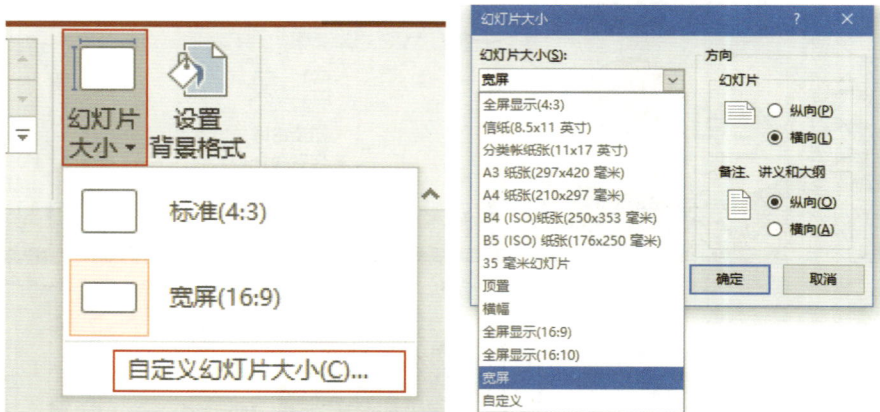

图 3-2-2　幻灯片大小设置

2. 单击"设计"选项卡中的"设置背景格式"按钮 ，在右侧会弹出"设置背景格式"窗格，选择"填充"中的"图片或纹理填充"，单击下方的"文件"，弹出"插入图片"对话框，选择素材图片插入幻灯片中。操作如图 3-2-3 所示，效果如图 3-2-4 所示。

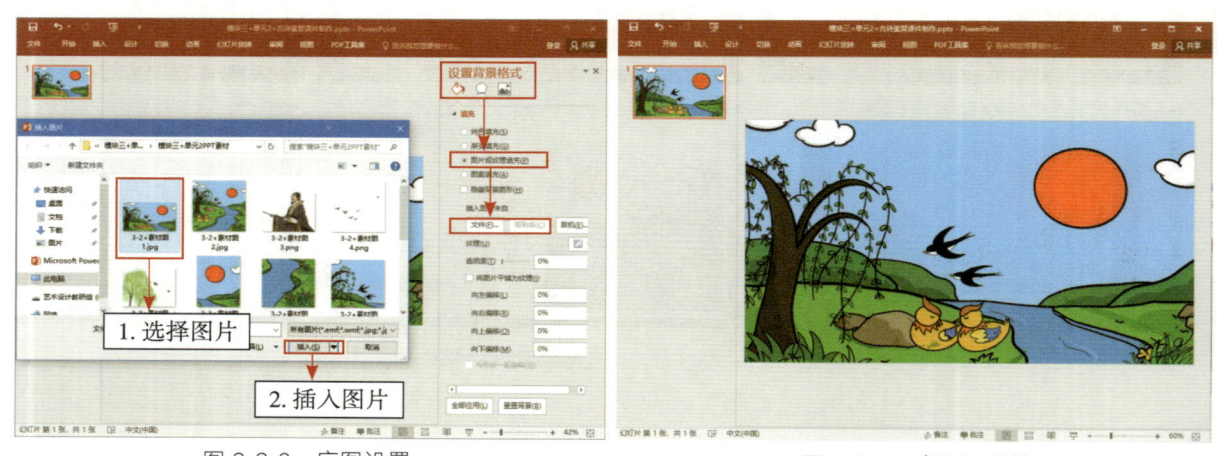

图 3-2-3　底图设置　　　　　　　　　　　图 3-2-4　底图设置效果

3. 单击"插入"选项卡中的"形状"按钮，在下拉列表中选择椭圆，如要绘制正圆形则应按住 Shift 键，在页面上绘出一个正圆，如图 3-2-5 和图 3-2-6 所示。

图 3-2-5　选择形状　　　　　　　　　　　图 3-2-6　绘制圆形

4. 单击圆形，在"形状格式"选项卡中选择"形状填充"和"形状轮廓"，设置填充色为白色、轮廓色为浅绿色，同时调整轮廓线的粗细，如图 3-2-7 和图 3-2-8 所示。

图 3-2-7　设置填充色

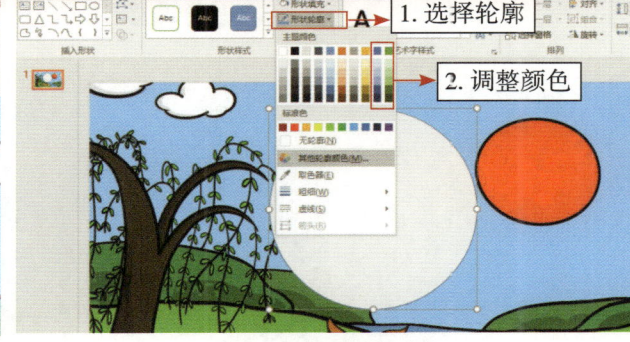
图 3-2-8　设置轮廓色

拓展阅读 ▶▶▶

编辑形状填充与形状轮廓的方法

1. 在编辑形状填充和形状轮廓时，可以选中形状并右击，在弹出的列表中选择"填充"或"轮廓"选项进行编辑，如图 3-2-9 所示。

2. 选中需要编辑的形状并右击，在弹出的菜单中选择"设计形状格式"，在窗口右侧会弹出对应窗格，在窗格中对效果进行调整，如图 3-2-10 所示。

图 3-2-9　形状编辑菜单

图 3-2-10　"设置形状格式"窗格

二、艺术字的插入与编辑

为了让幻灯片中的文字更加美观和独特，可以对文字做艺术化处理。PowerPoint 软件中有大量的艺术字预设模板，可以根据需要编辑艺术字。艺术字的插入和编辑的具体步骤如下。

（一）方法一

1. 单击"插入"选项卡中的"艺术字"按钮 ，在下拉列表中有多个艺术字效果选项。单击合适的效果，画面中会出现"请在此处放置您的文字"字样，如图 3-2-11 所示。

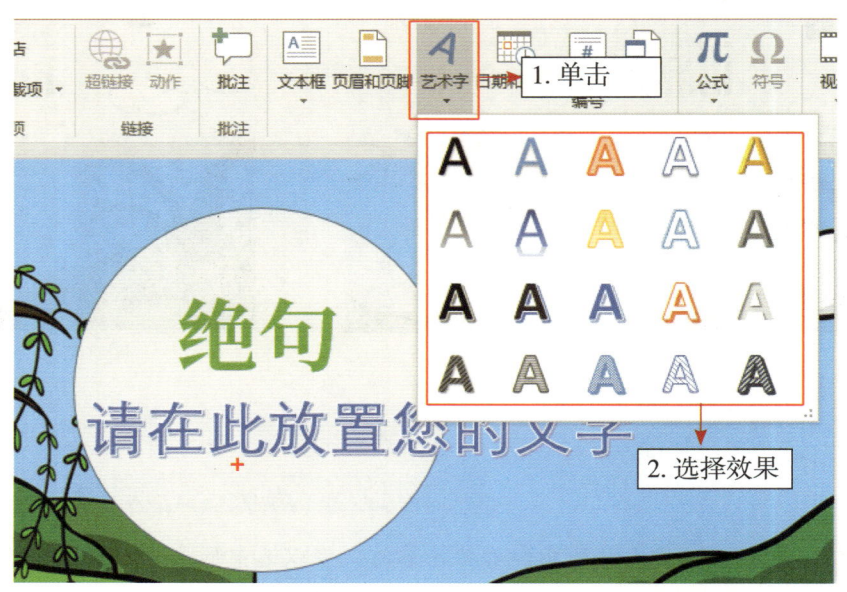

图 3-2-11　艺术字的插入

2. 选中插入的艺术字，输入文本"《绝句》"，设置字体为思源宋体，字号为 72 号，加粗字体同时设置阴影效果，如图 3-2-12 和图 3-2-13 所示。

图 3-2-12　文本编辑　　　　　　　　　　图 3-2-13　文本设置效果

（二）方法二

在"插入"选项卡中选择"文本框"→"横排文本框"，如图 3-2-14 所示。在文本框中输入文本并选中，修改字体和字号，在"格式"选项卡中选择适合的艺术字样式，如图 3-2-15 所示。

模块三　幼儿园多媒体课件制作　71

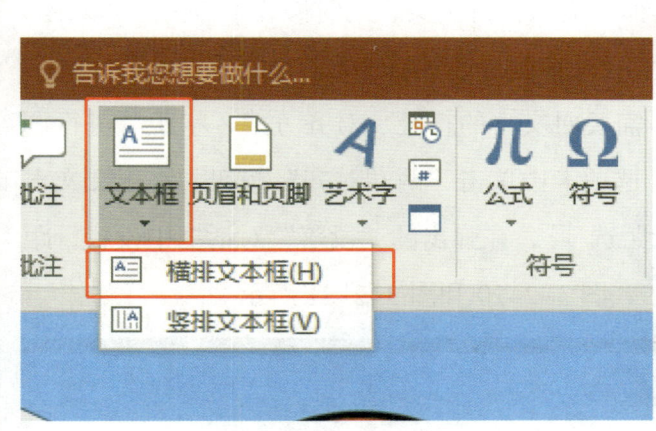

图 3-2-14　文本框插入

图 3-2-15　艺术字样式选择

三、文字排版布局的调整

文字排版也叫文字布局，包含字距、行距、对齐方式、文字方向等的设计。在编辑文字的过程中，为了视觉效果更便于阅读，需要对文字的排版布局进行调整。其中，对齐方式有左对齐、居中对齐、右对齐、两端对齐、分散对齐五种。为了突出条理性，常常在文本前插入"项目符号"和"编号"，使文本更有秩序，也更清晰。

> **温馨提示**
>
> 艺术字标题的设计需要考虑使用场合，比较轻松的演示场景可以使用艺术字作为标题。汇报类、学术交流类、专业讲座类等场合尽量不要使用，避免表达不够严肃。

1. 设计幻灯片的目录页。输入目录内容后，为了使内容更清晰，可以添加项目符号。选中目录，在"开始"选项卡中单击"项目符号" 按钮，选择项目符号的类型。单击"项目符合和编号"，在"项目符合和编号"对话框中可以对项目符号进行编辑，也可以根据需要自定义项目符号的样式，如图 3-2-16 和图 3-2-17 所示。

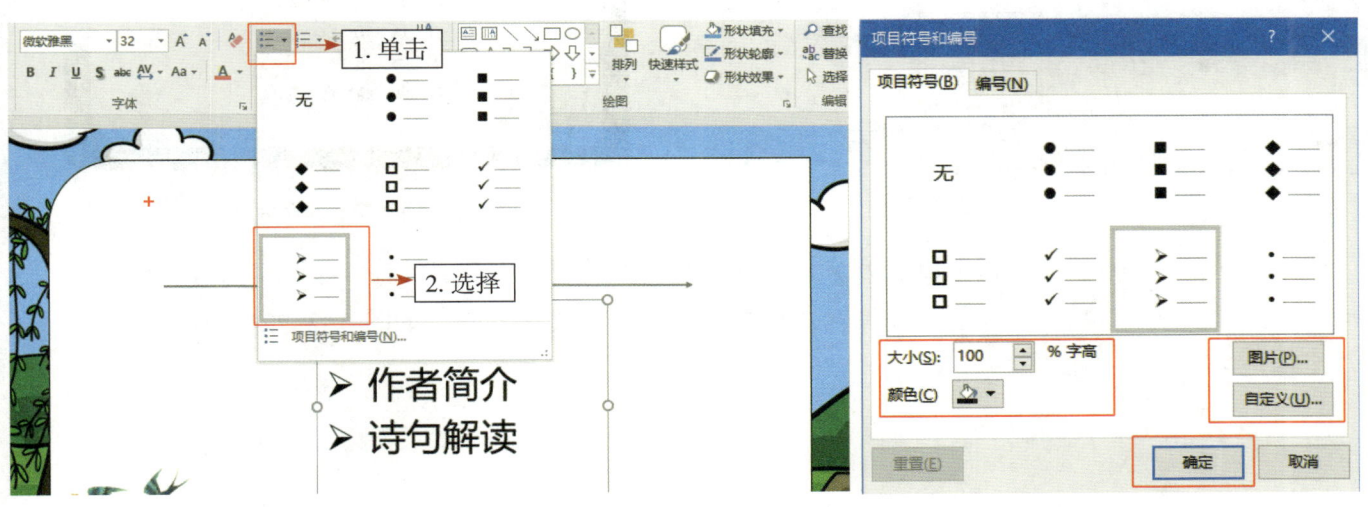

图 3-2-16　项目符号选择　　　　　　　　　图 3-2-17　项目符号和编号编辑

2. 创建新的幻灯片，在文本框中输入古诗全文，同时修改字体为思源宋体，字号为 16 号。修改之后的版面空白较多，同时行距较大，如图 3-2-18 所示。

3. 为了使版面布局更和谐，需要对文本的行距、对齐方式、字距等进行调整。选中古诗正文，在"开始"选项卡中单击"两端对齐"按钮，将正文文本分散对齐。单击"行距"→"行距选项"，在弹出的"段落"对话框中设置行距"固定值"为 20 磅，如图 3-2-19、图 3-2-20 和图 3-2-21 所示。

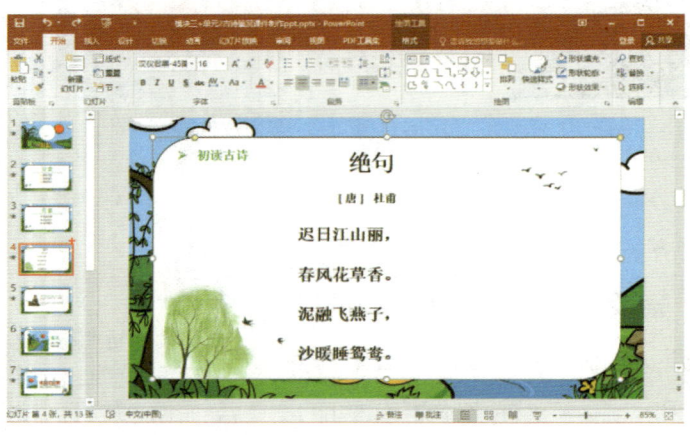

图 3-2-18　未调整时的文本效果

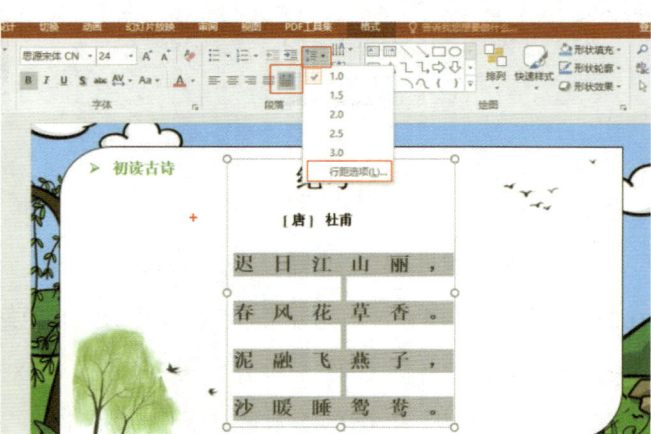

图 3-2-19　设置对齐方式及行距

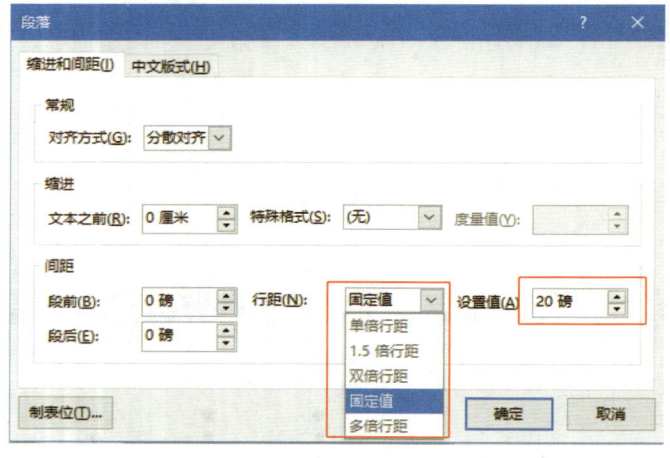

图 3-2-20　设置行距为固定值

图 3-2-21　文本排版后效果

根据以上方法，完成所有页面的文字编排。

提示：在编辑过程中还可以修改文字方向，如图 3-2-22 所示。

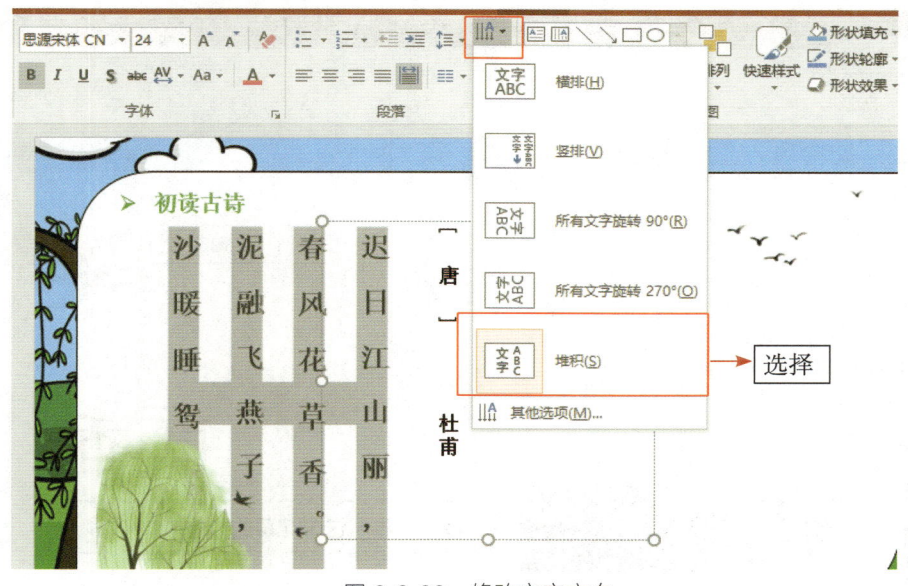

图 3-2-22　修改文字方向

四、动画效果的添加

给 PPT 课件添加动画效果可以让教学更加有趣，更能吸引幼儿的注意力。幻灯片的动画分为四种类型，分别是进入、退出、强调和动作路径。添加动画时，可以根据需要选择适合的动画效果。同时还可以设置动画的持续时间、延迟时间和开始的方式。下面介绍添加动画效果的具体操作。

以制作诗句解读幻灯片为例，这些幻灯片介绍单句古诗及译文，配合图片对诗句进行展示和分析，因此各部分内容需要根据讲解的顺序进行展示。

1. 在幻灯片中插入图片。单击"插入"→"图片"→"此设备"，在对话框中选择合适的素材图片，单击"插入"，并调整图片为合适大小。

2. 在幻灯片中输入文本。插入矩形，设置形状填充和轮廓，效果如图 3-2-23 所示。

微课：添加动画效果

图 3-2-23　诗句解读幻灯片设置效果

3. 选中需设置动画的文本框，单击"动画"选项卡中的下拉箭头，在下拉列表中存在多种动画效果，可以选择进入效果或强调效果，如图 3-2-24 所示。

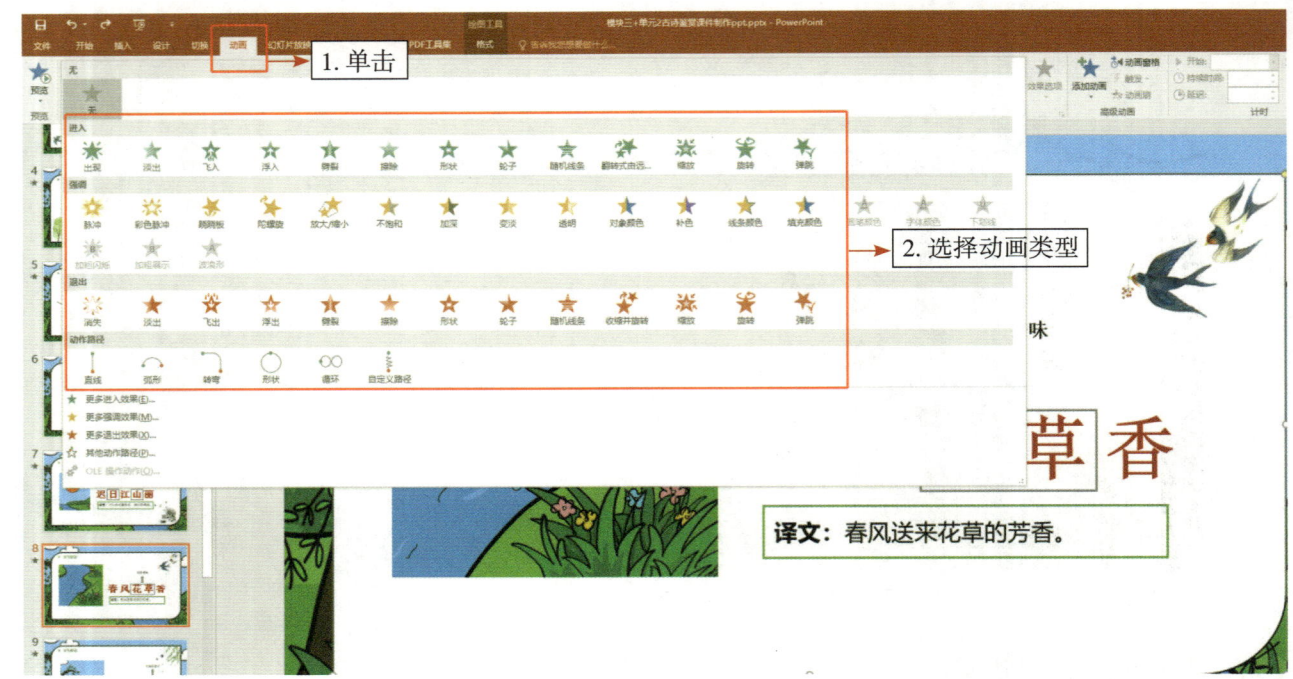

图 3-2-24　选择动画类型

4. 选中矩形框，设置动画进入效果。单击"动画"，在效果列表中选择"擦除"效果选项。再选中箭头，同样设置为"擦除"动画效果，为文本"太阳"使用相同的方式设置动画效果，如图 3-2-25 所示。

5. 单击"动画"选项卡中的"动画窗格"按钮，在"动画窗格"中可以把添加的动画按照合适的顺序排列，如图 3-2-26 所示。

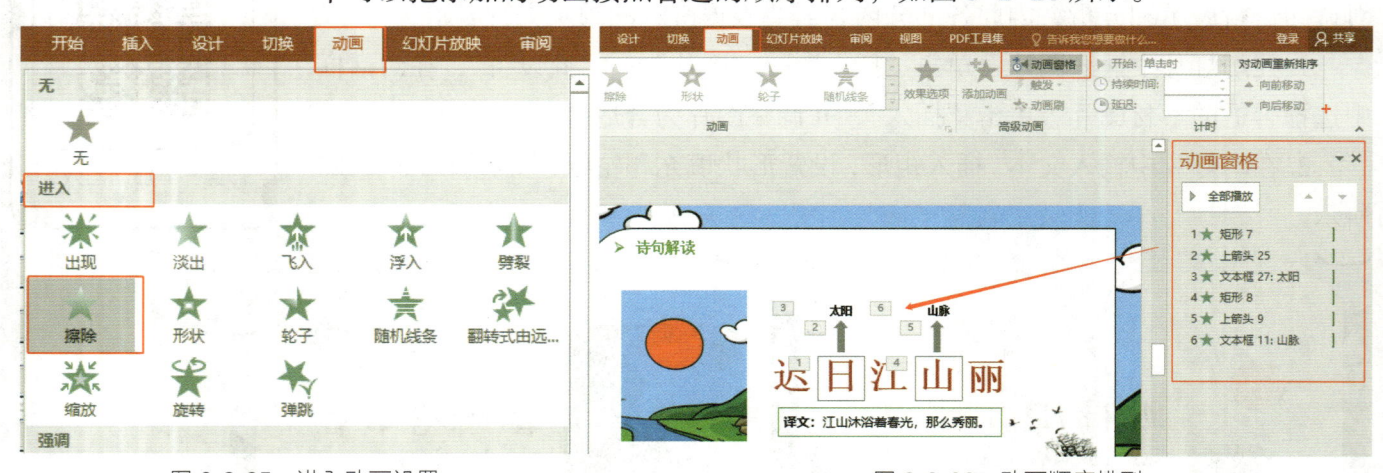

图 3-2-25　进入动画设置　　　　　　　　　图 3-2-26　动画顺序排列

五、动画效果及播放时间的调整

1. 动画播放的方向也可以根据需要调整。单击"动画"选择"效果选项"按钮，有四个方向可供选择。选中向上的箭头，在"效果选项"中选择"自底部",设置箭头从底部向上擦除,如图 3-2-27 所示。若选择"自顶部",则箭头将从顶部向下擦除。

温馨提示

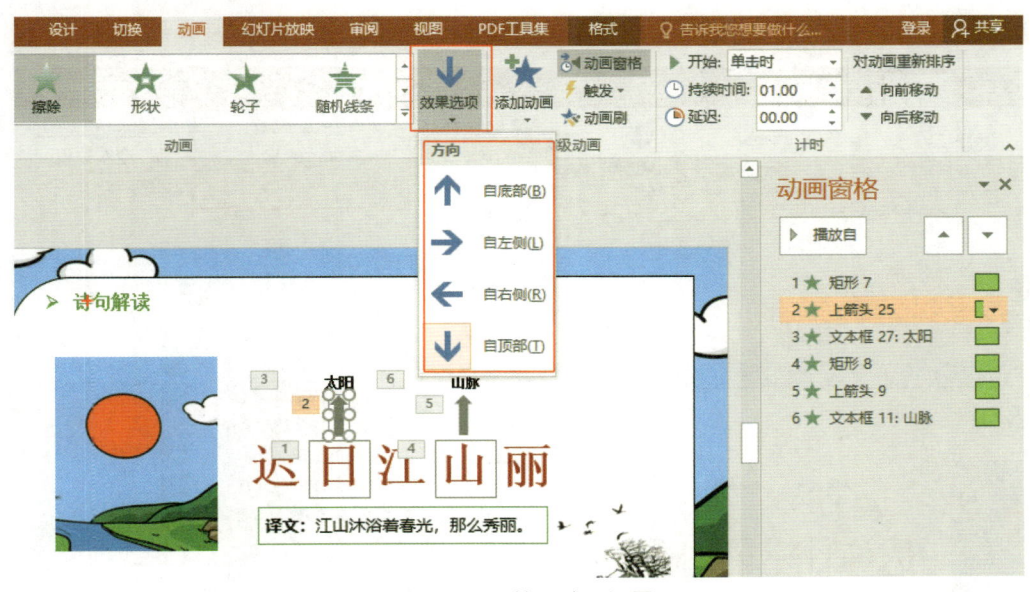

图 3-2-27　效果选项设置

在进入动画效果中"浮入""飞入"使用频率较高,在制作中可以根据讲解需要选择进入、强调、退出、动作路径等动画效果。在动画窗格中选中需要调整的动画,移动位置即可改变播放的顺序,也可以单击 ▲ ▼ 按钮调整。单击"预览"按钮 ,可以预览动画的播放效果。

2. 动画开始方式有三种:单击时、与上一个动画同时、上一个动画之后。默认的开始方式都是"单击时",如图 3-2-27 所示。调整时只需单击"动画"选项卡中的"开始",在下拉列表中选择想要的方式即可。三种方式代表的播放逻辑如下。

(1)单击时:单击播放第一个动画效果,再单击即播放第二个动画效果,以此类推。

(2)与上一个动画同时:第一个动画与第二个动画同时播放。

(3)上一个动画之后:第一个动画播放结束之后紧接着播放第二个动画,中间不间断。

微课:动画播放效果调整

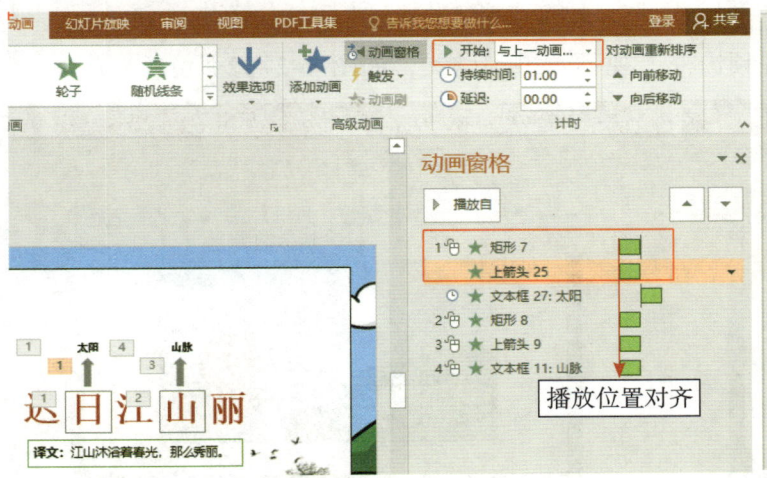

图 3-2-28　播放方式设置

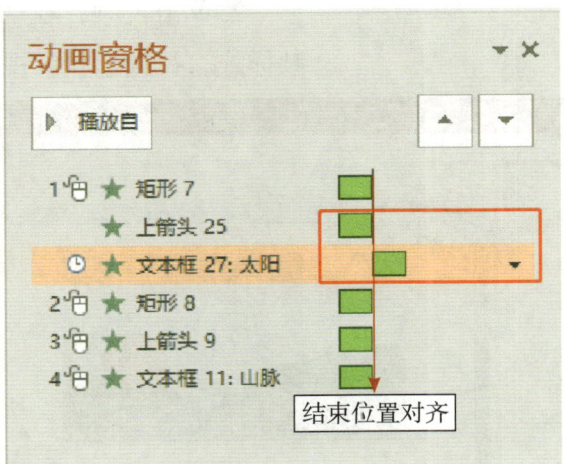

图 3-2-29　播放时长调整

学习笔记

3.将光标移动到"动画窗格"的矩形上,光标变成双向箭头⇔时,左右移动矩形,可以调整开始时间;光标变成向左向右箭头时,左右拖动可以调整动画播放时长,也可以在选项卡中调整参数进行设置,如图3-2-30所示。

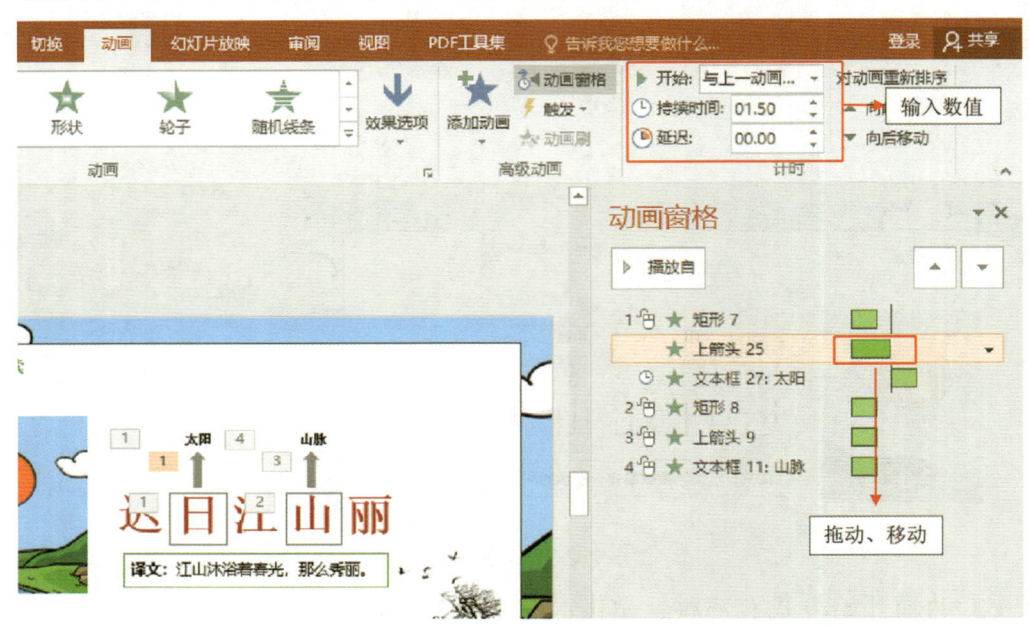

图 3-2-30　播放时间调整

根据以上方法设置其他幻灯片的动画效果,在动画窗格中预览动画,调整顺序、时长及开始的方式。

六、视频的导入与编辑

1.在"插入"选项卡中单击"视频"按钮，单击下拉列表中的"PC上的视频",在弹出的对话框中选择需要插入的视频文件,调整幻灯片中的视频的大小,如图3-2-31所示。

2.单击视频,在"视频工具"下的"格式"选项卡中,修改视频颜色、视频样式、视频形状、视频边框、视频效果等设置,如图3-2-32所示。

图 3-2-31　视频文件导入

图 3-2-32　视频样式编辑

3.在"视频工具"下的"播放"选项卡中,可以剪辑视频,调整淡化持续时间、音量和视频播放开始的方式。开始方式有两种可以选择:"自动"和"单击时",同时可以设置是否全屏播放等细节,如图 3-2-33 所示。

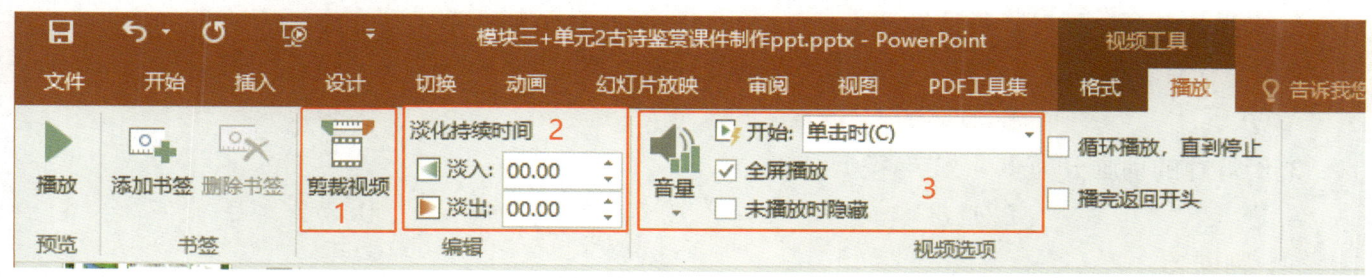

图 3-2-33　视频播放设置

要点小结

1. 艺术字需要根据实际来设计,正式场合一般不使用。
2. 幻灯片动画有四种类型:进入、强调、退出和动作路径。在动画窗格中可以对播放的顺序、时间及方式进行修改。
3. 文字排版布局可以让内容更有吸引力。排版时应注意文本的字距、行距及对齐方式。
4. 教学视频的加入可以让课堂更加有趣,应根据需要调整视频的样式和播放设置。

拓展阅读 ▶▶▶

PPT 支持多种视频文件格式,常用的视频文件格式有 AVI、WMV、ASF 和 MP4 等。PPT 制作过程中除了需要考虑插入图片的效果,还需要考虑整体的版式、文本的排版和色彩搭配,这些都应与主题相对应。

思考与练习

模块三任务 2
云测试

一、单选题

1.PowerPoint 2016 中,段落对齐方式有(　　)种。
　A.3　　　　　　　B.4　　　　　　　C.5　　　　　　　D.6

2.关于 PowerPoint 的自定义动画功能,以下说法错误的是(　　)。
　A.各种对象均可设置动画　　　　　　B.动画设置后,先后顺序不可改变
　C.动画设置时还可配置声音　　　　　D.可将对象设置为播放后隐藏

3.动画的效果选项有(　　)种类型。
　A.2　　　　　　　B.3　　　　　　　C.1　　　　　　　D.4

二、多选题

1.PowerPoint 2016 中，以下关于自定义动画的说法正确的是（　　）。
A.任何动画效果都可以播放多次　　　　B.同一个对象可以添加多种类型的动画效果
C.在播放动画的同时，不可以播放声音　　D.每个动画都可以定时播放

2.PPT 支持多种视频文件格式，常用的视频文件格式有（　　）。
A.AVI　　　　　　B.WMV　　　　　　C.ASF　　　　　　D.MP4

3.幻灯片的动画分为（　　）等类型。
A.进入　　　　　　B.退出　　　　　　C.强调　　　　　　D.动作路径

三、判断题

1.PowerPoint 2016 中无法设置动画窗格。（　　）
2.置入 PPT 中的视频不能再编辑时间长短，需要在置入前设置好。（　　）

四、简答题

1.编辑形状填充与形状轮廓的方法有哪些？

2.动画开始的方式有哪些？

实践与运用

运用本节所学的知识制作以自我介绍为主题的 PPT 演示文稿，包含基础介绍、兴趣爱好、未来规划等信息，完成以下操作。
1.插入形状并进行编辑。
2.设置动画效果不少于四种。
3.调整每个动画的播放时长。
4.录制自我介绍视频并导入幻灯片中。

自我评价与反思

任务 3
制作交通安全教育课件

学习任务单

姓名		班级		学习时间	2 课时	
序号	任务描述		学习建议	完成效果		
				自己评	同伴评	教师评
1	幻灯片背景的编辑。		以实际操作为主,学会用形状的组合和图片美化背景的方法。			
2	音频的插入与编辑。		以实际操作为主,反复练习插入和编辑音频的操作。			
3	幻灯片的切换动画设置。		以实践操作为主,根据实际需要,为不同的幻灯片设置不同的切换方式。			
4	色彩搭配技巧。		参考案例,理解色彩搭配的原理,尝试自主完成一次配色设计。			
学习反思						

情境导入

芒果同学在制作以交通安全为主题的课件，为了让课件更加美观，想精心设计背景，同时他想提升整体的趣味性，让学生在听觉上也有不同的感受。芒果同学向苏老师问道："苏老师，PPT 中如何添加音频呀？我想把背景做得更好看一点，需要学习什么知识？"苏老师笑着说："可以在软件中执行插入音频的操作，如果想把背景做得更美观，那就需要掌握一点色彩搭配的知识了。"那让我们一起来学习吧。

请思考

1. 音频如何置入幻灯片，如何编辑音频？
2. 背景如何编辑？
3. 色彩搭配的基本原理有哪些？

为了让幼儿更好地掌握交通安全知识，可以用可爱活泼的课件吸引他们的注意，在制作过程中进行合理的色彩搭配，丰富幻灯片的视觉效果。同时可以添加音频，让幼儿在听觉上也有更好的感受，提高幼儿的注意力。

本次任务是制作一个以交通安全为主题的教学课件，效果如图 3-3-1 所示，通过制作该课件学习编辑背景效果、制作动画、嵌入音频等方法。

图 3-3-1　交通安全教学课件（范本）

任务实施

打开 PowerPoint 软件，制作交通安全课件需要学习的内容包括幻灯片背景的编辑方法、音频的导入和编辑方法、色彩的搭配原理等，那开始我们的学习之旅吧。

微课：幻灯片背景编辑

一、幻灯片背景的编辑

1. 打开 PowerPoint 软件，新建一个空白文档，单击"设计"选项卡中的"幻灯片大小"按钮，在下拉列表中选择"自定义幻灯片大小"，在弹出的"幻灯片大小"的对话框中选择"宽屏"选项，如图 3-3-2 和图 3-3-3 所示。

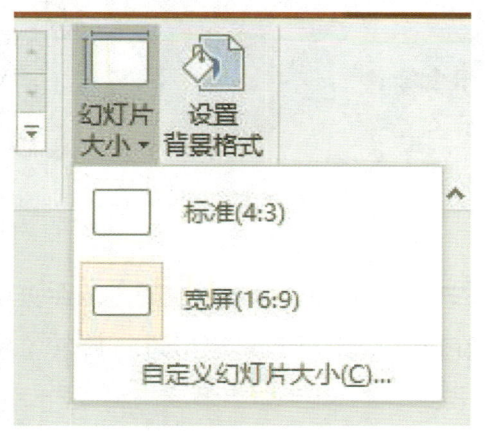

图 3-3-2　幻灯片大小设置

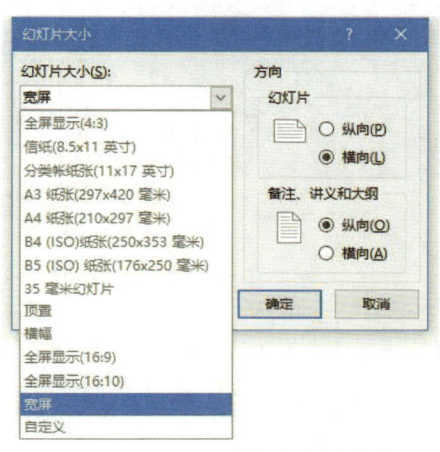

图 3-3-3　选择幻灯片大小

2. 单击"插入"→"形状"，在下拉列表中选择"矩形"，绘制一个与页面同等大小的矩形，如图 3-3-4 所示。

3. 在"绘图工具"选项卡中，单击 形状填充 按钮，在下拉列表中选择"其他颜色填充"选项，打开对话框，设置"红色"为 98，"绿色"为 182，"蓝色"为 253，单击"确定"，如图 3-3-5 所示。单击 形状轮廓 按钮，在下拉列表中选择"无轮廓"选项，取消矩形的轮廓线。

图 3-3-4　绘制矩形

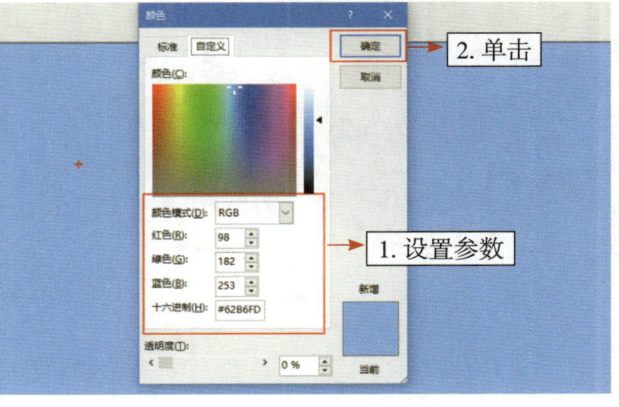

图 3-3-5　设置颜色填充

4. 单击"插入"→"图片",打开"插入图片"对话框,选择素材图片,单击"插入" 按钮,把图片插入幻灯片中,如图3-3-6所示。

5. 重复插入图片操作,分别插入素材图片,调整图片大小。选中云朵素材,复制出一个相同的图片后将其调整至合适的大小,完成云朵的制作,效果如图3-3-7所示。

图3-3-6 插入图片　　　　　　　　　　　图3-3-7 制作云朵

学习笔记

6. 单击"插入"→"形状",在下拉菜单中选择"矩形:圆角",在页面中绘制一个适当大小的圆角矩形。选中"旋转"按钮对圆角矩形进行旋转,将其调整到合适角度,如图3-3-8所示。

7. 在"绘图工具"选项卡中单击  按钮,在下拉列表中选择"其他颜色填充"选项,打开对话框,设置"红色"为116,"绿色"为67,"蓝色"为255,单击"确定"按钮,可将颜色调为紫色与背景搭配。单击  按钮,在下拉列表中选择"白色",单击"粗细"→"其他线条",在"设置形状格式"窗格中,设置轮廓的宽度为8磅,如图3-3-9所示。

图3-3-8 调整图片角度　　　　　　　　　图3-3-9 设置形状填充与轮廓

| 模块三 幼儿园多媒体课件制作 | 83

拓展阅读 ▶▶▶▶

色彩搭配原理

紫色和蓝色是邻近色，二者在色调上统一。如果需要画面色调统一，建议使用邻近色进行搭配。紫色为深色，搭配白色的描边会使形状更加明显，更突出。

8. 单击"插入"→"文本框"，插入横向文本框，输入"交通安全"，调整文字的大小并选择适合的字体，单击"字体颜色"按钮 ，调整字体颜色为黄色，完成封面的制作，如图3-3-10所示。

9. 复制封面幻灯片，删掉多余的元素。单击"插入"→"形状"，在下拉菜单中选择"矩形：圆角"，绘制一个适当大小的圆角矩形，调整矩形的填充颜色为紫色，轮廓为白色实线，复制出两个相同的形状并调整三个矩形在页面中的分布。单击"插入"→"形状"，选择"基本形状"中的"云形"，设置云形的白色填充和蓝色轮廓，轮廓颜色参数"红色"为14，"绿色"为79，"蓝色"为100，同时根据实际需要调整大小。输入目录内容，调整字号和字体，如图3-3-11所示。

图3-3-10 设置字体参数

图3-3-11 目录效果

10. 选中内容幻灯片，单击"插入"→"形状"，插入"矩形"，设置"形状填充"中的颜色参数"红色"为120、"绿色"为70、"蓝色"为255，"形状轮廓"为黑色，复制出一个相同的矩形，设置"形状填充"中的颜色参数为"红色"253、"绿色"201、"蓝色"4，"形状轮廓"为黑色。移动黄色矩形的位置，使其与紫色矩形重叠交错，用相同的方法绘制一个白色的矩形，使三个形状重叠交错，如图3-3-12所示。长按Ctrl键分别选中这三个矩形并右击，在弹出的菜单中选择"组合"选项，将三个矩形组合成一个整体，如图3-3-13所示。

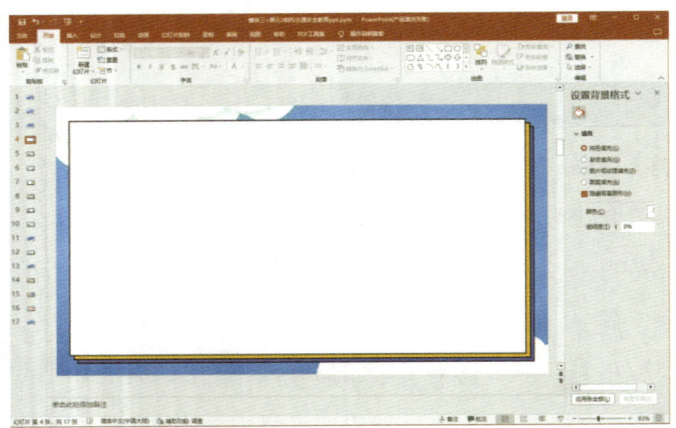

图 3-3-12　矩形摆放效果

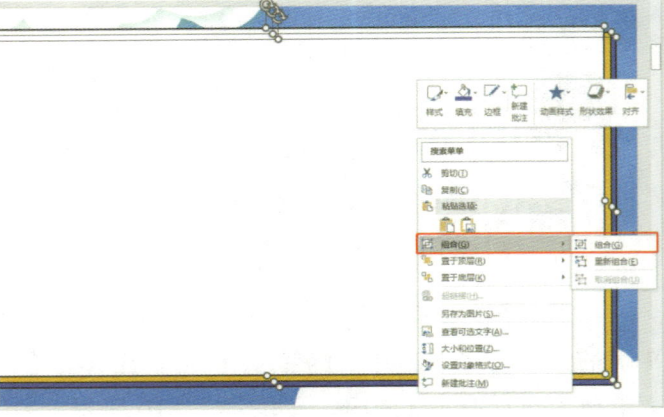

图 3-3-13　形状组合

11.依次完成其他幻灯片中图片的置入和形状的编辑，调整图片和形状大小，设置形状填充色和轮廓色，效果如图 3-3-1 所示。

二、音频的插入与编辑

微课：音频的编辑

为了让幻灯片呈现的效果更加丰富，可以在幻灯片中添加音频文件，具体操作如下。

1.选中需添加音频文件的幻灯片，单击"插入"→"音频"，选择列表中的"PC 上的音频"选项，如图 3-3-14 所示。

2.在弹出的对话框中，选择需要置入的音频文件，如图 3-3-15 所示。

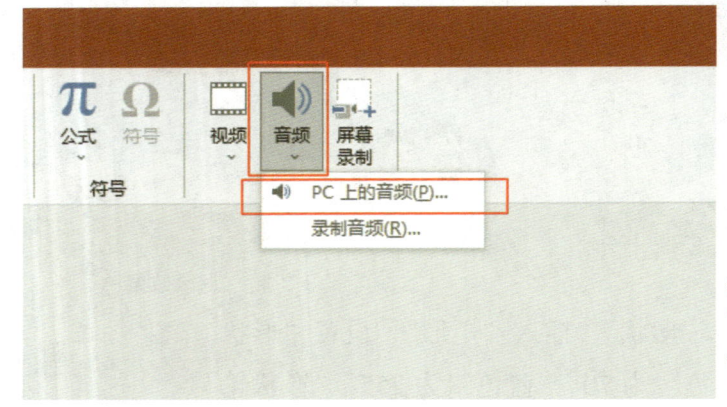

图 3-3-14　插入音频　　　　　　　　　图 3-3-15　选择音频文件

3.单击"插入" 插入(S) 按钮，音频文件将置入幻灯片中，同时页面中会出现音频图标及播放控制条，单击"播放"按钮 ▶ 就可以播放出音频的内容，如图 3-3-16 所示。

4.置入的音频也可以根据实际需要进行剪辑，保留需要播放的片段。单击"音频工具"→"播放"，在工具栏中单击"剪裁音频"按钮，在弹出的对话框中对音频进行剪辑。光标移至绿色标记条，光标变为双向箭头时，拖动光标确定开始时间；光标移至红色标记条，光标变为双向箭头时，拖动光标确定结束时间，如图 3-3-17 所示。

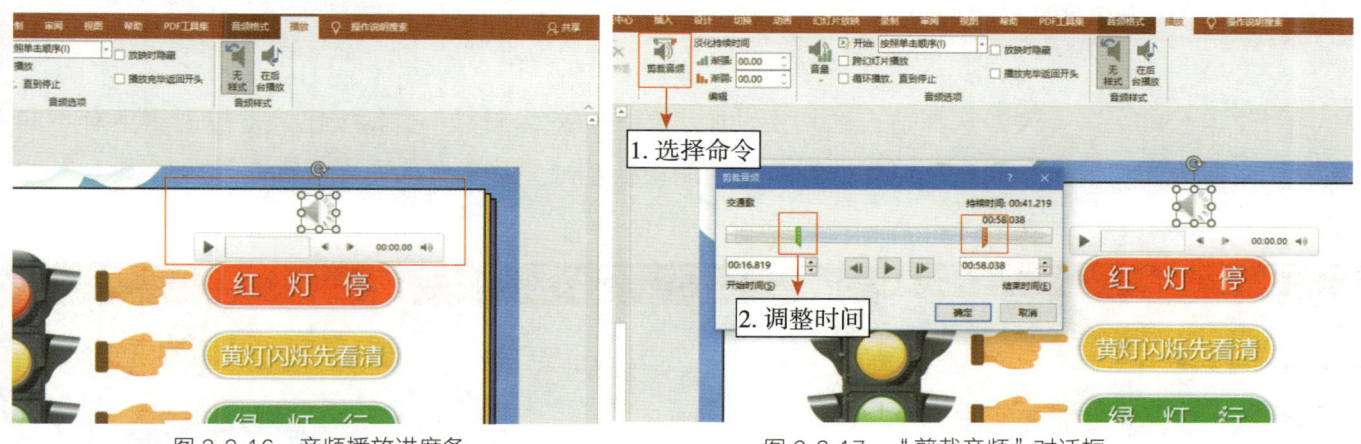

图 3-3-16　音频播放进度条　　　　　　　图 3-3-17　"剪裁音频"对话框

5. 在音频播放时可以根据播放效果调节音量大小，单击 ，拖动音量按钮上下移动即可进行调整。音频图标也可以美化，单击音频图标，再单击"音频格式"→"艺术效果"，选择合适的艺术效果，也可以单击"图片样式"，更改图标的图片样式，如图 3-3-18 和图 3-3-19 所示。

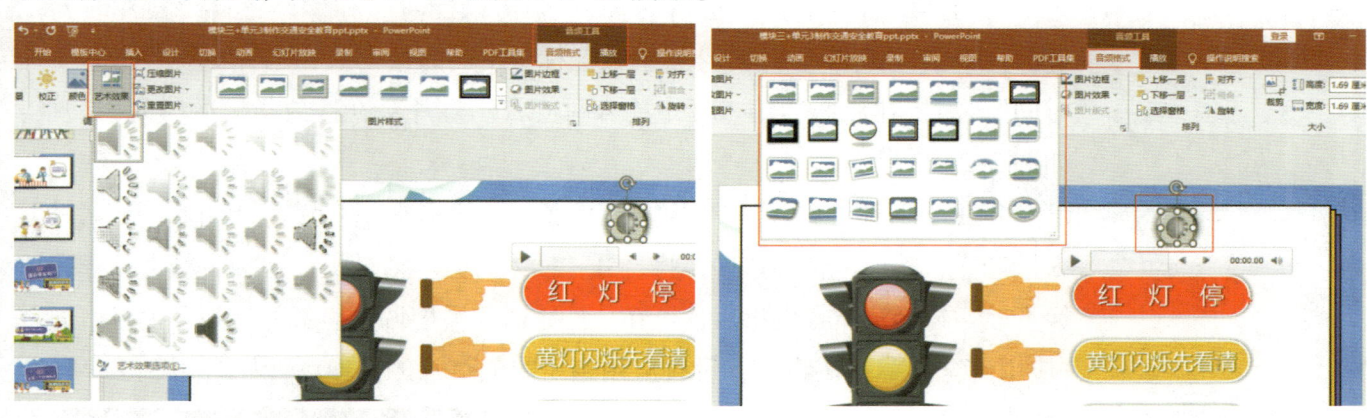

图 3-3-18　音频图标艺术效果设置　　　　　图 3-3-19　更改音频图标的样式

三、幻灯片的切换动画设置

可以为幻灯片添加切换效果，实现由一张幻灯片切换到另一张幻灯片时的动态效果，同时可以为切换添加声音效果，也可以设置切换的方式，具体操作如下。

1. 选中需要添加切换动画的幻灯片，单击"切换"选项卡中的下拉按钮，下拉菜单中有细微型、华丽型、动态内容型三种类型的切换动画可供选择，如图 3-3-20 和图 3-3-21 所示。

学习笔记

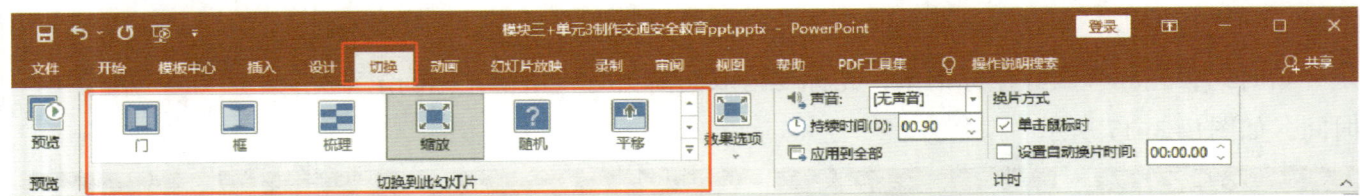

图 3-3-20 "切换"选项卡

2. 选择适合的切换动画，单击"效果选项" 按钮，下拉列表中有不同的效果选项可供选择。不同的切换动画，效果选项列表会有差异，如图 3-3-22 所示。

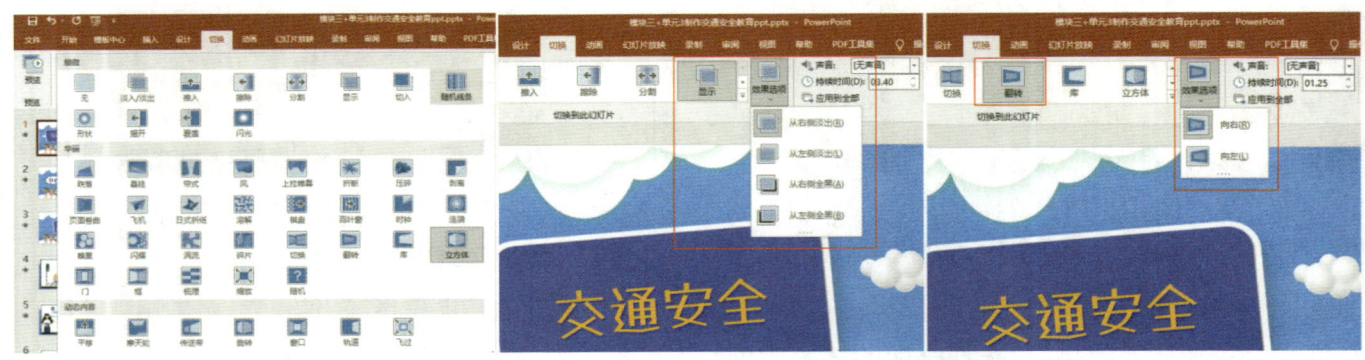

图 3-3-21 切换动画列表　　　　　　图 3-3-22 切换动画效果选项

3. 切换幻灯片的方式也有两种，"单击鼠标时"和"设置自动换片时间"。选择"单击鼠标时"，幻灯片只会在鼠标单击的时候切换；选择"设置自动换片时间"，需要在后面的输入框中输入时间，幻灯片会在播放指定的时间后切换，如图 3-3-23 所示。

4. 在"切换"选项卡中单击"声音"旁的下拉箭头，在下拉菜单中选择"风铃"。如果选择"其他声音"选项，将打开"插入音频"对话框，选择音频文件作为切换音效。在确定声音效果后，可在"持续时间"中调整声音的时间，也可以通过"应用到全部"按钮将声音设置应用到所有幻灯片的切换中，如图 3-3-24 所示。

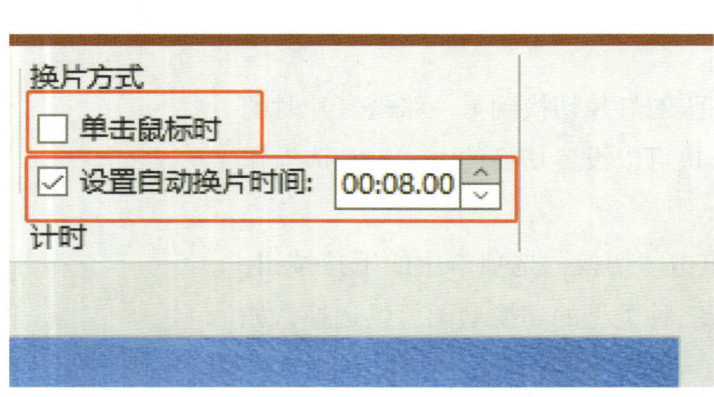

图 3-3-23 换片方式设置

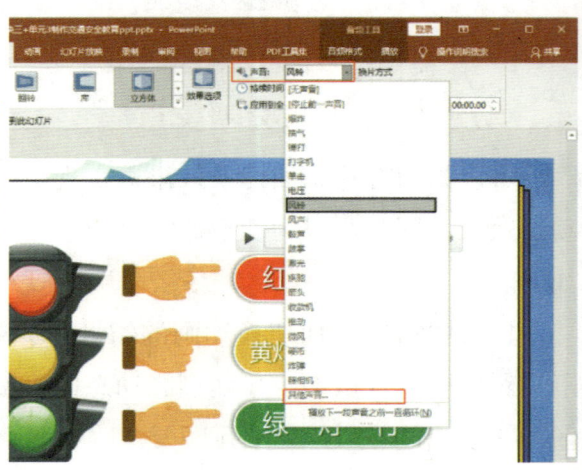

图 3-3-24 声音效果设置

四、色彩搭配技巧

幻灯片的色彩搭配会影响到整体的美观度，在搭配的时候要注意使用的色彩应符合幻灯片的主题，因此常需要应用色彩搭配的原理，常用的搭配技巧如下。

1. 根据行业选择色彩。幻灯片使用范围广，在各行各业中都有应用，不同的行业适合不同的颜色，例如：蓝色可以使用在计算机、金融等行业中，表达稳重、现代、智能的理念；绿色可以使用在医药、环保行业中，表达健康、希望的含义。在选择过程中应根据行业特点确定主体色彩。

2. 在色彩搭配过程中可以采用对比色区分内容，凸显主体，可以从色彩的明暗、饱和度上对内容进行对比区分。

3. 如若需要整体色调搭配和谐，可以采用邻近色，如黄色和橙色、青色和蓝色、蓝色和紫色、紫色和红色等。但也要注意色彩不能过分统一，没有对比度区别时，重点内容将不够突出。

4. 同一页面中的色彩最好不要超过三种，过多的颜色容易使人产生视觉疲劳，分散观者的注意力，也会使观者无法聚焦于幻灯片内容。

色彩搭配的技巧需要日常多观察、多参考、多学习，从学习一些优秀作品的排版和色彩搭配开始，逐步形成自己的排版和色彩搭配风格。

> **温馨提示**
>
> 在"声音"列表中提供的是WAV格式的文件，WAV格式的音频文件在软件中能够得到很好的兼容，因此在选择音频文件的时候最好选择WAV格式的文件。

学习笔记

要点小结

1. 根据需要设计幻灯片的背景，对排版和色彩进行合理安排。
2. 幻灯片中可以置入音频文件，对置入的音频可以进行编辑。
3. 可以设置播放过程中的页面切换方式，有细微型、华丽型、动态内容型三种类型可以选择。同时可以为切换添加声音效果，调整切换的时间。
4. 合理的色彩搭配不仅能突出主题内容，还可以让画面更加赏心悦目，增加幻灯片的整体美感，吸引观者的注意。

拓展阅读

音频的格式与注意事项

1. 在幻灯片中插入音频或者视频文件时，会遇到不能正常插入或者插入缓慢的问题，这些问题可能与素材文件的大小和格式有关，要注意插入文件的格式是否被软件支持，软件支持的格式如图3-3-25所示。文件大小也不宜太大，不然会影响播放的速度。

2. 插入的视频和音频文件要注意源文件的保存路径，更换幻灯片的存储路径时务必连同视频和音频的源文件一起打包更换。

3. 可以将录音插入幻灯片中。单击"插入"→"音频"→"录制音频",录音完成后单击"确定"按钮即可直接将录音保存,并插入幻灯片,如图3-2-26所示。

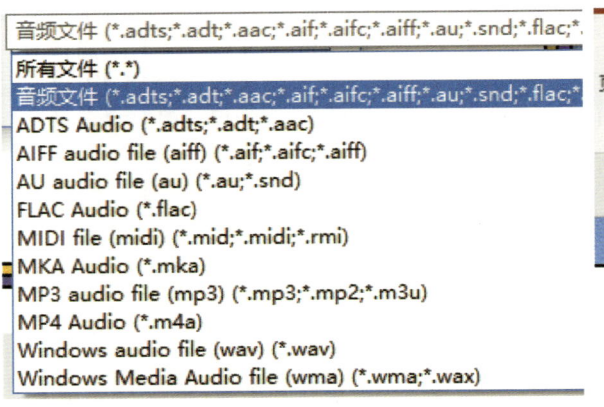

图 3-3-25　PPT 支持的音频格式

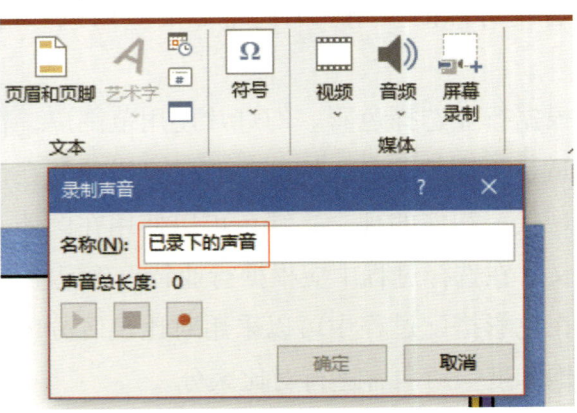

图 3-3-26　插入录制的音频

思考与练习

一、单选题

1. PowerPoint 2016 中,关于幻灯片切换设置中的换片方式,以下描述错误的是(　　)。

A. 可设置为"单击鼠标时"

B. 可设置为"设置自动换片时间"

C. 可同时选中设置"设置自动换片时间"与"单击鼠标时"

D. "设置自动换片时间"与"单击鼠标时"不能同时设置

2. 在 PowerPoint 2016 中,可直接插入(　　)。

A. Excel 图表　　　　B. 视频和音频　　　　C. Flash 动画　　　　D. 以上都对

3. 同一页面中的色彩不要超过(　　)种,过多的颜色容易使人产生视觉疲劳,分散观者的注意力,使观者无法聚焦于幻灯片内容。

A. 2　　　　B. 3　　　　C. 4　　　　D. 5

二、多选题

1. PPT 文稿在播放过程中可以进行页面切换,切换方式有(　　)。

A. 细微型　　　　B. 华丽型　　　　C. 动态内容型　　　　D. 动感型

2. 幻灯片使用范围广,在各行各业中都有应用,蓝色更多地使用在(　　)行业中。

A. 医药　　　　B. 金融　　　　C. 食品　　　　D. 计算机

三、判断题

1. 插入音频时，有"PC 上的音频"和"录制音频"两个选项。（   ）

2. 对音频进行剪辑，设置起始时间时应将光标放在红色标记条上。（   ）

四、简答题

1. 简述幻灯片色彩搭配的技巧。

2. 音频如何置入幻灯片中，如何编辑？

实践与运用

运用本节所学的知识制作一个以食品安全教育为主题的教学课件，完成以下操作。

1. 制作符合主题的背景。
2. 设置幻灯片的切换动画。
3. 同一页面使用的色彩不超过三种。
4. 适当增加内容的动画效果并插入音频。

自我评价与反思

任务 4
制作中秋节主题活动课件

学习任务单

姓名		班级		学习时间	2 课时
序号	任务描述	学习建议	完成效果		
			自己评	同伴评	教师评
1	幻灯片母版的编辑。	以实际操作为主,根据实际需要设置幻灯片母版的样式。			
2	形状的编辑。	以实际操作为主,尝试用不同的方式合并形状,以达到需要的效果。			
3	SmartArt 图形的编辑。	以实践操作为主,对 SmartArt 图形的布局、层次和结构进行编辑,美化图文排版效果。			
4	幻灯片的放映设置。	设置幻灯片的放映方式,尝试分析不同放映方式的区别。			
学习反思					

情境导入

马上就到我国的传统节日中秋节了,根据班级活动安排,芒果同学需要制作一个介绍中秋节来历和习俗的演示文稿,于是他找来很多与中秋节有关的图片,并想通过月亮的变化来体现中秋月圆的特点,可如何在幻灯片中体现月亮的变化?在幻灯片内容比较多的时候,怎样快速统一幻灯片的版式呢?芒果同学找到苏老师寻求帮助。苏老师笑着说:"我们可以通过形状的编辑来模拟月亮的变化,版式的快速统一可以通过编辑幻灯片母版和 SmartArt 来实现。"那让我们一起跟着苏老师来学习吧!

请思考

1. 如何进行形状的编辑?
2. 幻灯片母版编辑的方法和作用是什么?
3. SmartArt 图形的插入和编辑方法是什么?

任务描述

党的二十大报告指出,要"坚守中华文化立场,提炼展示中华文明的精神标识和文化精髓,加快构建中国话语和中国叙事体系,讲好中国故事、传播好中国声音,展现可信、可爱、可敬的中国形象"。为让幼儿了解我国传统节日的来历和习俗,增强幼儿对中华传统节日的兴趣,让幼儿初步体会中华文化的深刻内涵,对幼儿进行节日启蒙教育,在传统节日期间开展相应的班级活动是十分必要的。在活动中引导幼儿制作传统节日主题的手工作品,不仅能培养幼儿的创造力和表现力,提高幼儿的认知能力和动手能力,还能将中华优秀传统文化的传承落到实处。

本次任务是制作一个主题为"中国传统节日——中秋节"的教学课件,效果如图 3-4-1 所示,我们将主要通过形状的编辑和 SmartArt 图形的插入完成幻灯片的制作。

图 3-4-1 中秋节主题活动教学课件制作效果

打开 PowerPoint 软件，制作"中国传统节日——中秋节"课件需要学习的内容包括形状的编辑方法、SmartArt 图形插入方法等，那开始我们的学习之旅吧。

拓展阅读 ▶▶▶

公认的光学三原色是红色（Red）、绿色（Green）和蓝色（Blue）。在计算机中，可以通过调整三种颜色的参数得到任意想要的颜色，因此颜色可以用 RGB 参数表征。RGB 参数通常表示为 RGB（a,b,c），表示设置红色参数为 a，绿色参数为 b，蓝色参数为 c。

一、幻灯片母版的编辑

微课：母版的编辑

在制作幻灯片时，我们经常会遇到重复的元素需放置在页面统一位置的情况，如标题栏、标志和页码等，此时就可以在幻灯片母版中对这些元素进行设置，保持元素位置的统一，避免重复操作相同命令，提高工作效率。

1. 单击"视图"→"幻灯片母版"，进入幻灯片母版视图状态，除幻灯片母版外，母版视图还有两种类型，分别是讲义母版和备注母版，如图 3-4-2 所示。

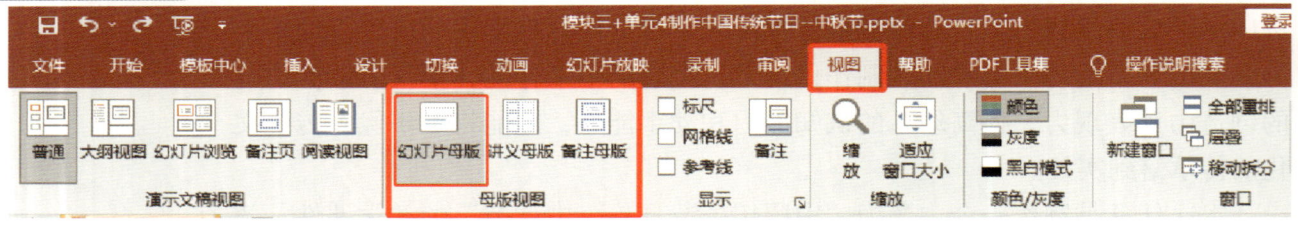

图 3-4-2　进入母版视图状态

2. 在左侧删除多余的幻灯片版式，留下需要的版式，在关闭母版视图之后，"版式"选项会自动更新，只保留未被删除的幻灯片版式，如图 3-4-3 和图 3-4-4 所示。

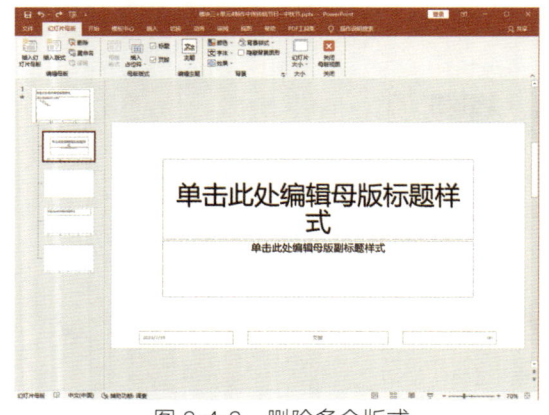

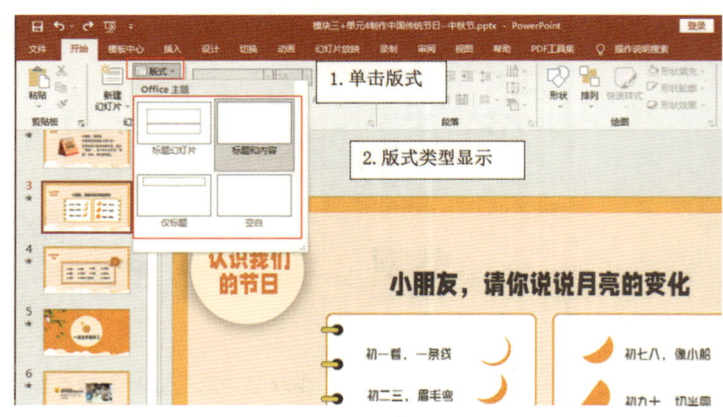

图 3-4-3　删除多余版式　　　　　　　　图 3-4-4　母版版式删除后效果

3. 在母版视图下，选中左侧幻灯片窗格中的第一张幻灯片，这一页为所有幻灯片的母版。将光标定位到内容文本占位符中，可以对整个母版的内容文本样式进行编辑，如字体、字号、颜色等，修改后所有幻灯片版式中的字体字样都会发生改变，如图3-4-5和图3-4-6所示。除第一张幻灯片外，窗格中其余的幻灯片为布局母版。修改布局母版只会对相应布局版式的幻灯片产生影响。

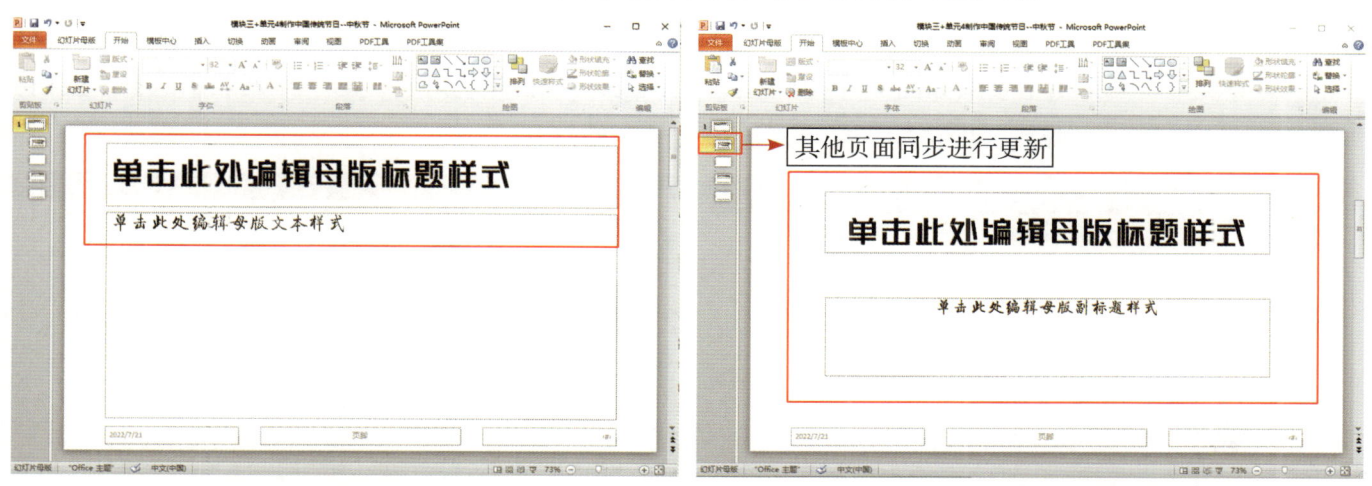

图3-4-5　母版文本样式编辑　　　　　　　图3-4-6　母版文本样式设置效果

4. 选中"空白"版式的布局母版进行编辑，单击"幻灯片母版"→"背景样式"，选择"设置背景格式"，在右侧"设置背景格式"窗格中选择"纯色填充"，设置颜色参数为RGB（253,185,69）。插入"矩形"形状，设置填充颜色参数为RGB（251,229,214），调整矩形的位置与大小，效果如图3-4-7所示。

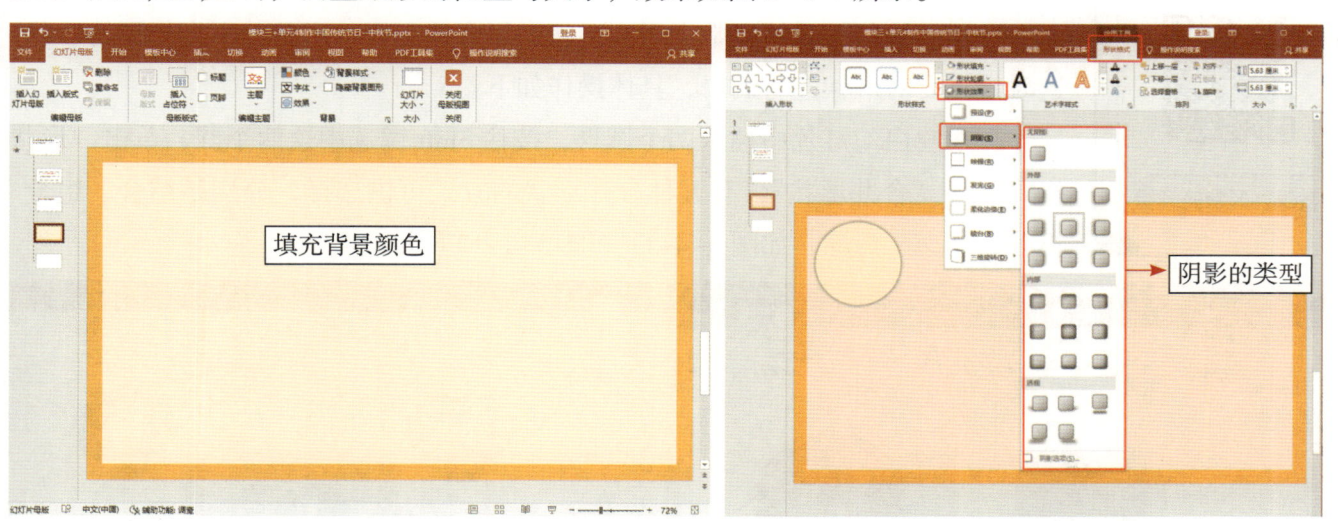

图3-4-7　背景设置　　　　　　　　　　图3-4-8　设置形状阴影

5. 单击"插入"→"形状"，选择"椭圆"，按住Shift键在幻灯片左上角绘制一个圆，设置填充颜色参数为RGB（255,238,212），单击"形状格式"→"形状效果"，选择"阴影"，设置阴影类型，如图3-4-8所示。

> 学习笔记

6. 单击"幻灯片母版"→"插入占位符"，在下拉列表中选择"文本"，如图 3-4-9 所示。插入一个合适大小的文本占位符，删除多余的层级，输入"认识我们的节日"并设置适合的字体、字号和颜色。编辑完毕之后单击"关闭母版视图" 按钮，就完成了对"空白"版式母版的编辑。

7. 在幻灯片窗格中按下 Enter 键，新建一个幻灯片，单击"开始"→"版式"，选择"空白"版式，母版"空白"版式上的编辑会直接应用到新建的幻灯片，效果如图 3-4-10 所示。也可以在"新建幻灯片"的下拉列表中选择"空白"版式，即可插入一个对应版式的新幻灯片。

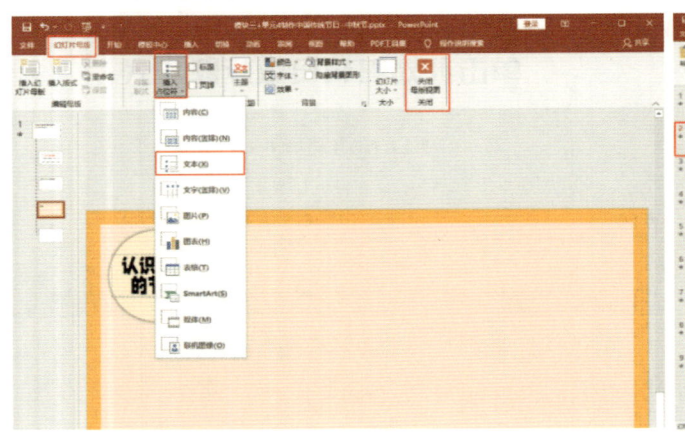

图 3-4-9　插入占位符　　　　　　　　　　图 3-4-10　"空白"版式效果

微课：形状的编辑

二、形状的编辑

在图文排版的时候经常会用到形状，但有些想要的形状并不是规则的形状，这时候需要对形状进行编辑，具体操作如下。

1. 在空白幻灯片中插入两个圆形，按住 Shift 键选中这两个圆，单击"形状格式"→"合并形状"，有五种合并形状的方式可供选择，分别是结合、组合、拆分、相交、剪除，如图 3-4-11 和图 3-4-12 所示。

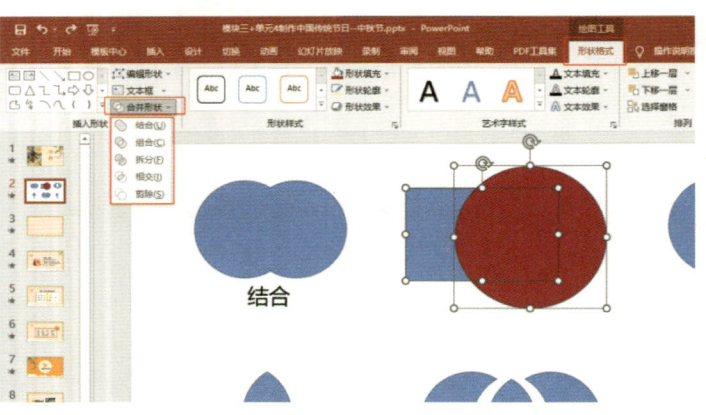 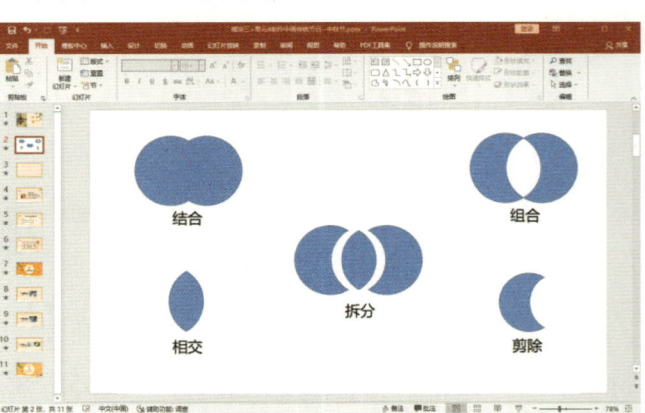

图 3-4-11　合并形状的方式　　　　　　　　图 3-4-12　合并形状效果

（1）结合：将两个形状的公共区域融合，两个形状的外轮廓结合成新形状的轮廓。

（2）组合：将两个形状的公共区域删除，保留两形状彼此不重合的区域为新形状。

（3）拆分：对形状进行拆分，每一个封闭的图形拆分成为单独的形状。

（4）相交：只保留两个形状相交的公共区域。

（5）剪除：在第1个被选中的形状中去掉与后选中的形状重合的部分。

2. 根据上述方法进行操作，对月亮变化的绘制采用"剪除"的方式，效果如图 3-4-13 所示。

图 3-4-13　形状编辑效果

三、SmartArt 图形的编辑

SmartArt 是 PowerPoint 软件自带的排版工具，通过它可以设置不同的布局和结构来表现流程、层次结构、关系等。使用 SmartArt 图形可以美化图文排列，具体操作如下。

1. 新建幻灯片，单击"开始"→"版式"，选择"空白"版式。单击"插入"→"SmartArt"，在"选择 SmartArt 图形"对话框中选择"图片"选项，在右侧的列表中选择"快照图片列表"，单击"确定"按钮，如图 3-4-14 和图 3-4-15 所示。

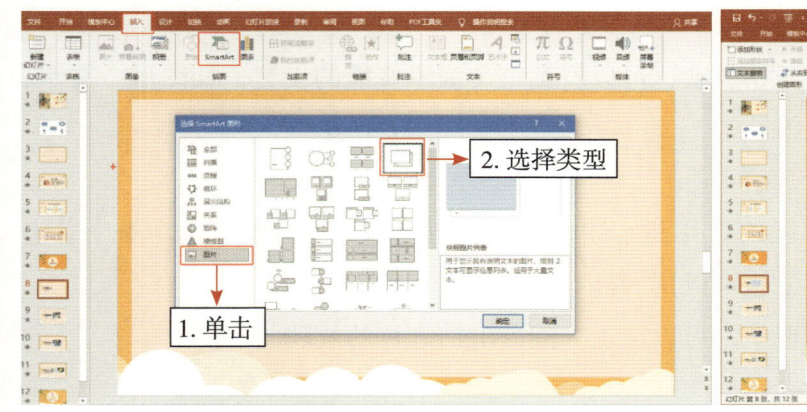

图 3-4-14　插入 SmartArt

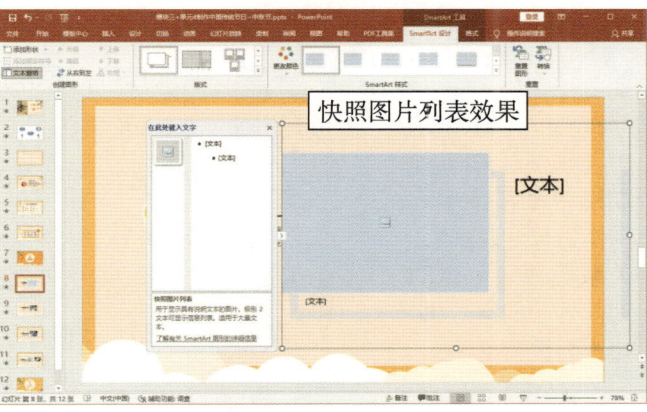

图 3-4-15　快照图片列表插入效果

2. 单击 SmartArt 图形中的 按钮，打开"插入图片"对话框，选择"从文件"选项，将素材图片导入 SmartArt 图形中，如图 3-4-16 所示。

3. 单击 SmartArt 图形下方的文本框，输入文本并设置字体、字号等。在图形左侧的文本框中输入相应文本，插入需要的形状，效果如图 3-4-17 所示。

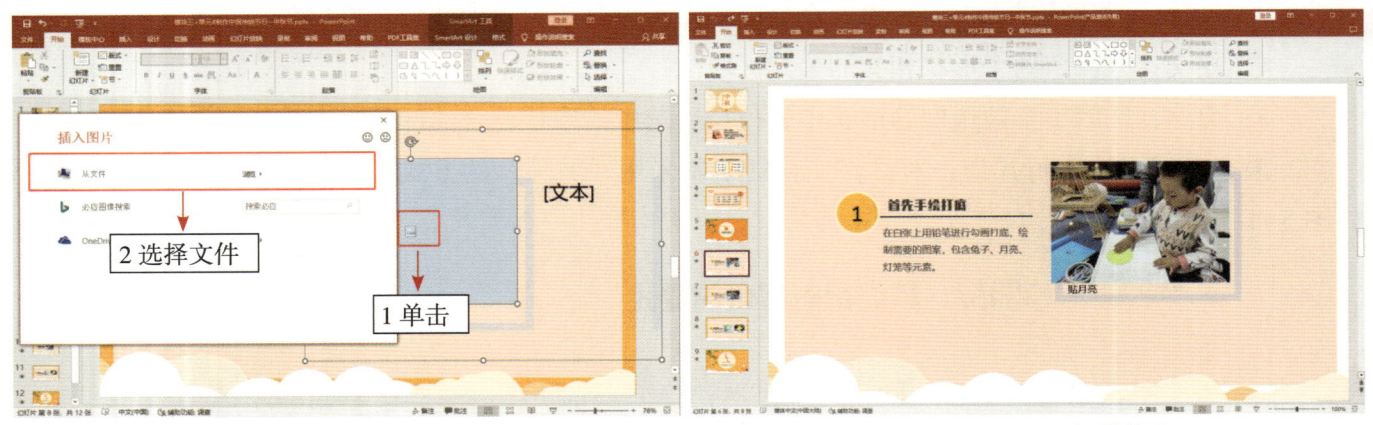

图 3-4-16　在 SmartArt 图形中插入图片　　　　图 3-4-17　SmartArt 设置效果

4. 按照以上方法分别完成其他幻灯片中的 SmartArt 图形的编辑，效果如图 3-4-1 所示。

四、幻灯片的放映设置

幻灯片的放映方式主要有"从头开始"和"从当前幻灯片开始"两种，可以通过单击相应按钮查看播放效果，如图 3-4-18 所示。

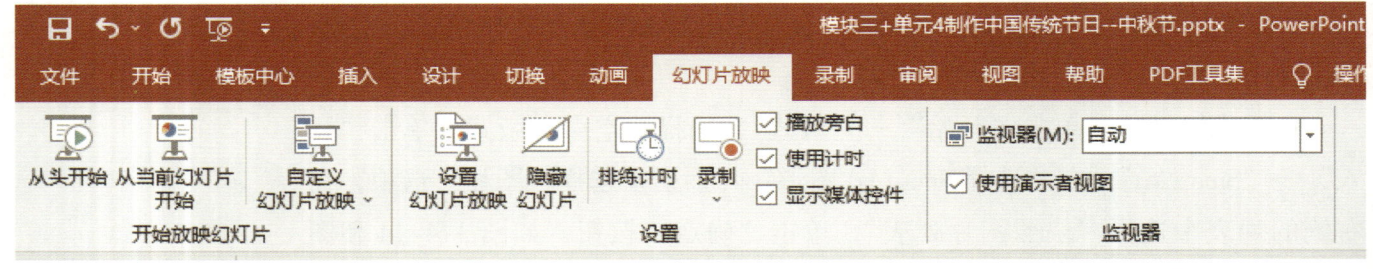

图 3-4-18　幻灯片播放方式设置

1. 从头开始：

从第一张幻灯片开始放映，可以看到整个演示文稿的设置，如图形、文字、切换动画、动画效果等。

2. 从当前幻灯片开始：

如果想从任意一张幻灯片开始放映，可以在"幻灯片放映"选项卡中单击"从当前幻灯片开始"，也可以用 Shift+F5 快捷键实现。

在幻灯片播放过程中，可以按 Esc 键退出幻灯片的放映状态。

温馨提示

SmartArt 图形的功能很多，在工作过程中经常使用它制作目录、流程图、关系图等，可以达到很好的视觉效果，让版面更有秩序。

拓展阅读

幻灯片的版式布局

版式布局包含文字、图形等的排版和色彩搭配，除了需要有效传递信息外还需要有视觉上的美感。在排版过程中需要注意以下原则。

1. 画面统一和谐原则

幻灯片的整体布局需要遵循统一和谐原则，整体风格保持一致。页面的排版、字体的大小、色彩的搭配都应符合主题。

2. 布局精练原则

信息的传递需要直接准确，幻灯片中不要出现大量的文字，应做到突出重点，表达清晰，言简意赅。

3. 对比突出原则

幻灯片是向大众展示内容的媒介，整体漂亮美观且内容突出的幻灯片更能表达主题。在设计时可以设置文本字体、字号、位置、颜色等的对比突出主题。

要点小结

1. 对幻灯片母版的编辑可以保持相同元素在不同幻灯片中位置统一，避免重复操作相同命令，提高工作效率。

2. 在制作不规则的形状时可以采用结合、组合、拆分、相交、剪除方式对形状进行合并。

3. 使用 SmartArt 图形可以美化图文排列，可以设置不同的布局和结构来表现流程、层次结构、关系等。

4. 在完成演示文稿的编辑后可以选择不同的播放方式预览效果。

思考与练习

模块三任务4
云测试

一、单选题

1. PowerPoint 2016 中的母版视图有（   ）种类型。
A.3　　　　　　B.4　　　　　　C.5　　　　　　D.6

2. 为了使所有幻灯片的外观风格统一，可设置（   ）实现。
A. 幻灯片版式　　B. 配色方案　　C. 切换效果　　D. 幻灯片母版

3. PowerPoint 2016 中，"从当前幻灯片开始"的快捷键是（   ）。
A.F2　　　　　　B.F5　　　　　　C.Shift+F5　　　D.Ctrl+P

二、多选题

1. PowerPoint 2016 中的 SmartArt 图形有（   ）等类型。
A. 流程图　　　　B. 循环图　　　　C. 层次结构图　　D. 关系图

2.在幻灯片母版中添加了公司标志后,每张幻灯片中都会显示此图标。如果不希望在某张幻灯片中显示此图标,下列不能实现的是(   )。

A.在母版中删除该图标

B.在幻灯片中删除该图标

C.在幻灯片中设置不同的背景颜色

D.在幻灯片中进行背景设置,选中"隐藏背景图形"选项

3.合并形状的方式有(   )。

A.组合   B.结合   C.拆分   D.剪除

三、判断题

1.幻灯片母版编辑可以保持元素位置的统一,避免重复操作相同命令,提高工作效率。(   )

2.幻灯片的放映方式主要有"从头开始"和"从当前幻灯片开始"两种。(   )

四、简答题

1.SmartArt 图形的作用有哪些?

2.分别描述结合、组合、拆分、相交、剪除五种方式合并形状的效果。

实践与运用

运用本节所学的知识制作一个介绍端午节的教学课件,完成以下操作。

1.插入形状,设置形状样式和颜色。

2.插入 SmartArt 图形展示端午节风俗。

3.编辑母版对版式进行统一。

4.根据需要插入视频、音频等元素,同时调整动画播放时间。

自我评价与反思

模块四

幼儿园多媒体技术应用

学习目标

1. 熟练使用生活中常用的多媒体软件，如 Cool Edit Por、剪映、易企秀、美篇等。
2. 掌握动态邀请函的制作、HTML5 招生宣传页面的制作、微课设计与制作、美篇的制作、线上教学平台的使用、调查问卷及打卡接龙的制作等操作方法，独立完成各任务中的操作练习。能够根据实际需要，选择合适的技术与软件完成工作。
3. 培养审美能力和细致认真的工作态度。

学习导航

幼儿园多媒体技术应用

- 任务1 制作动态邀请函
  - 文本素材的获取
  - 图片素材的获取
  - 声音素材的获取
  - 视频素材的获取
  - 动态邀请函的制作
- 任务2 制作HTML5招生宣传页面
  - 打开H5制作页面
  - 制作页面设置
  - 保存并分享H5页面
- 任务3 微课设计与制作
  - 微课片头设计与制作
  - 微课视频拍摄
  - 微课视频剪辑
- 任务4 制作美篇
  - 打开美篇
  - 制作美篇
  - 分享美篇
- 任务5 开展线上教学
  - 登录会议
  - 预定会议
  - 设置会议
  - 管理会议
  - 结束会议
- 任务6 制作调查问卷
  - 调查问卷内容的拟定
  - 问卷题目的创建
  - 问卷题目的编辑
  - 问卷外观设置
  - 问卷的发布与发送
  - 问卷数据分析
- 任务7 制作打卡接龙
  - 创建打卡接龙
  - 设置打卡标题和内容
  - 编辑打卡内容
  - 设置按名单打卡
  - 打卡设置
  - 打卡管理

模块导入

在教育数字化转型的今日，幼儿园的各项工作已离不开各种多媒体技术。例如，电子的活动邀请函逐步代替了纸质的邀请函，不仅能更快地传递给家长，还能在其中加入动态元素，展示幼儿在园的活动实况。不仅如此，招生宣传页面的制作、微课的设计与制作、调查问卷的制作、打卡接龙的制作等都可以利用多媒体技术实现。多种多样的软件和小程序极大地便利了幼儿教师的日常工作。因此，掌握幼儿园常见多媒体技术的应用方法，对于幼儿保育工作者至关重要，那让我们一起来学习吧！

任务 1
制作动态邀请函

学习任务单

姓名		班级		学习时间	4 课时
序号	任务描述	学习建议	完成效果		
			自己评	同伴评	教师评
1	文本素材的获取。	以实际操作为主,尝试用不同的方式获取文本素材。			
2	图片素材的获取。	以实际操作为主,掌握获取图片素材的各种方法。			
3	声音素材的获取。	以实践操作为主,掌握获取声音素材的各种方法。			
4	视频素材的获取。	以实践操作为主,掌握获取视频素材的各种方法。			
5	动态邀请函的制作。	以实践操作为主,掌握用剪映软件制作动态邀请函的方法,尝试自主完成一次动态邀请函的制作。			
学习反思					

| 模块四　幼儿园多媒体技术应用 | 101

情境导入

　　幼儿的健康成长需要家庭和幼儿园的共同努力，需要家园之间建立密切的合作。幼儿园在节日期间开展的多样活动为家园交流提供了良好的契机和平台，因此在设计活动时，应考虑如何调动家长参与的积极性，一份制作精美的动态邀请函就能很好地解决这个问题。正值六一儿童节，苏老师正在制作这样的动态邀请函，她是怎么做的呢？让我们一起跟着苏老师来学习吧！

请思考
1. 动态邀请函中的文本素材如何获取？
2. 动态邀请函中的图片素材如何获取？
3. 动态邀请函中的声音素材如何获取？
4. 动态邀请函中的视频素材如何获取？
5. 如何设计和制作动态邀请函？

任务描述

　　苏老师在制作邀请函时采用了多种多媒体技术，将精美的照片与精心设计的文字相结合，通过视频剪辑的方式，制作了富有趣味性和互动性的邀请函，向家长们展示幼儿园教育成果并邀请家长们一起参加儿童节活动。她相信，邀请家长们一起庆祝儿童节，不仅能够让孩子们在娱乐中收获更多的知识和快乐，还能够进一步加强家长和幼儿园之间的联系和沟通，使二者建立更紧密的合作关系。

任务实施

　　正式制作邀请函前需要获取的素材有活动目的、内容、时间等文本素材，与活动相关的图片素材、视频素材，渲染气氛的音乐素材等。

一、文本素材的获取

　　在制作节日活动相关的邀请函时，我们通常需要在邀请函中介绍与节日有关的内容，如节日的起源、意义等。在日常生活中，我们可以在阅读中收集相关的文字素材。我们也可以通过互联网获取文字素材，在互联网上搜集前人所做的优秀作品，并将其中的文字素材提取出来作为模板，对照模板厘清邀请函内容的写作思路。这种方法能够极大地提高内容写作效率，方便我们更好地开展后续制作。下面介绍利用互联网获取优秀作品中文字素材的两种方式。

（一）使用腾讯QQ软件中的文字提取功能获取

1. 进入网络浏览器，使用百度搜索引擎，在搜索栏输入关键字，单击"百

学习笔记

温馨提示

　　互联网虽然是开放的平台，但互联网中的文字、图片、视频等素材都有自身的版权归属。在下载和使用素材时一定要注意，不能侵权哦！

度一下"。

2. 单击打开需要的文字素材链接，使用移动端QQ对无法复制的素材拍照，再将照片发送给"我的电脑"，如图4-1-1所示，单击使图片全屏后长按此图片，出现"提取文字"按钮 ⌇ ，如图4-1-2所示。选择提取全部，按提示复制全部文本备用。或使用电脑版QQ，双击打开QQ任意一个聊天窗口，在聊天窗口的工具栏中单击"屏幕截图"按钮 ✂ ，框选需要的文本元素，然后单击"屏幕识图"按钮 ⌇ ，如图4-1-3所示，等待识别，将识别出的文本元素复制并保存留用。

图 4-1-1　图片上传

图 4-1-2　提取文字

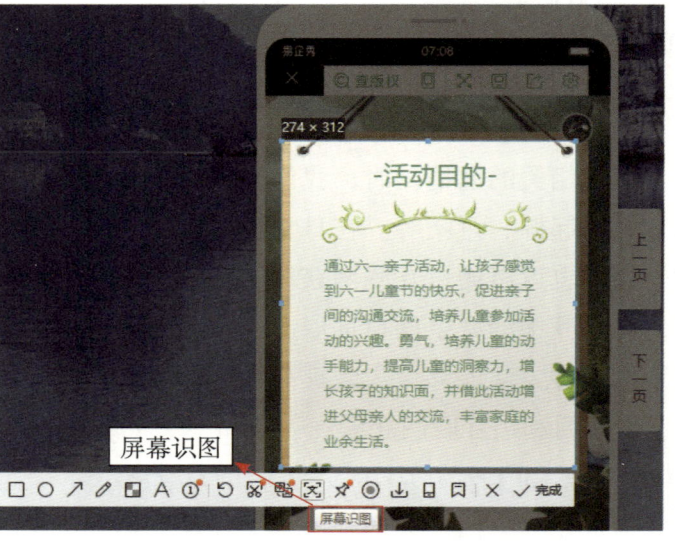

图 4-1-3　屏幕识图

（二）使用微信软件中的文字提取功能获取

1. 登录手机版微信，打开任意一个聊天窗口或打开文件传输助手窗口，单击输入框右侧的"添加"按钮 ，单击"拍照"按钮 ，对需要的文本素材拍照，单击"发送"。

2. 长按已发送的图片，在显示的列表中单击"提取文字"按钮 ，如图 4-1-4 所示。（注意：提取出的文字可能与原文有出入。）

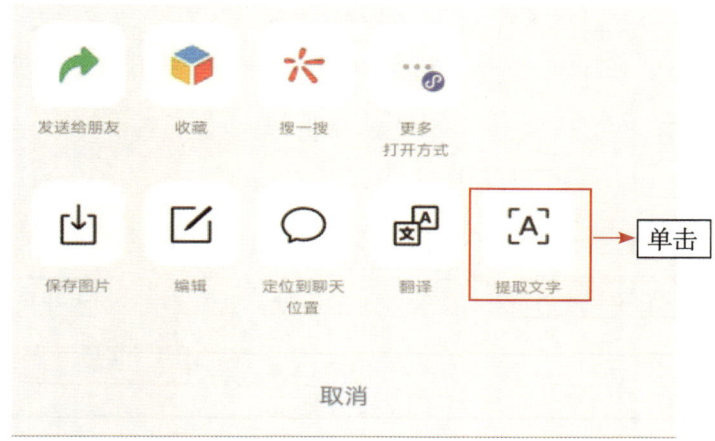

图 4-1-4　提取文字

3. 根据需要涂抹选择文字或在工具栏中单击"全选"，确认文字被选中后，在工具栏中单击"复制"按钮 ，如图 4-1-5 所示，即可将选中的文字复制到剪贴板上，之后便可粘贴到合适的位置。

除上述方式外，获取文本素材的方式还有使用讯飞输入法将语音识别转换成文字、使用 OCR 文本识别软件、使用"图片文字识别"微信小程序等。

二、图片素材的获取

（一）通过互联网搜索引擎下载

1. 互联网提供了大量的图片元素，既有付费图片，也有免费图片。打开百度首页，搜索"六一儿童节"，单击"百度一下"按钮，在打开的搜索页面中单击"图片"。

2. 拖动页面右侧滚动条，快速搜寻所需图片，再单击所需图片，光标放在打开的图片上右击，在弹出的快捷菜单中选择"图片另存为"。

3. 在"另存为"对话框左侧的导航窗口中，拖动滚动条，选择图片保存位置，输入图片文件名，选择保存类型为"JPG 文件"，单击"保存"按钮即可完成图片的保存，如图 4-1-6 所示。

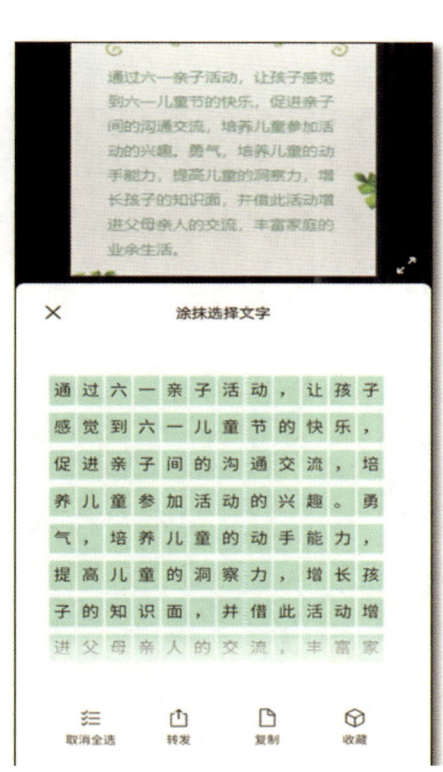

图 4-1-5　涂抹选择文字

学习笔记

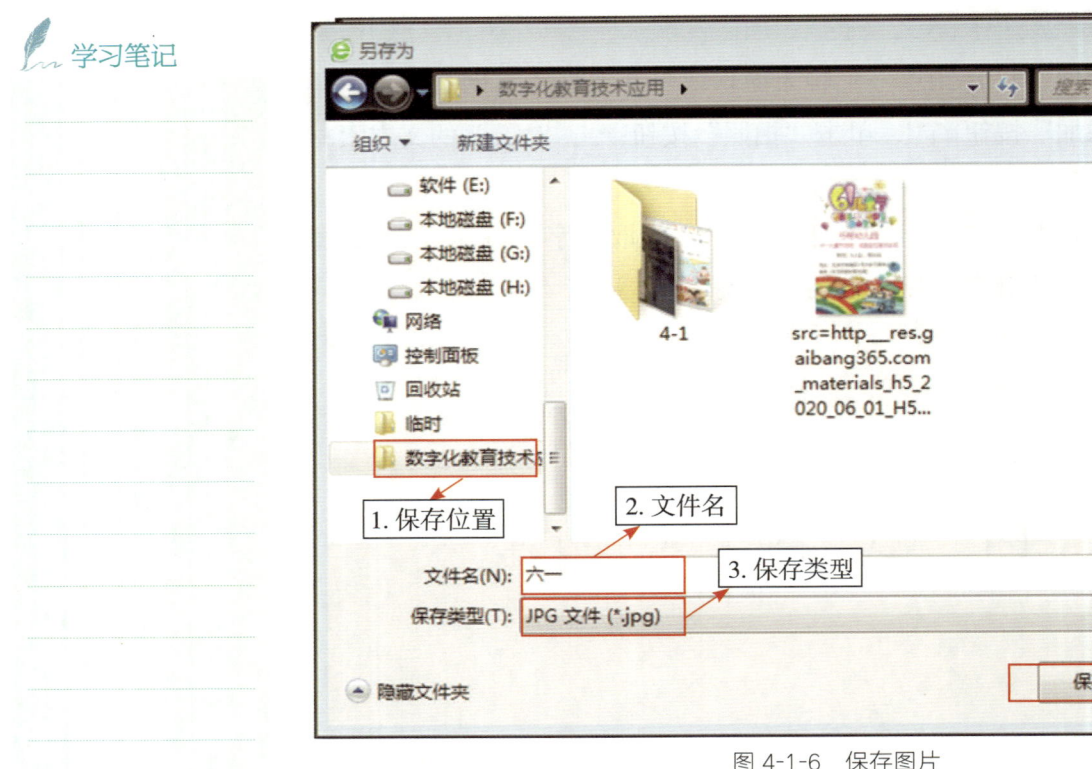

图 4-1-6　保存图片

（二）采用软件截图获取

1.Word 2016 中自带截图功能，打开 Word 文档，单击"插入"选项卡中的"屏幕截图"按钮，在下拉列表中单击"屏幕剪辑"，如图 4-1-7 所示。

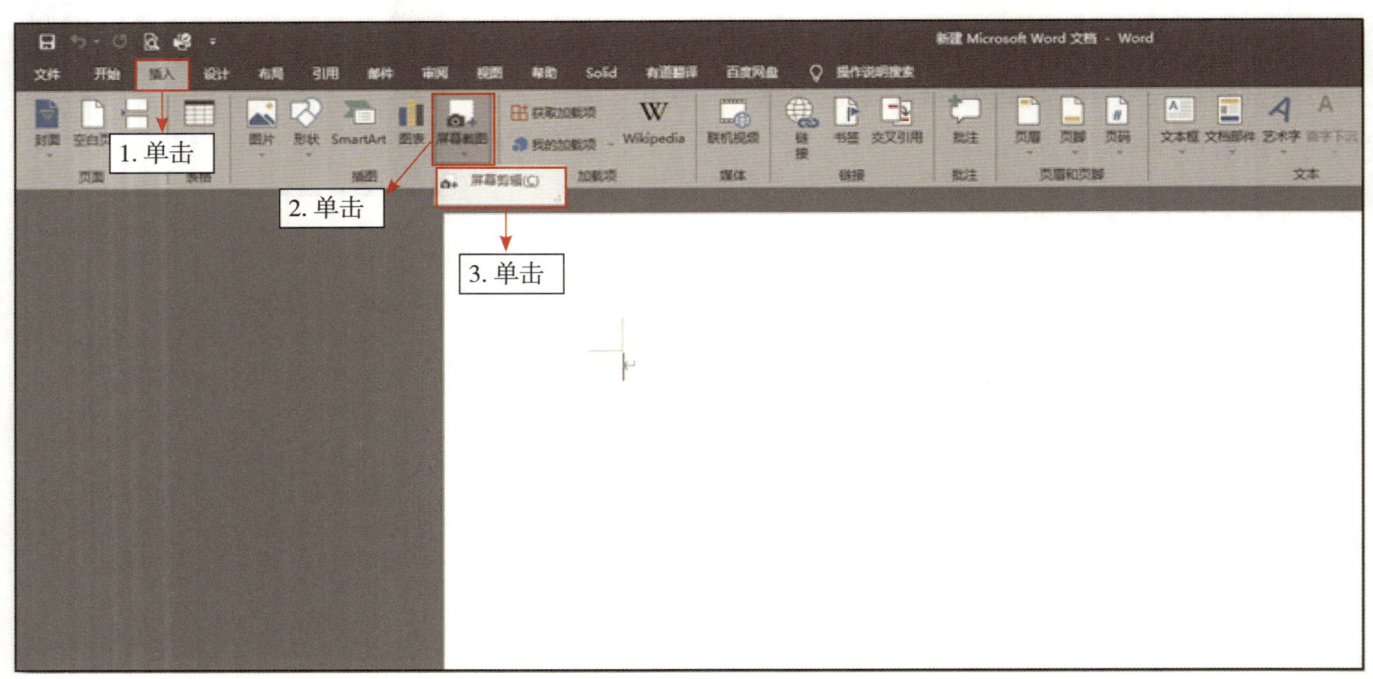

图 4-1-7　使用 Word 2016 截图

2. 在屏幕中拖动鼠标，框选截取所需图片，如图 4-1-8 所示，截取出的图片将自动插入 Word 文档中。

3. 右击 Word 中的图片，在菜单中选择"另存为图片"，在弹出的对话框中设置图片的保存位置、文件名称及保存类型，再单击"保存"按钮即可完成图片的保存。

（三）通过微信等软件的屏幕截图功能获取

1. 登录电脑端微信，打开任意一个聊天窗口，在聊天窗口的工具栏中单击"截图"图标 或按键盘快捷键 Alt+A，在屏幕中拖动鼠标，框选截取需保留的图片区域，如图 4-1-9 所示。

图 4-1-8　框选截取

图 4-1-9　框选区域

2. 在打开的工具栏中单击"保存"按钮 ，在弹出的对话框中设置图片的保存位置、文件名称及保存类型，再单击"保存"按钮即可完成图片的保存。

（四）通过 Adobe Photoshop CS6 制作

1. 下载所需字体。打开 PICK FREE 网站（网址：http://www.pickfree.cn/），在右侧工具栏单击"字体"，然后单击"字体天下"或其他字体网站超链接，进入字体检索页面，根据网页页面中"字型"和"字库"来选择字体，如图 4-1-10 所示。通过滚动鼠标滚轮可以快速浏览字体。

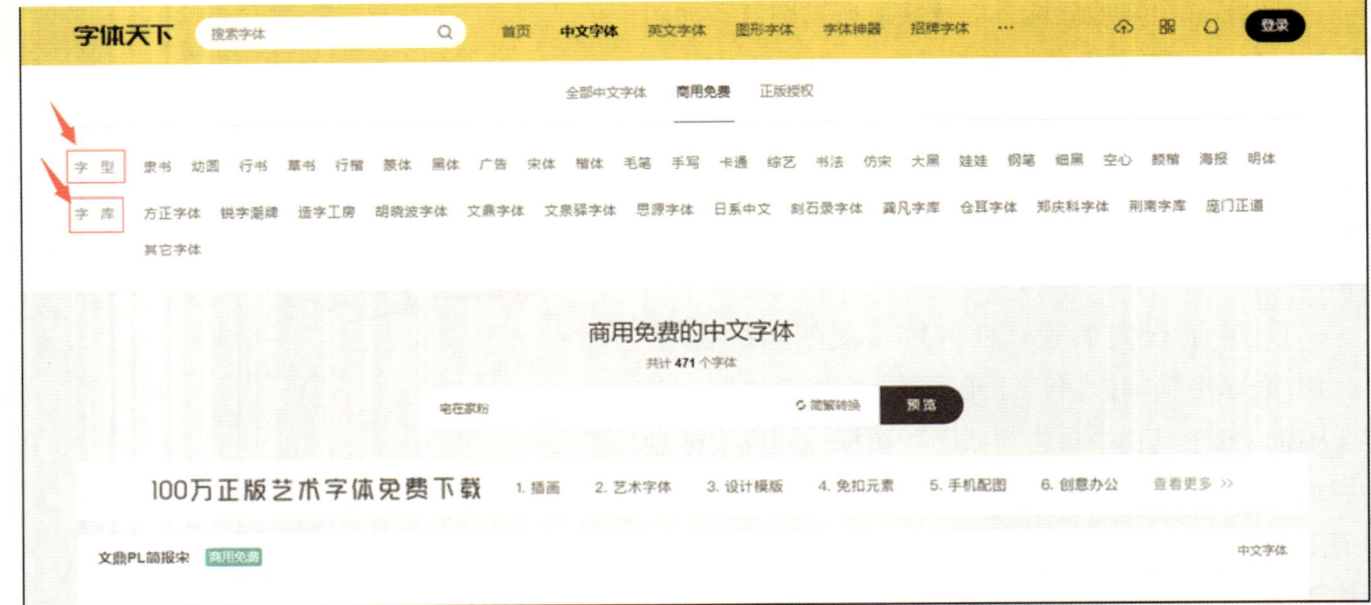

图 4-1-10　检索字体

2.单击选中适合的字体,在对应字体栏右侧单击"本地下载"按钮,如图 4-1-11 所示。在网页工具栏中单击"下载"按钮⬇查看下载文件,如图 4-1-12 所示。右击下载文件,在菜单中选择"在文件夹中显示",在文件夹中右击下载文件,在菜单中选择"解压到当前文件夹"。

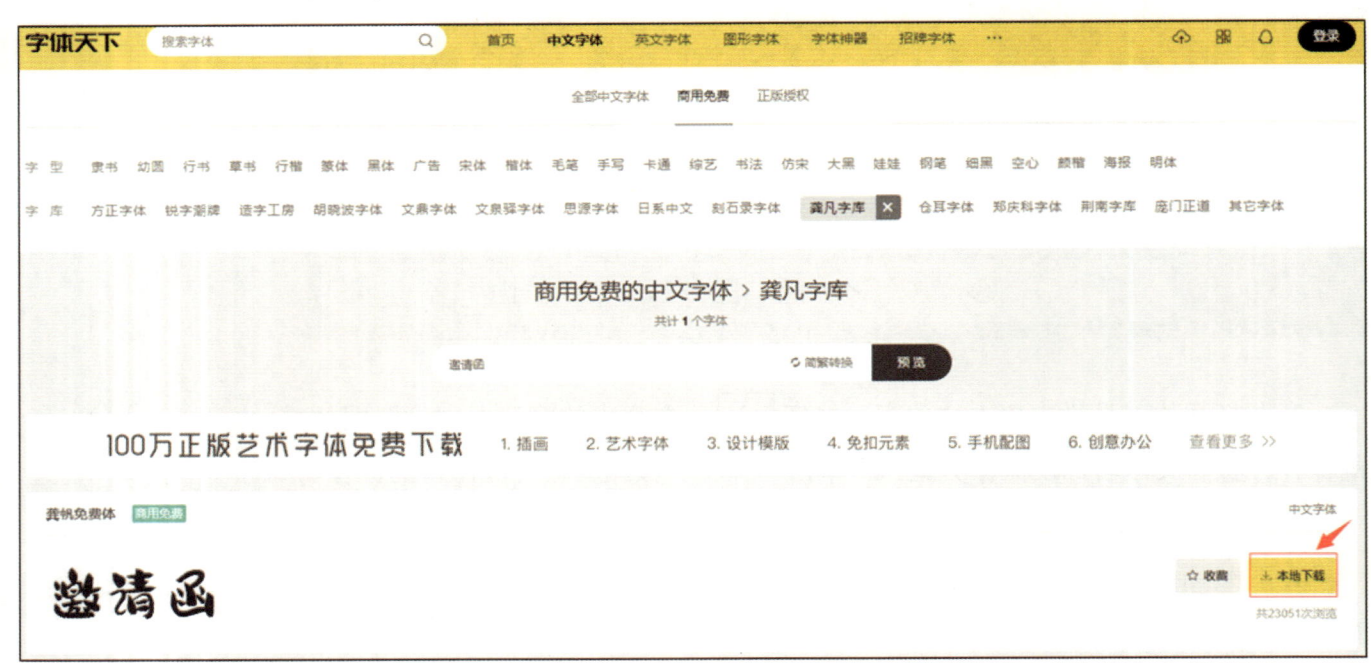

图 4-1-11　字体下载

图 4-1-12 已下载字体文件

3. 剪切已下载解压的字体文件，再打开电脑字体文件夹（C:\Windows\Fonts），将字体文件粘贴到此文件夹内，完成字体安装。

4. 启动 Adobe Photoshop CS6，新建空白文件，如图 4-1-13 所示。在工具栏中选择"横排文字工具"按钮 T 或按快捷键 T，在上方的工具栏中设置字体为已下载安装的字体，大小设置为 9 点，输入文字"邀请函"，如图 4-1-14 所示。

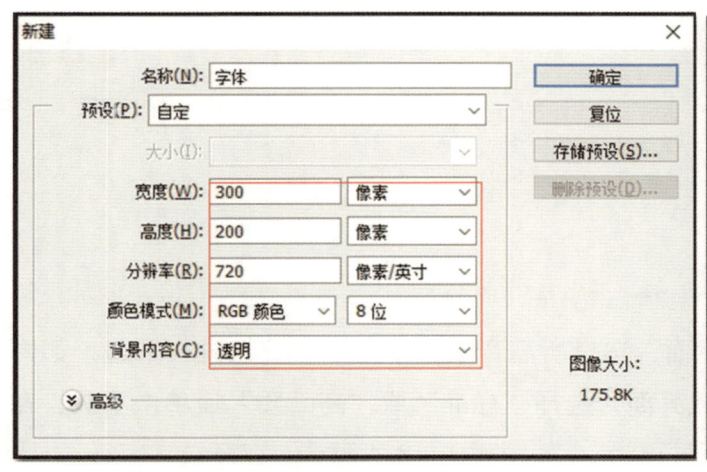

图 4-1-13 新建空白文件

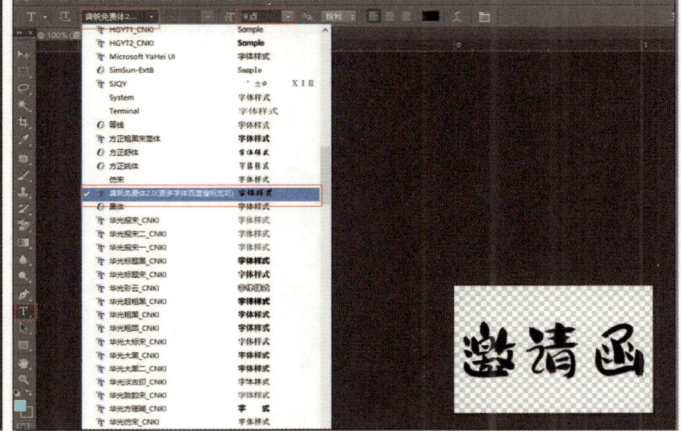

图 4-1-14 文本字体及字号设置

5. 在页面顶端工具栏中单击"文字"，在下拉菜单中选择"转换为形状"。在左侧工具栏中选择"直接选择工具"按钮 ，或按快捷键 A，根据自己的喜好调整字形，如图 4-1-15 所示。

图 4-1-15　设计字形

6. 在工具栏中单击"图层"，在下拉菜单中选择"新建"，再单击"背景图层"，完成操作。

7. 在菜单栏中单击"文件"→"存储"，保存类型为"PNG"，再根据提示存储到指定文件夹内，便于后期使用。

三、声音素材的获取

（一）通过互联网搜索引擎下载

1. 在信息化时代，日常工作中的音频素材可以通过网络获取。通过百度等搜索引擎搜索需要的音频文件并下载，打开 MyFreeMP3 首页，在搜索框中输入"六一儿童节"，再单击"搜索"按钮，如图 4-1-16 所示。

图 4-1-16　搜索所需音乐

2. 进入音乐搜索结果界面，选择所需音乐，单击下载按钮进行下载，如图 4-1-17 所示。在弹出的下载界面，选择"标准"或"高品质"后单击下载，在弹出界面右击，选择"音频另存为"，如图 4-1-18 所示。

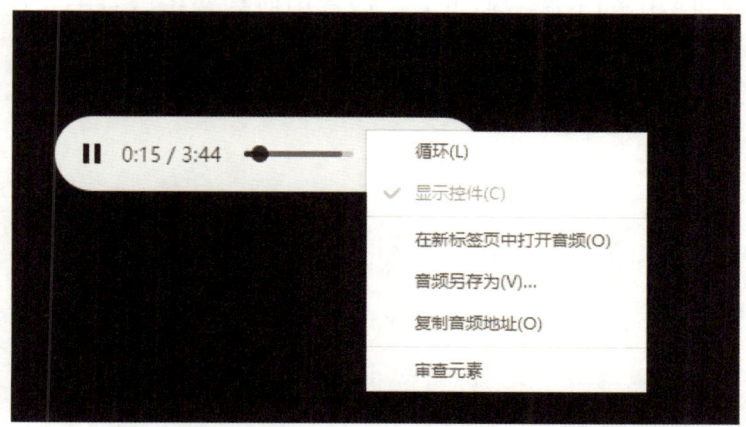

图 4-1-17　下载音乐

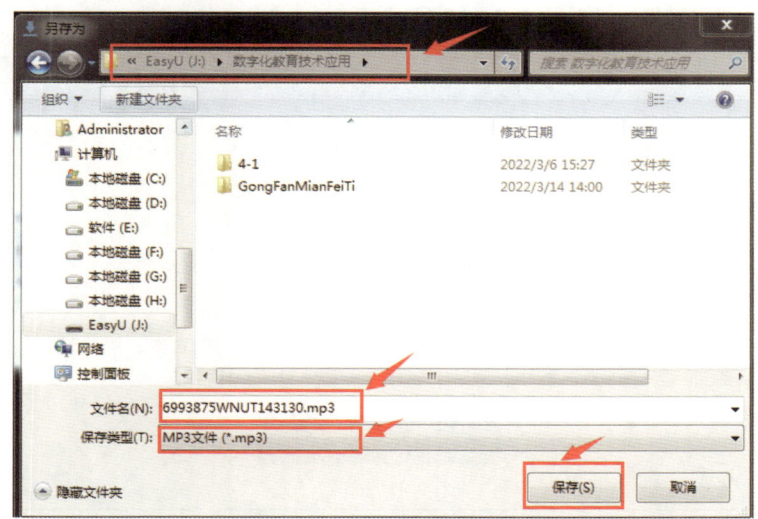

图 4-1-18　保存音频文件

温馨提示

互联网虽然是开放的平台，但互联网中的音频素材都有自身的版权归属。在下载和使用素材时一定要注意，不能侵权哦！

3. 打开"另存为"对话框，在其中设置音频文件的名称和保存位置，单击保存按钮，即可保存该音频文件，如图 4-1-19 所示。

图 4-1-19　设置保存位置和名称

（二）通过音乐软件获取

1. 以酷狗音乐软件为例，搜索"六一来啦"，单击"搜索"按钮，如图 4-1-20 所示。

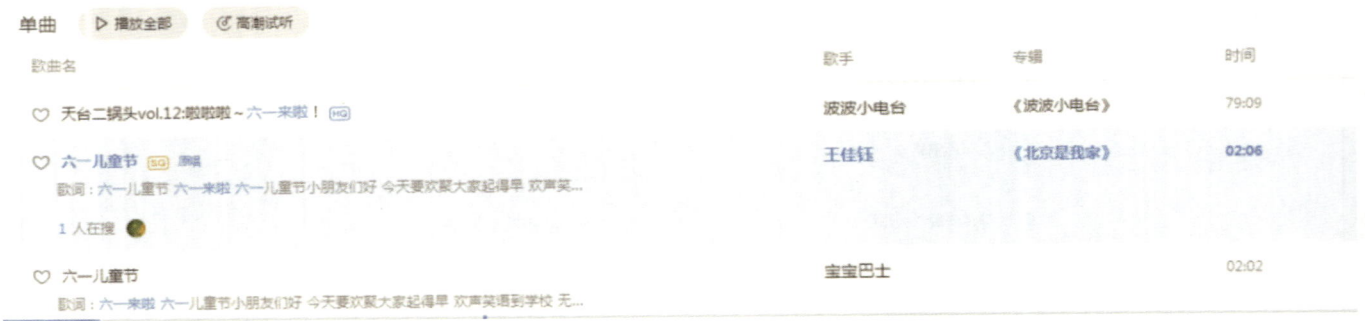

图 4-1-20　音乐搜索界面

2. 单击歌曲栏中的下载按钮下载，或选中所需音乐后右击，在弹出的快捷菜单中选择"下载"，如图 4-1-21 所示。

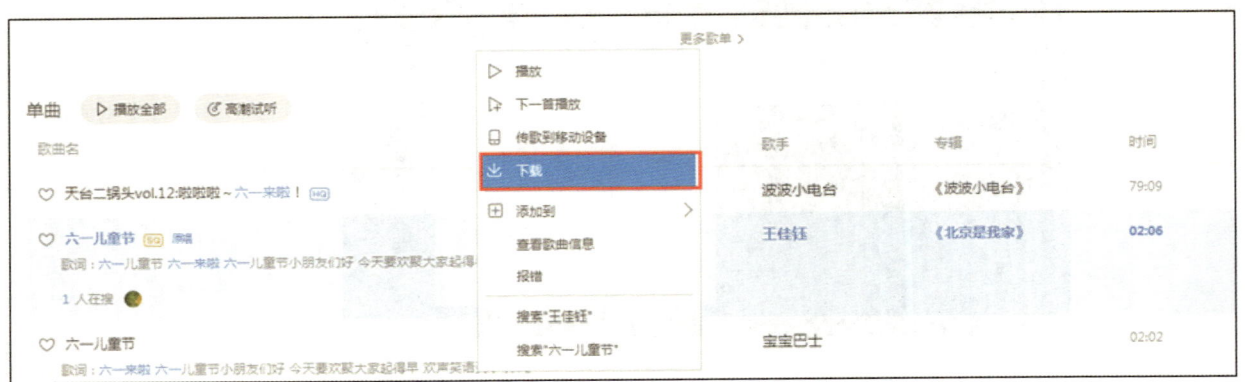

图 4-1-21　音频文件下载

3. 在"下载"对话框中设置音效文件的下载地址，单击"立即下载"按钮，即可下载该音频文件，如图 4-1-22 所示。

图 4-1-22　音频文件下载设置

（三）通过手机录音软件获取

1. 手机自带音频录制工具"录音机"，使用录音机可录制音频。为了录制高品质的音频，建议使用话筒或耳机。将话筒或耳机连接线的插头插入手机的耳机插孔，再打开"录音机"，单击录制按钮，即可开始录制。

2. 录音机录制音频的同时，屏幕上会显示已录制时长，再次单击录制按钮，即可结束录制。录制完成后可以简单裁剪音频，在录音界面选择"编辑"，拖动左右两边的裁剪线，再单击"裁剪"，在弹出列表中选择"保留选中区域"，完成裁剪，如图 4-1-23 所示。

3. 录制的音频可以通过微信或 QQ 分享，在电脑端的聊天界面保存，也可以通过数据线将手机与电脑连接，在弹出的对话框中选择"传输文件"，如图 4-1-24 所示。在录音机应用中长按选中音频文件，在右下方单击"更多"按钮，选择查看"详情"，获取音频文件的存储路径，如图 4-1-25 所示。

图 4-1-23　裁剪音频

图 4-1-24　选择连接方式

图 4-1-25　查看存储路径

4. 在"内部存储"→"Sounds"文件夹中找到录制的音频文件，再复制或剪切到电脑的目标文件夹中，将录制的音频文件保存在电脑中。

（四）使用 Windows 7 自带录音软件获取

1. Windows 7 自带音频录制工具"录音机"，使用录音机可录制音频。为了录制高品质的音频，建议使用话筒或耳机。将话筒或耳机连接线的插头插入电脑的音频输入插孔，单击系统"开始"，选择"所有程序"，在列表中选择"附件"中的"录音机" ，单击"开始录制"按钮即可开始录制。

2. 录音机录制音频的同时，屏幕上会显示已录制时长，录制完毕，单击"停止录制"按钮，即可结束录制，在弹出的"另存为"对话框中设置保存位置及名称，单击"保存"按钮即可保存音频文件。

附：Windows 10 自带录音软件获取音频的方法。

首先，单击"开始"菜单，在菜单中找到"录音机"后单击打开软件，或者在 Windows 10 桌面底部任务栏的搜索框中，搜索"录音机"，并在搜索结果中单击打开"录音机"。

其次，进入录音机界面，单击录音按钮 ⏺ 或使用快捷键 Ctrl+R 开始录音，在录音页面中，可以单击界面下方的暂停键按钮 ⏸ 暂停录音，单击停止按钮 ⏹，可以结束录音。

再次，结束录音后，单击播放按钮 ▶，可以播放录音。

最后，右击录音，选择"在文件夹中显示"，可以打开录音文件所在的文件夹，方便后期取用。

（五）使用剪辑处理软件编辑音频素材

当下载或录制的音频素材不符合视频或课件要求时，可以对音频素材进行精加工。常规操作有裁剪、音量调节、降噪、删除杂音、合成导出等，目前处理音频素材的专业软件较多，如 Cool Edit Pro、视频编辑王、ApowerEdit、剪映、会声会影、EDIUS、Adobe Premiere Pro 等。下面介绍使用 Cool Edit Pro 2.1 处理音频素材的方法。

1. 下载并安装 Cool Edit Pro 2.1 软件，在桌面建立该软件的快捷方式。

2. 双击桌面快捷方式启动软件，进入软件操作界面，如图 4-1-26 所示。在菜单栏中单击"文件"→"打开"命令，弹出"打开波形文件"对话框，在"查找范围"中选择音频文件所在的文件夹，可拖动滚动条快速查找，选中需编辑的音频文件，单击"打开"按钮，如图 4-1-27 所示。

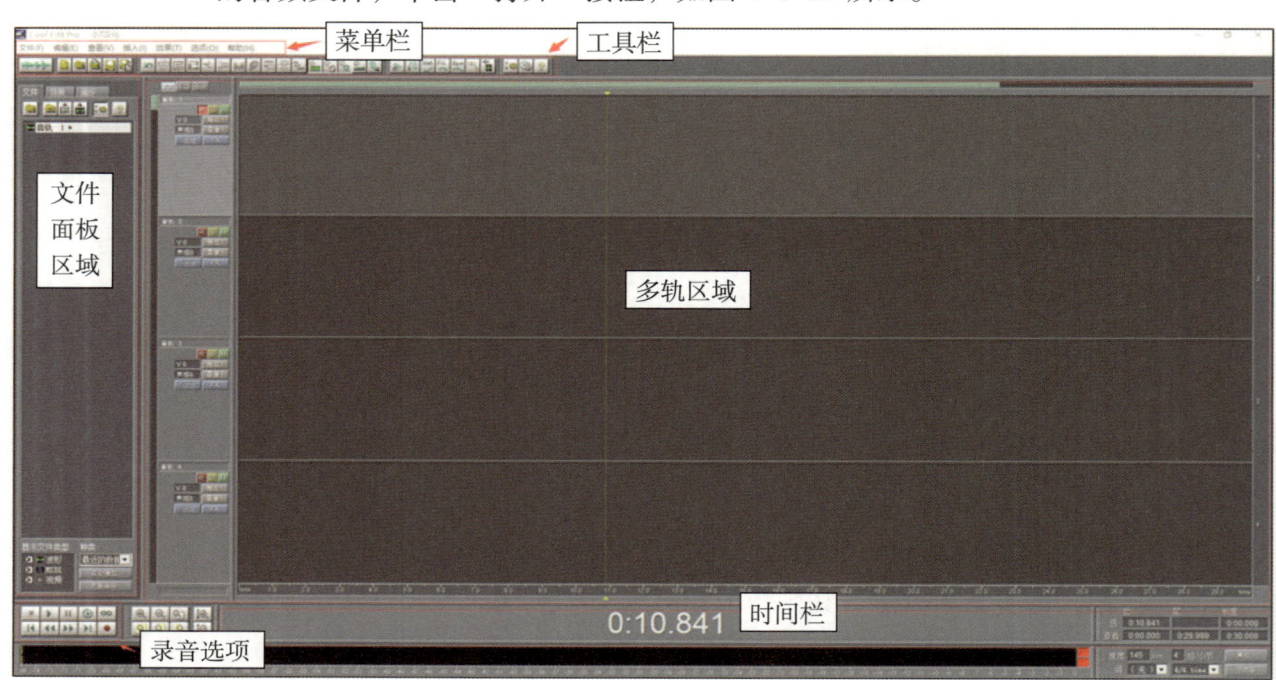

图 4-1-26　Cool Edit Pro 2.1 软件界面

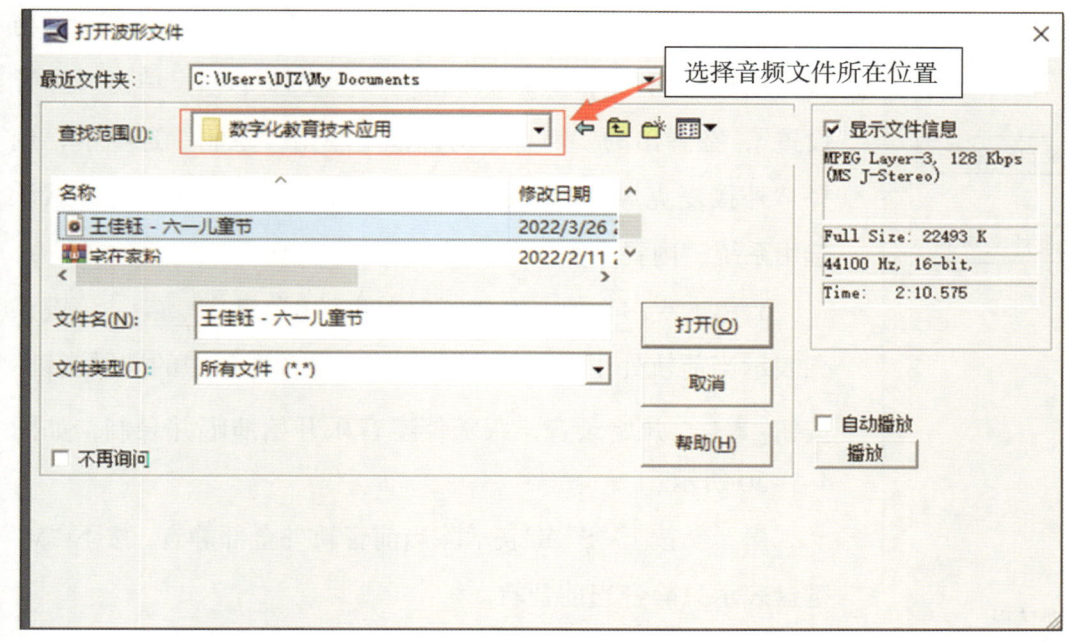

图 4-1-27　打开音频文件

3. 在工具栏中单击"多轨界面"按钮 ▭▭▭ 或使用快捷键 F12，进入多音轨界面。右击音轨 1 空白处，插入伴奏音频文件或从文件面板区域将伴奏音频文件拖拽至音轨 1 空白处，如图 4-1-28 所示。如果插入的音频未对齐音轨左端，可按住鼠标右键拖动音频文件使其对齐。

图 4-1-28　将文件插入音轨 1

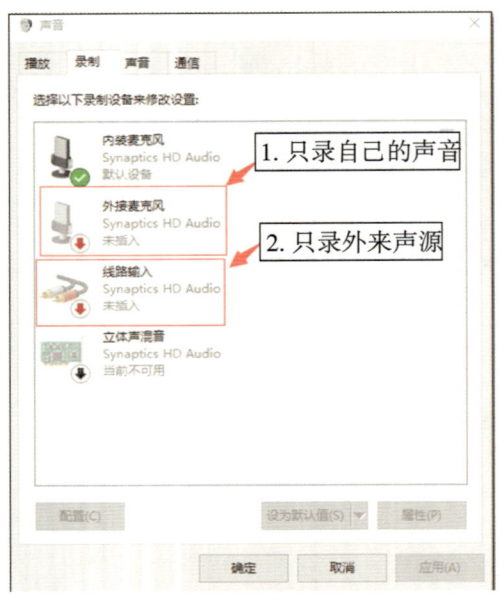

图 4-1-29 录音设备选择

4. 连接电脑与耳麦，调整 Windows 10 系统中的"声音与音频属性"。右击任务栏右侧的小喇叭图标 ，单击"声音设置"，在弹出的"声音"对话框中单击"录制"选项卡，选择"外接麦克风"，如图 4-1-29 所示。未插入耳麦时，默认选用系统"内置麦克风"。

5. 单击空白音轨，在录音时单击"R"键 ，该键点亮表示当前轨处于录音状态，再单击录音选项中的"录音键"按钮 ，开始录音，跟随伴奏音乐开始演唱并录制，如图 4-1-30 所示。

提示：按下"S"键表示除当前音轨外全部静音，按下"M"键盘表示只静音当前音轨。

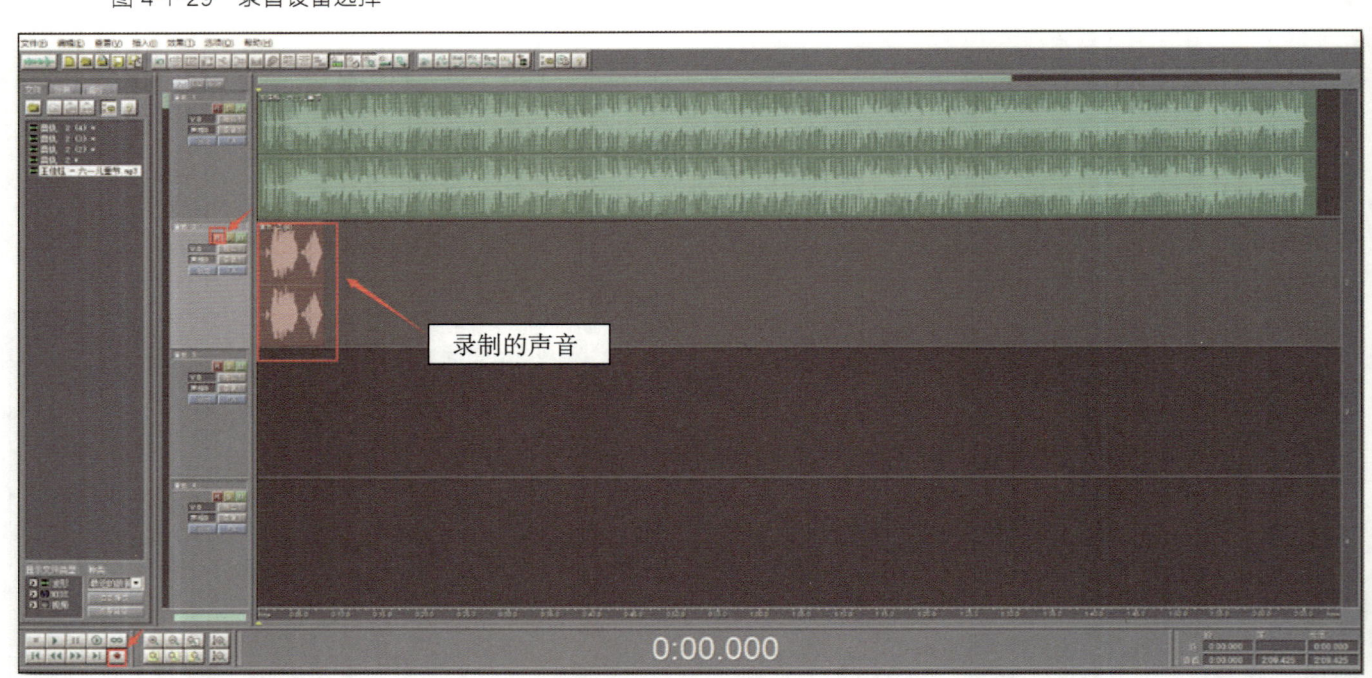

图 4-1-30 音频录制界面

6. 降噪处理。双击已录制的音轨进入单轨模式，找出一段适合用作噪声采样的波形。按住鼠标左键拖动，直至高亮区覆盖所选波形。在菜单栏中单击"效果"→"噪声消除"→"降噪器"，进行噪声采样，如图 4-1-31 所示。或录制一段 30 秒的现场环境噪声文件，录制后双击进入单轨模式，单击菜单栏"效果"→"噪声消除"→"降噪器"，进行噪声采样。

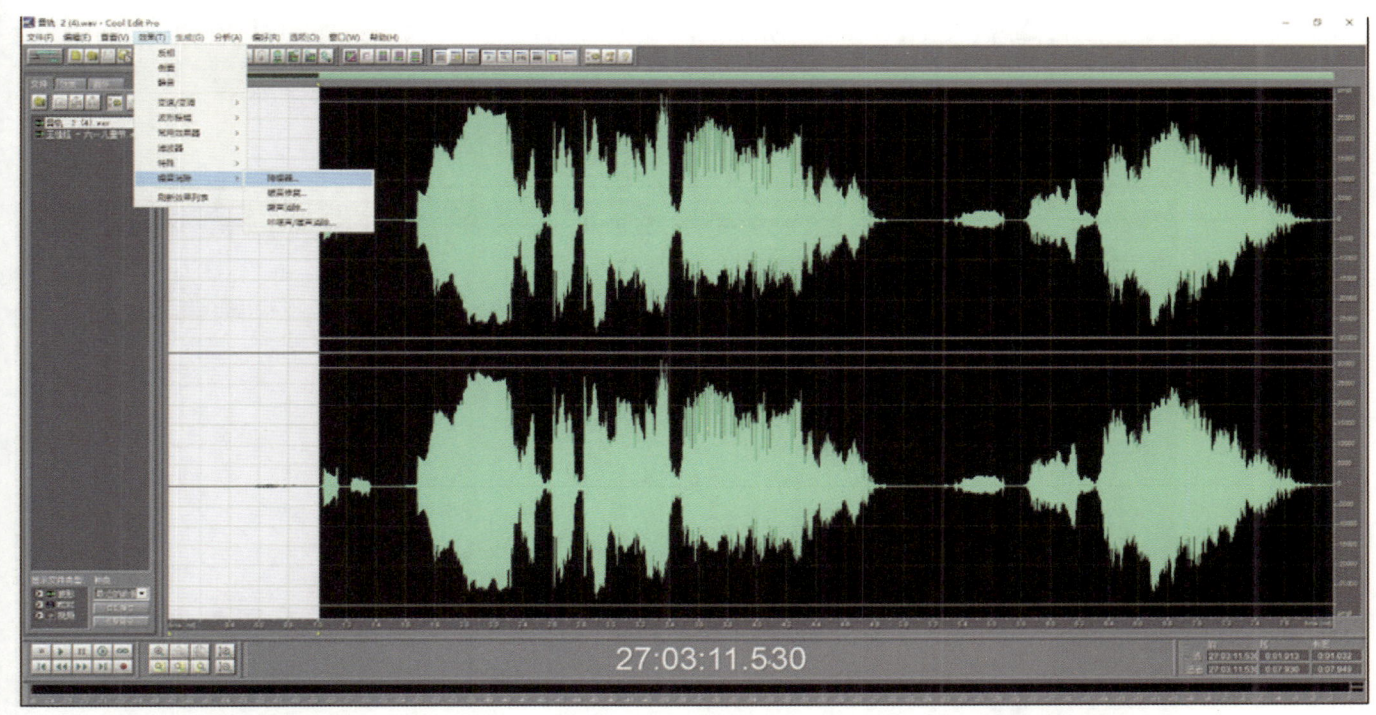

图 4-1-31 噪声采样

7. 在弹出的"降噪器"对话框中单击"噪音采样"按钮，再单击"保持采样"按钮，在弹出的"保存 FFT 采样文件"对话框中设置噪声采样文件名及存放位置，单击"保存"按钮后，再单击"降噪器"对话框中"确定"按钮，如图 4-1-32 所示。

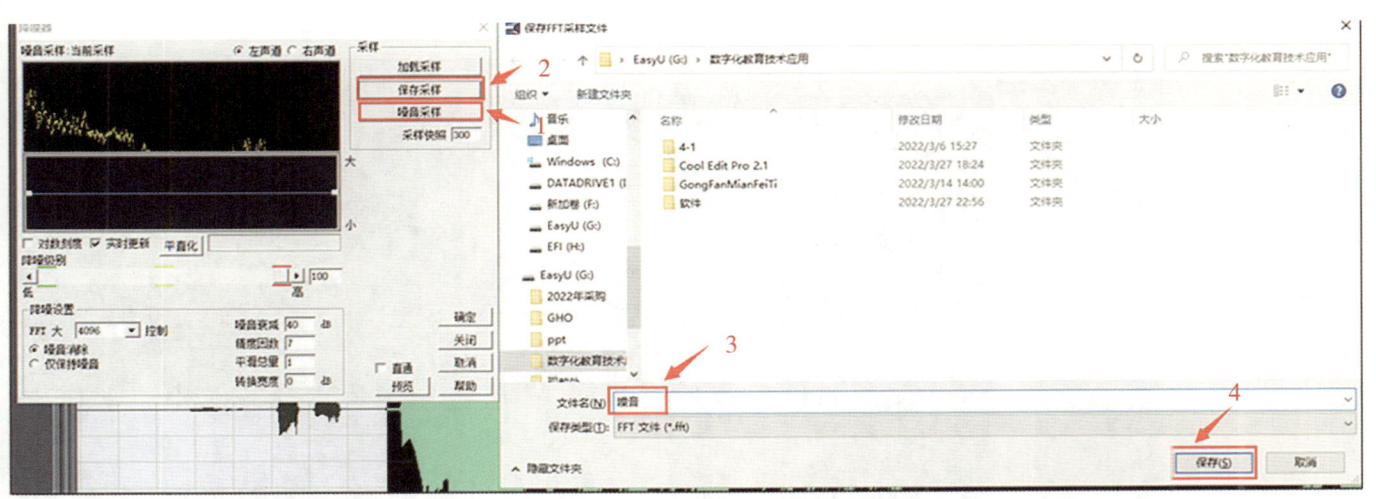

图 4-1-32 保存噪声采样

8. 双击录制的音频音轨，单击工具栏中"效果"→"噪声消除"→"降噪器"，单击"加载采样"按钮，加载之前保存的噪声采样，单击"确定"按钮进行降噪，如图 4-1-33 所示。降噪处理前可先点"预览"按钮试听降噪后的效果，如果声音失真，说明降噪采样不合适，需重新采样或调整参数。

提示：无论何种方式的降噪都会对原声有所损伤。

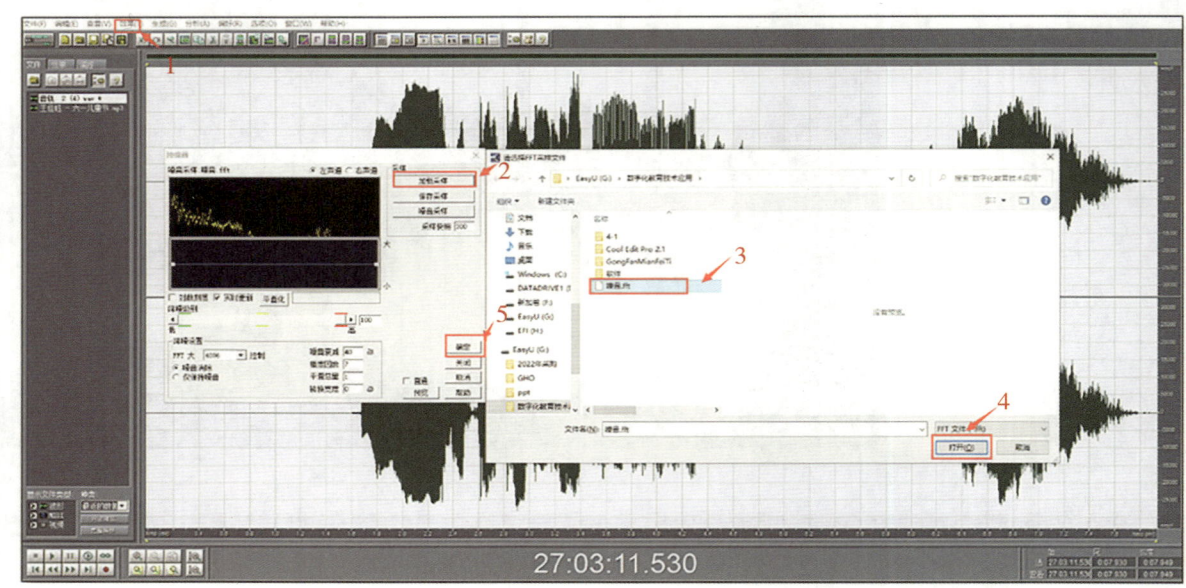

图 4-1-33 降噪处理

9. 降噪后音频若出现瑕疵段落，可双击该音频音轨进入单轨模式，拖动鼠标左键框选瑕疵段落，如图 4-1-34 所示。再单击工具栏中"将选取区域裁切进剪切板"按钮 ✂ 或使用快捷键 Ctrl+X 将选中的瑕疵段落裁切，如图 4-1-35 所示。如果音频文件无须特殊处理，可直接进行第 14 步操作，保存音频文件。

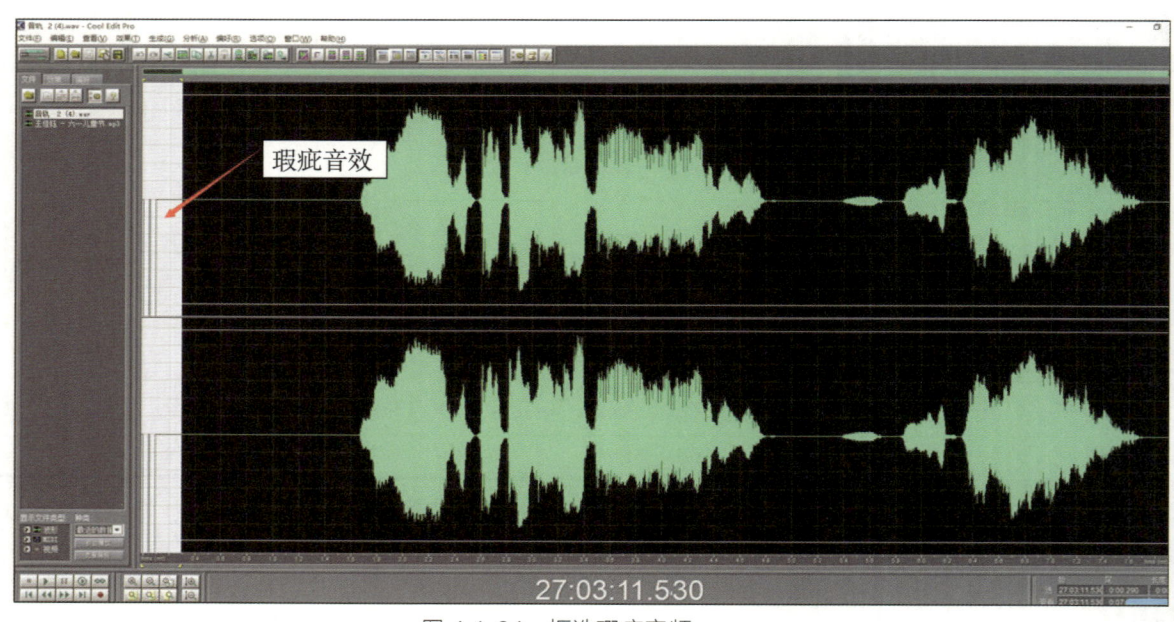

图 4-1-34 框选瑕疵音频

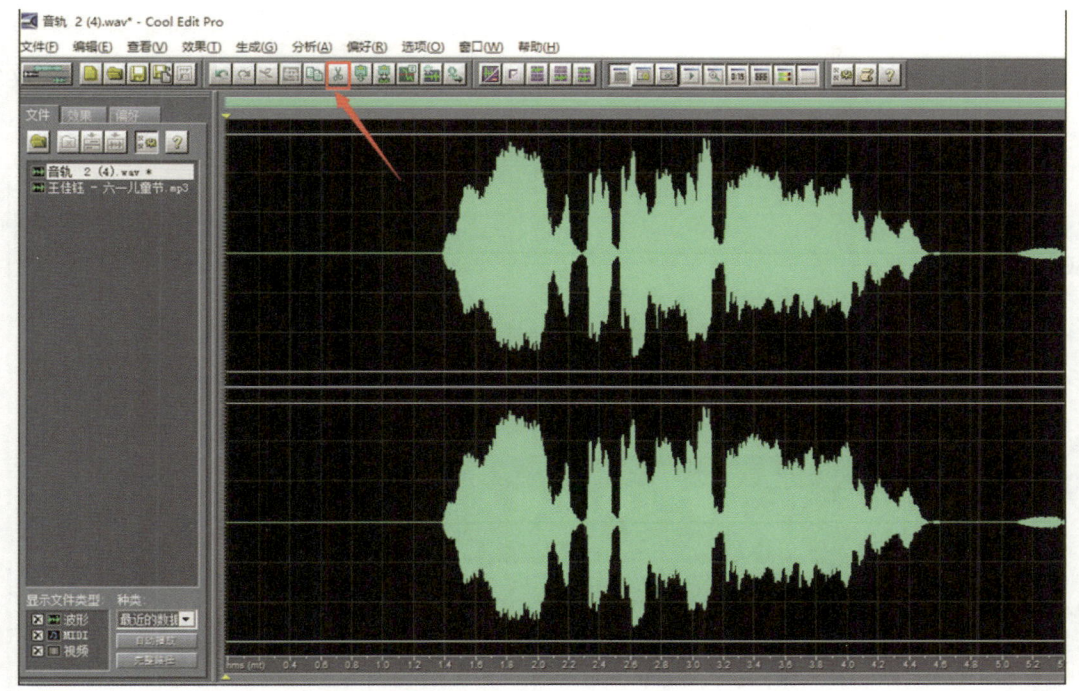

图 4-1-35 裁切瑕疵音频

10. 调节音频的高音和低音，使声音听起来更加清晰明亮。采用插件 BBE 高音激励器，它能产生谐波，对声音进行修饰和美化，使声音听感更悦耳。下载并安装该插件，将其与软件安装在同一文件夹中。

11. 重启 Cool Edit Pro 2.1 软件，在菜单栏中单击"效果"→"刷新效果列表"，再单击"效果"→"DirectX"→"BBE Sonic Maximizer"，打开 BBE 高音激励器，弹出高音激励器窗口，如图 4-1-36 所示。

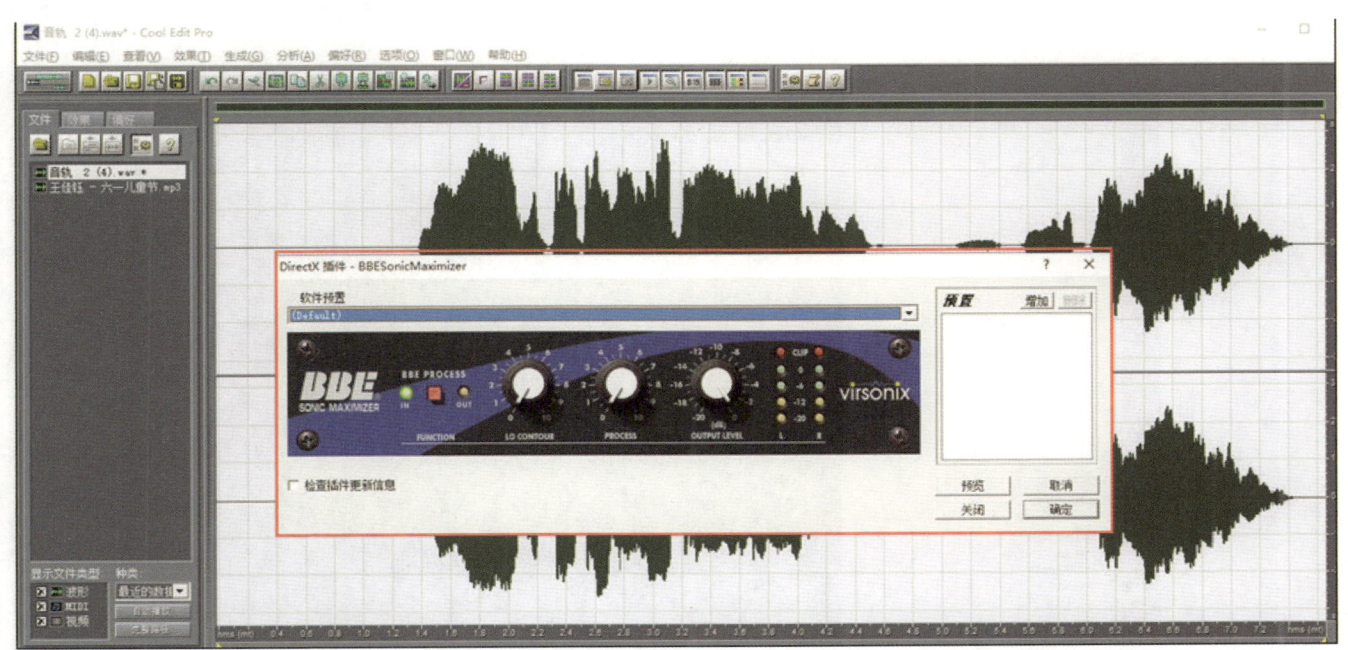

图 4-1-36 高音激励器窗口

12. 在"软件预置"下拉列表中选择合适的效果或手动调节三旋钮,再单击高音激励器窗口右下方"预览"按钮 进行试听,直至调整到满意效果时,单击"确定"对原音频进行处理,如图 4-1-37 所示。

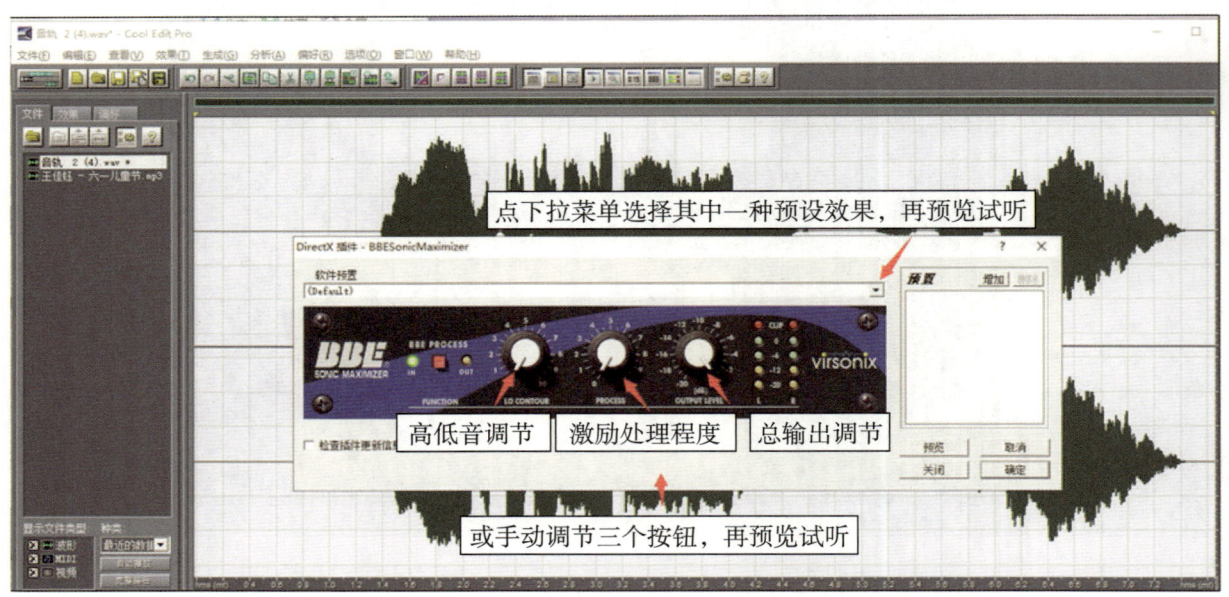

图 4-1-37　高音激励处理

13. 完成上述操作后,将音频文件混缩或保存。此处以混缩为例,单击切换多轨模式按钮 ,在菜单栏中单击"编辑"→"混缩到文件"→"全部波形",即可将伴奏与录制并处理过的音频混缩,合为一个音频文件,如图 4-1-38 所示。

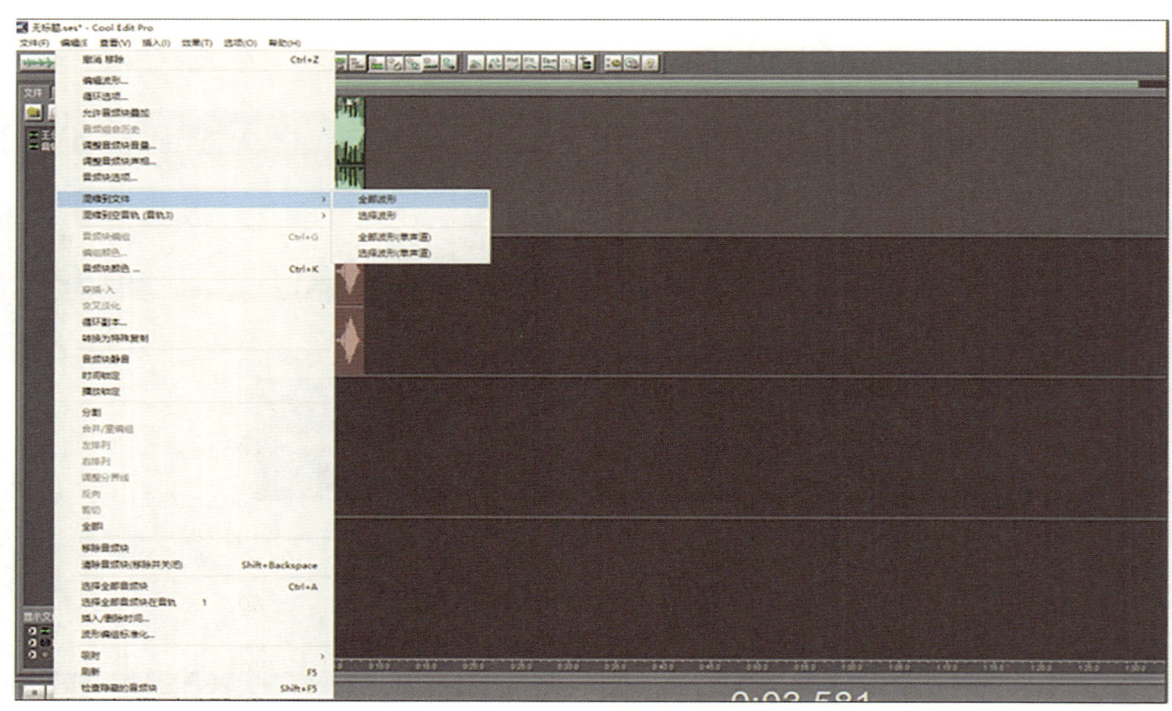

图 4-1-38　混缩音频文件

14. 在菜单栏中单击"文件"→"另存为",将混缩后的音频文件存为 MP3 或 WMA 格式,如图 4-1-39 所示,以便后期使用。

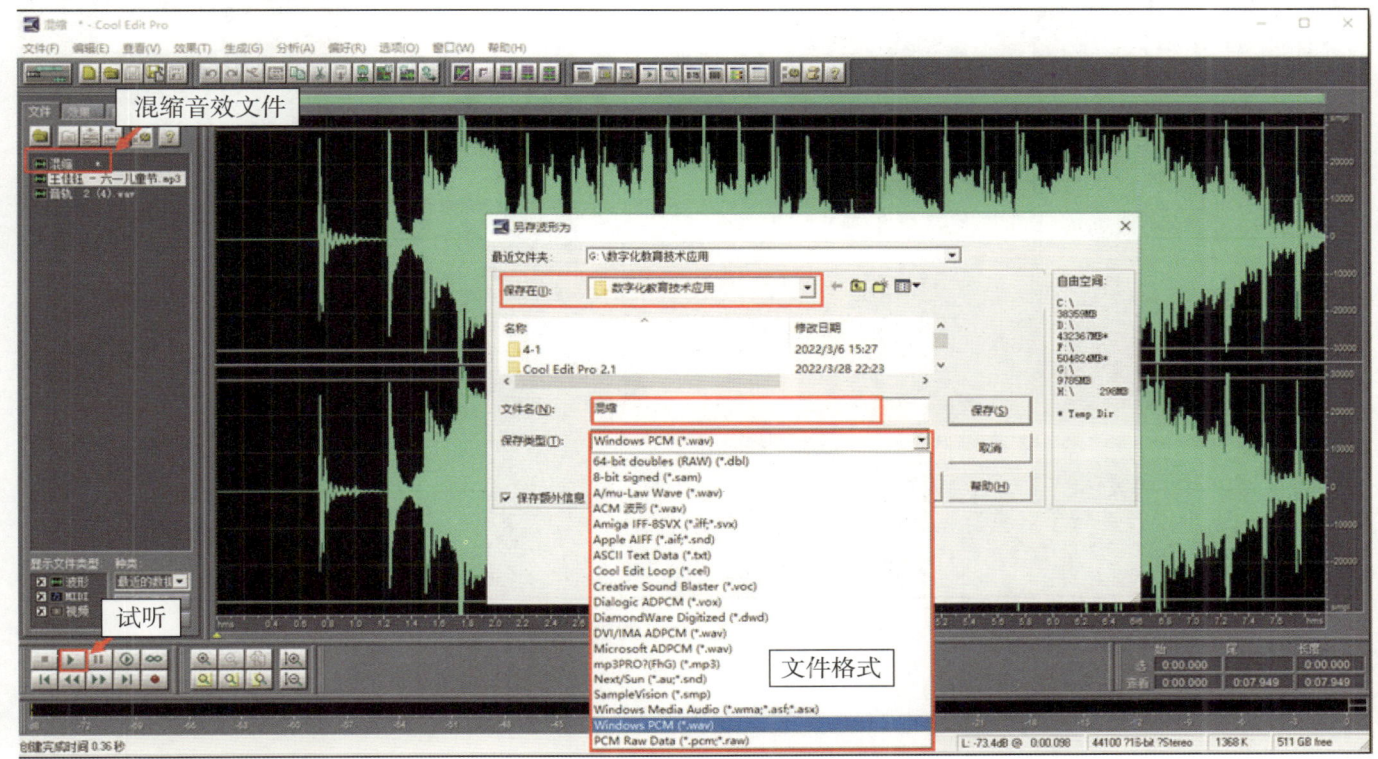

图 4-1-39 音频文件存储

四、视频素材的获取

视频素材的获取方式较多,可以通过手机、微型单反、单反、迷你摄像机、专业摄像机等设备进行录像,也可以通过互联网下载。录制或下载的视频可以通过视频编辑软件进行编辑和处理。

五、动态邀请函的制作

1. 下载并安装剪映。双击桌面快捷方式,打开剪映软件,单击"开始创作",进入创作界面,如图 4-1-40 所示。

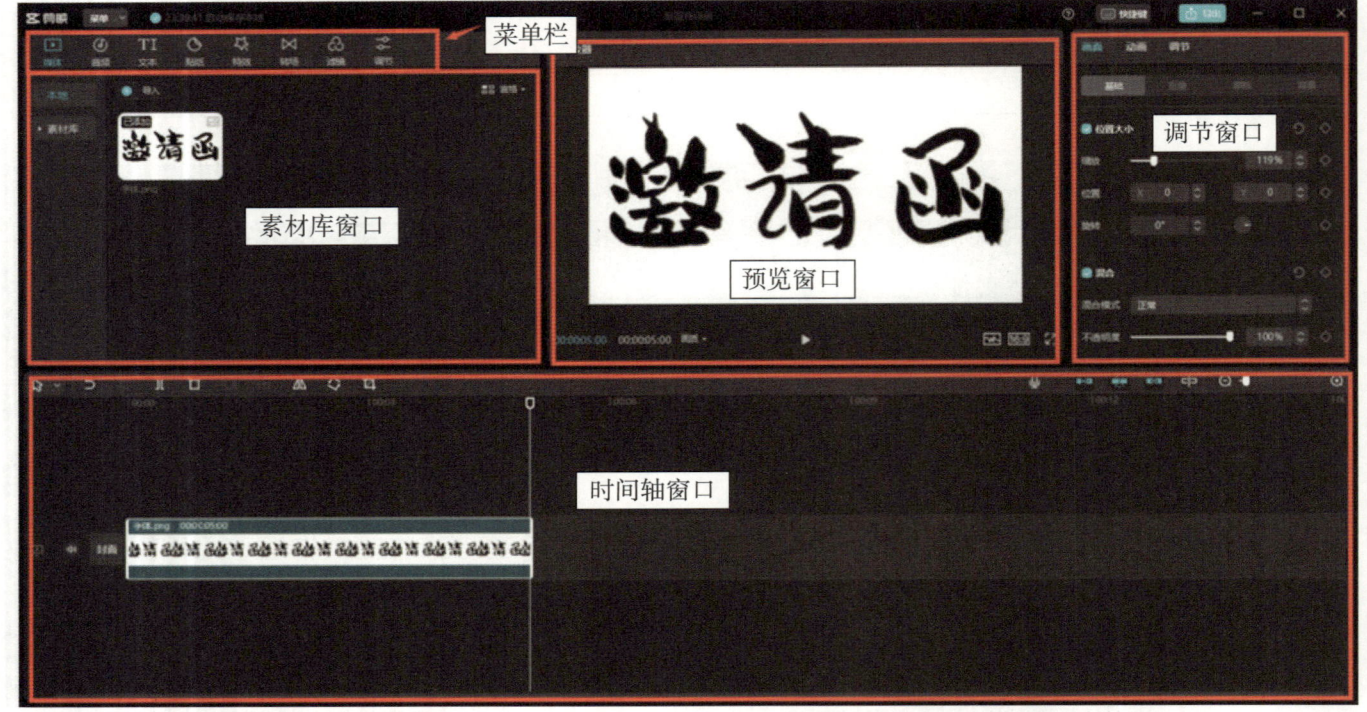

图 4-1-40　剪映创作界面

2.修改创作名称。在软件最上方单击现有名称并修改,如图 4-1-41 所示。也可以在导出时设置创作名称。

图 4-1-41　修改创作名称

3.制作邀请函动态效果。单击"本地"→"导入",选择邀请函图片,单击"打开"按钮,如图 4-1-42 所示。

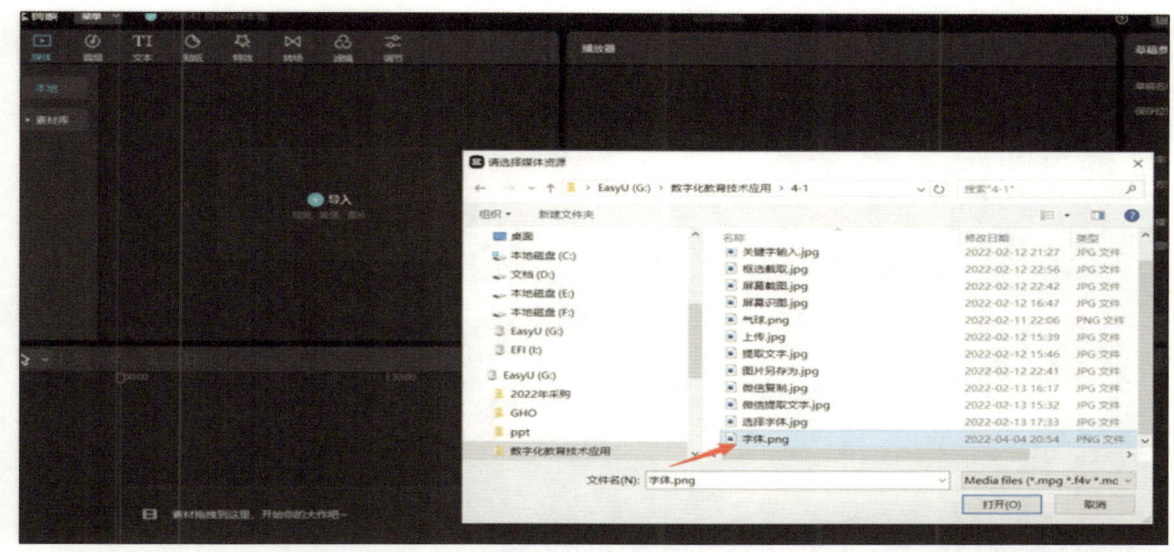

图 4-1-42　图片素材导入

4. 将邀请函图片素材拖拽到时间轴轨道中，或单击素材右下角"+"将素材加入轨道。在预览窗口右下方单击"比例"按钮 比例 ，设置视频画面比例为 16∶9。将光标移动到预览窗口四个角的控制点上，可以调整预览窗口大小，如图 4-1-43 所示。

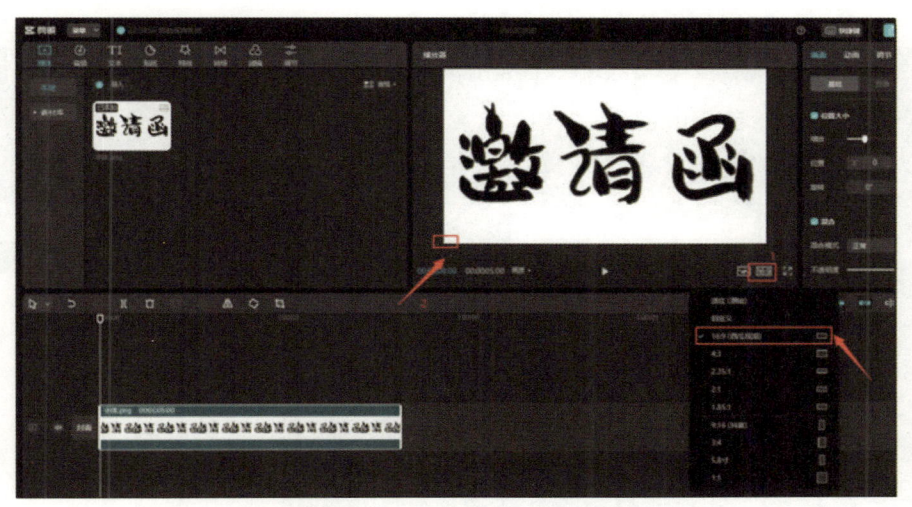

图 4-1-43　设置视频播放比例

5. 在"媒体"→"素材库"中搜索"六一儿童节背景素材"，可下载的素材右下角会显示下载按钮，单击下载按钮。将下载完成的素材拖拽至时间轴第二轨道上。在调节窗口"画面"→"基础"→"混合"→"混合模式"下拉栏中，选择"变亮"模式。选中该背景素材，拖动时间线至裁剪处，单击工具栏中"分割"按钮 或使用快捷键 Ctrl+B 分割，如图 4-1-44 所示。选中分隔线右侧多余素材，按 Delete 键删除。

提示：可以适当拉长邀请函文本素材持续时长。

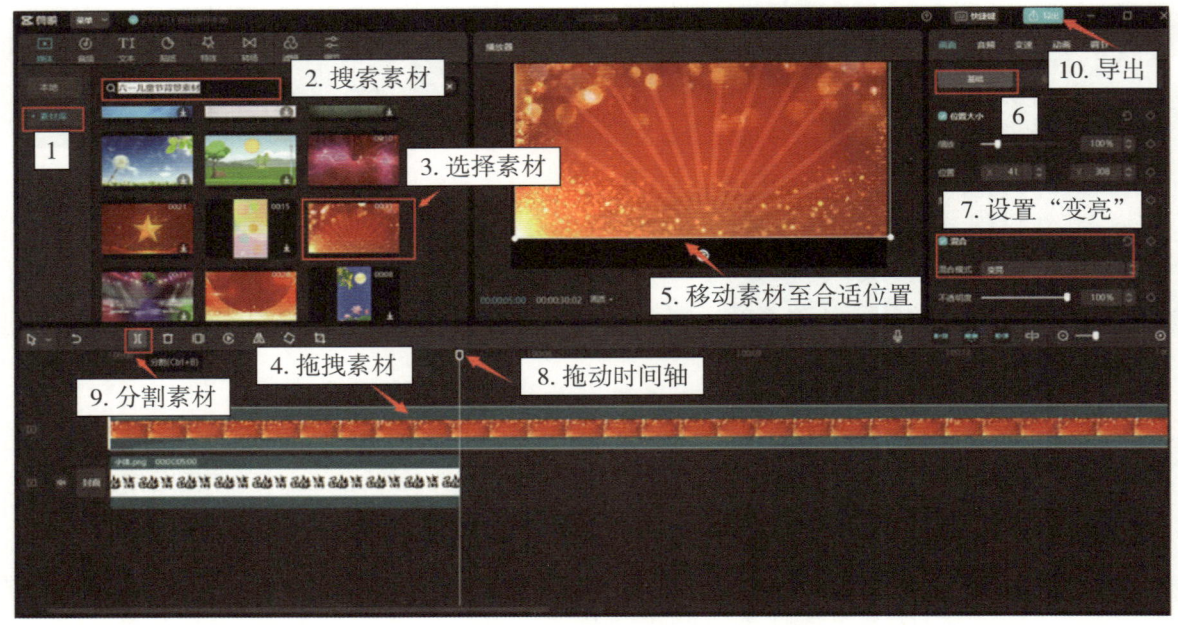

图 4-1-44 分割素材

6. 导出文件。单击剪映软件右上角"导出",弹出"导出"对话框,设置文件存储位置及作品名称,单击"导出"按钮,将背景与文本导出为视频文件,以作为邀请函的开头,如图 4-1-45 所示。

图 4-1-45 导出素材

7. 在素材库中导入制作好的开头,如图 4-1-46 所示。在"媒体"→"素材库"中搜索"宣传片开场",选中所需素材,在素材右下角的下载按钮 上单击,下载完成后将其添加到时间轴轨道。在调节窗口"动画"→"入场"选项卡中选择"渐显"效果,如图 4-1-47 所示。

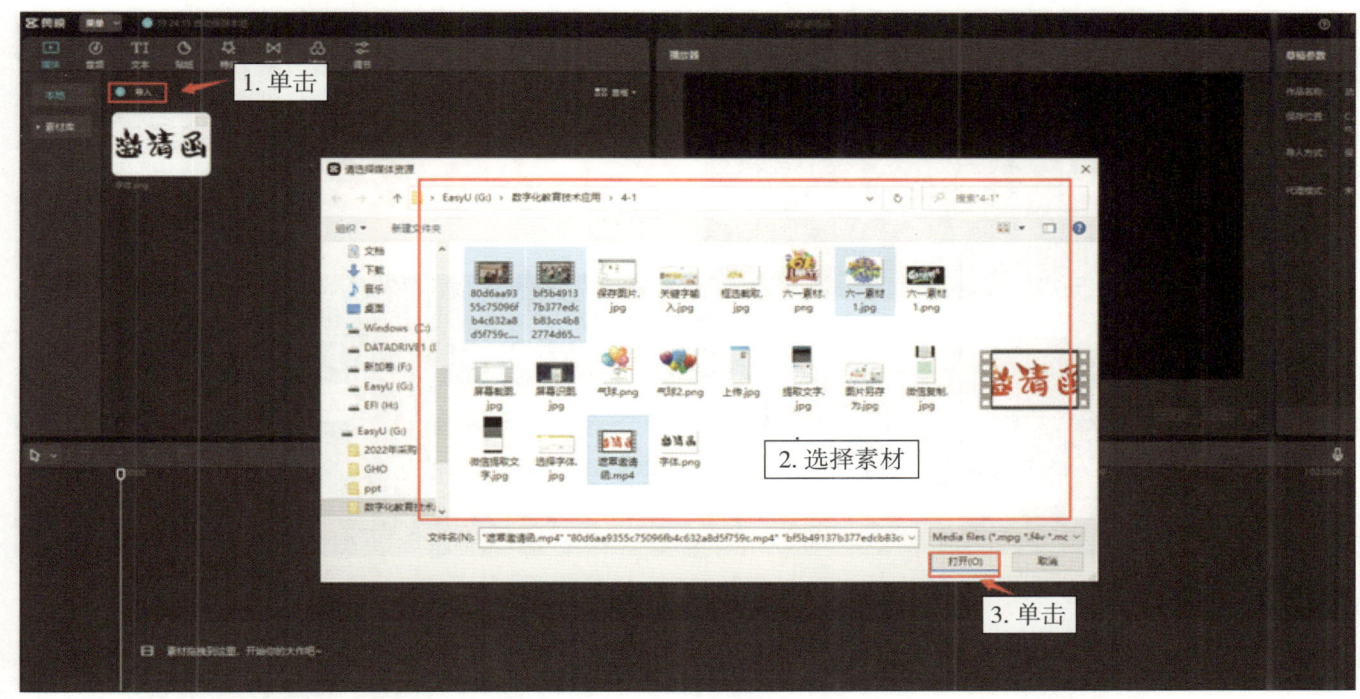

图 4-1-46 导入素材

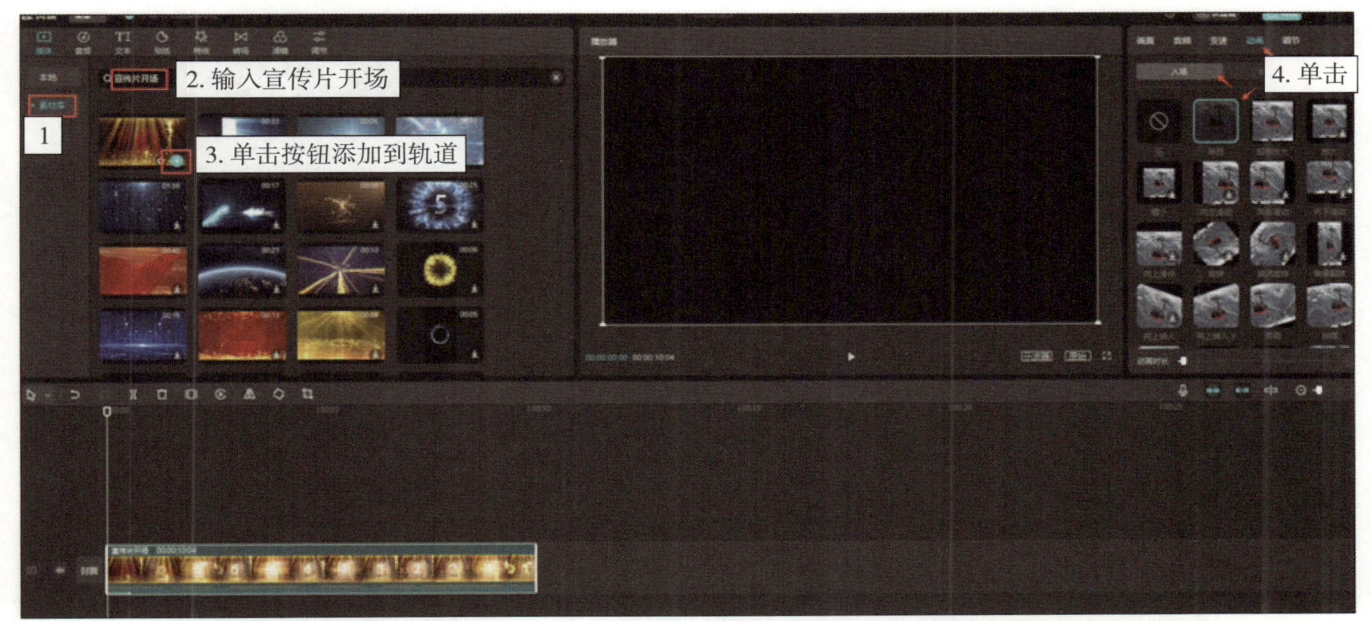

图 4-1-47 入场渐显效果设置

8. 在素材库中搜索 "六一儿童节绿幕视频素材"，下载并将其添加至制作好的开头视频的结尾，添加其他准备好的素材，调整各个素材的时长。可以将光标放在素材的开头或结尾，当光标变成左右箭头光标时，向左向右拖动调整素材时长，也可以在调节窗口 "变速" → "常规变速" 中，通过变速设置调整素材时长，如图 4-1-48 所示。

数字化教育技术应用

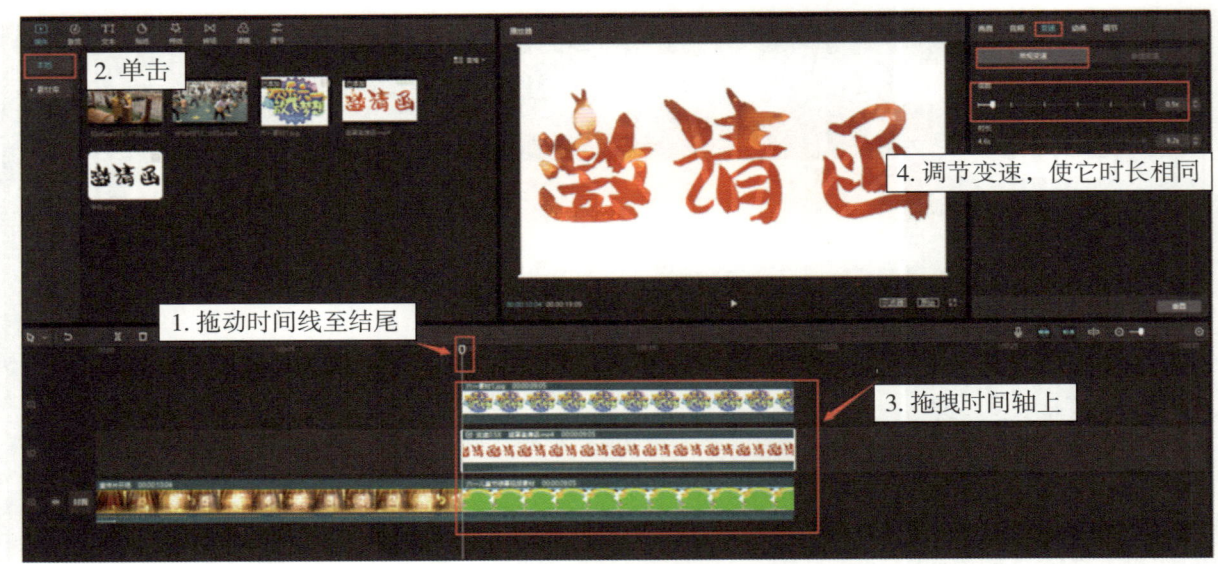

图 4-1-48　调整素材时长

9.设置素材缩放及抠图。分别选中需调整的素材，在调节窗口"画面"选项卡中，分别单击"基础"和"抠像"选项，设置界面分别如图 4-1-49 和图 4-1-50 所示，效果如图 4-1-51 所示。

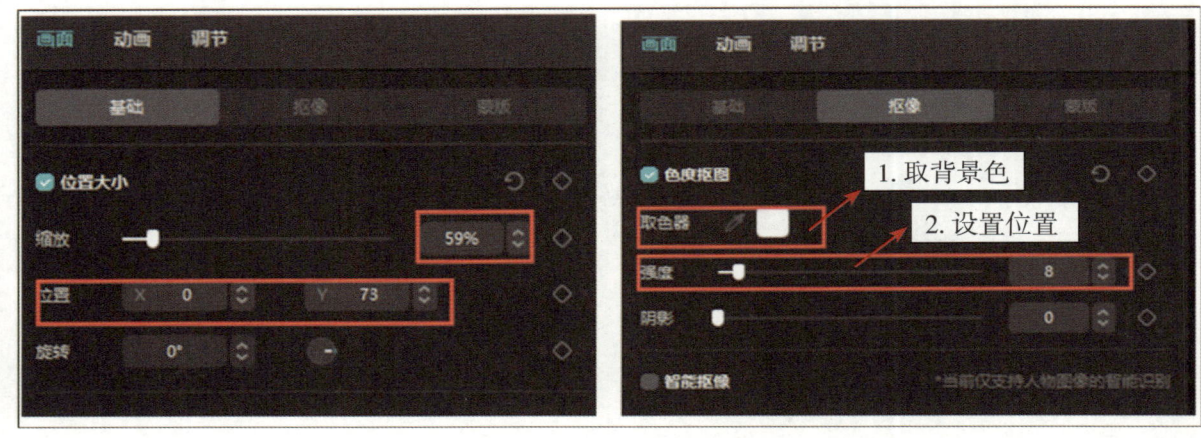

图 4-1-49　基础与抠像设置

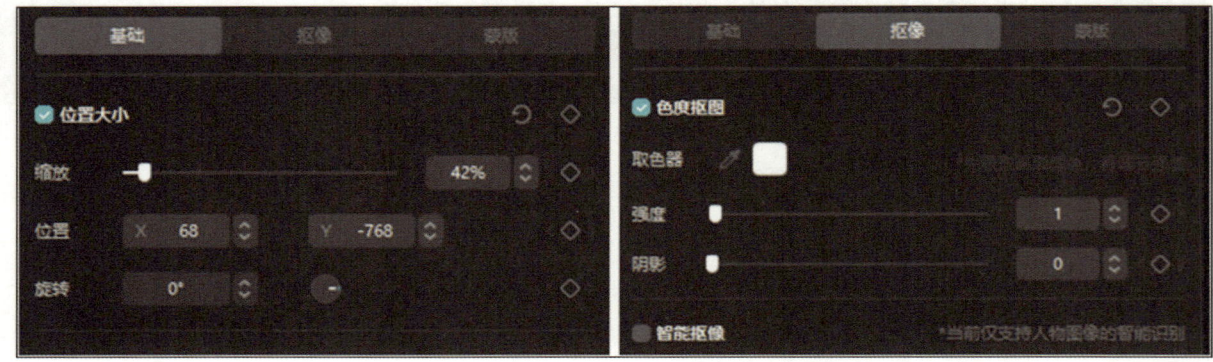

图 4-1-50　缩放与抠像设置

图 4-1-51　设置效果图

10.添加转场与入场效果。设置转场效果，选中轨道1中的素材，选择工具栏中"转场"→"特效转场"中的"放射"选项。再为轨道3和轨道2上的素材设置入场效果，分别选中素材后，在调节窗口"动画"→"入场"选项卡中分别选择"雨刷"和"缩小"选项，如图4-1-52所示。

图 4-1-52　转场与入场设置

11.添加音效。在工具栏中单击"文本"→"新建文本"→"默认文本"，在调节窗口"文本"→"基础"中输入"欢迎各位家长来校参与亲子活动"，再选择"朗读"中"动漫小新"选项，单击"开始朗读"，完成后删除此文本，如图4-1-53所示。

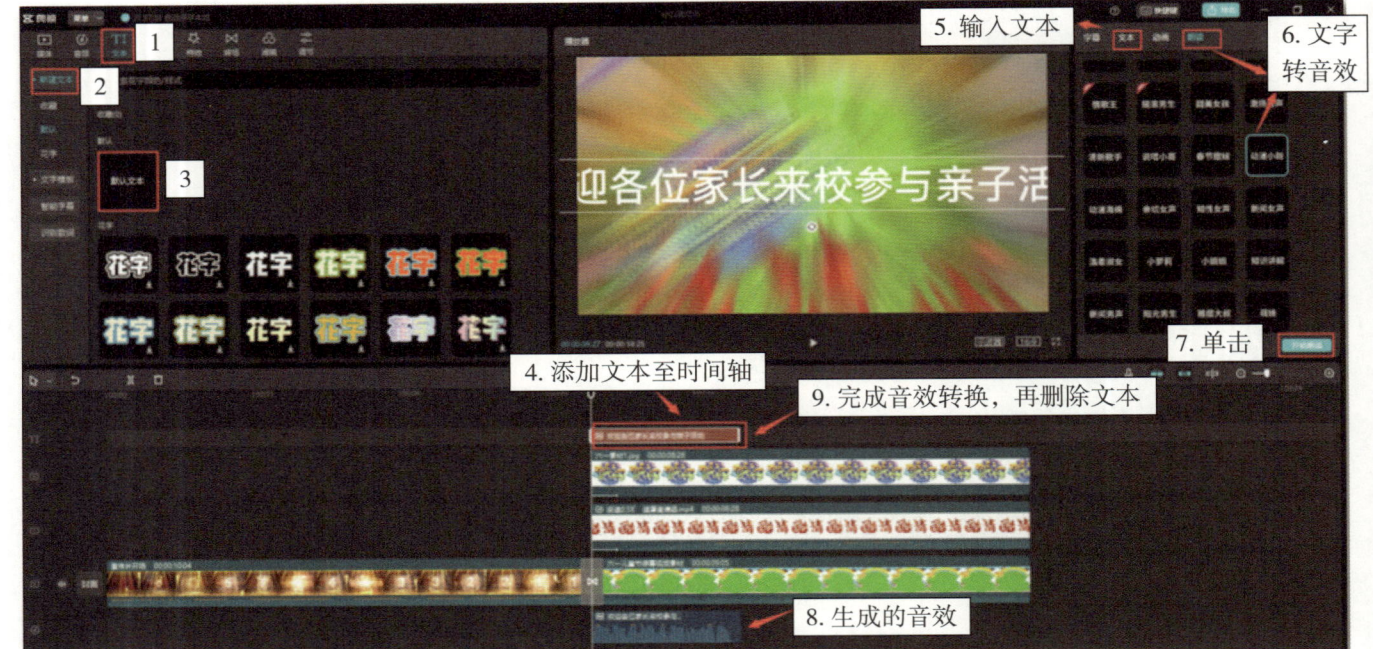

图 4-1-53　添加音效

12. 添加特效。在菜单栏中选择"特效"→"爱心"中的"彩虹爱心"选项，将其添加到轨道中，调整其时长，如图 4-1-54 所示。

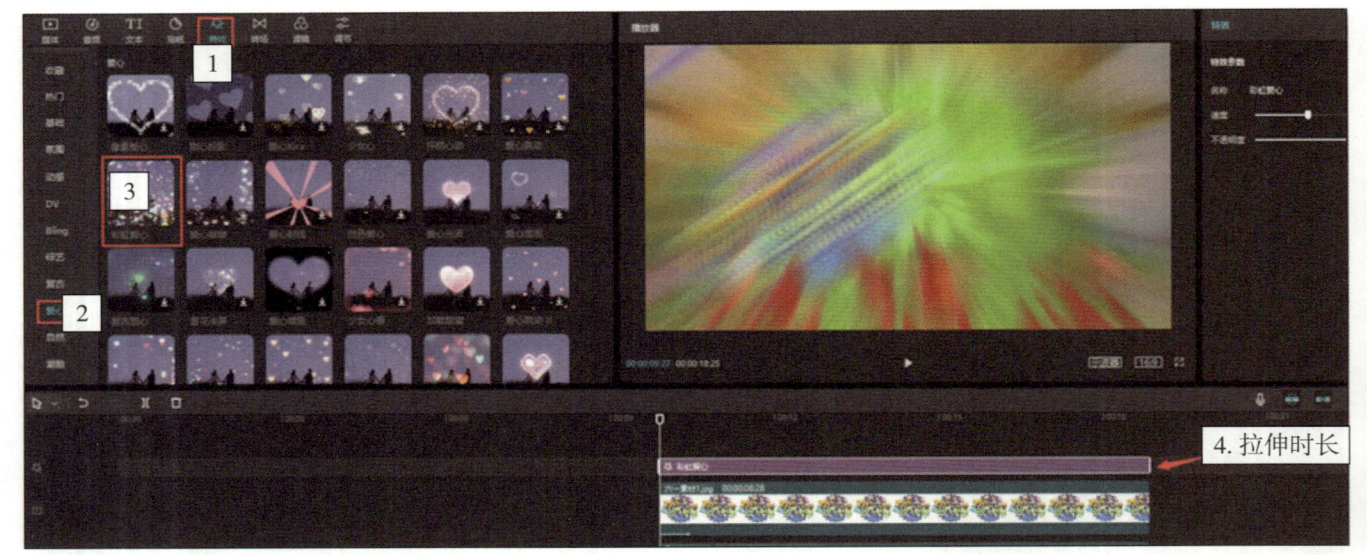

图 4-1-54　添加特效

13. 添加素材及转场。拖动时间线至要添加该素材的位置，在"媒体"→"素材库"中搜索"通雪糕夏天"，选中所需素材，下载并添加到轨道 1 上。在两段素材的连接处，单击菜单栏"转场"→"运镜转场"选项卡中的"推近"选项，设置转场，如图 4-1-55 所示。

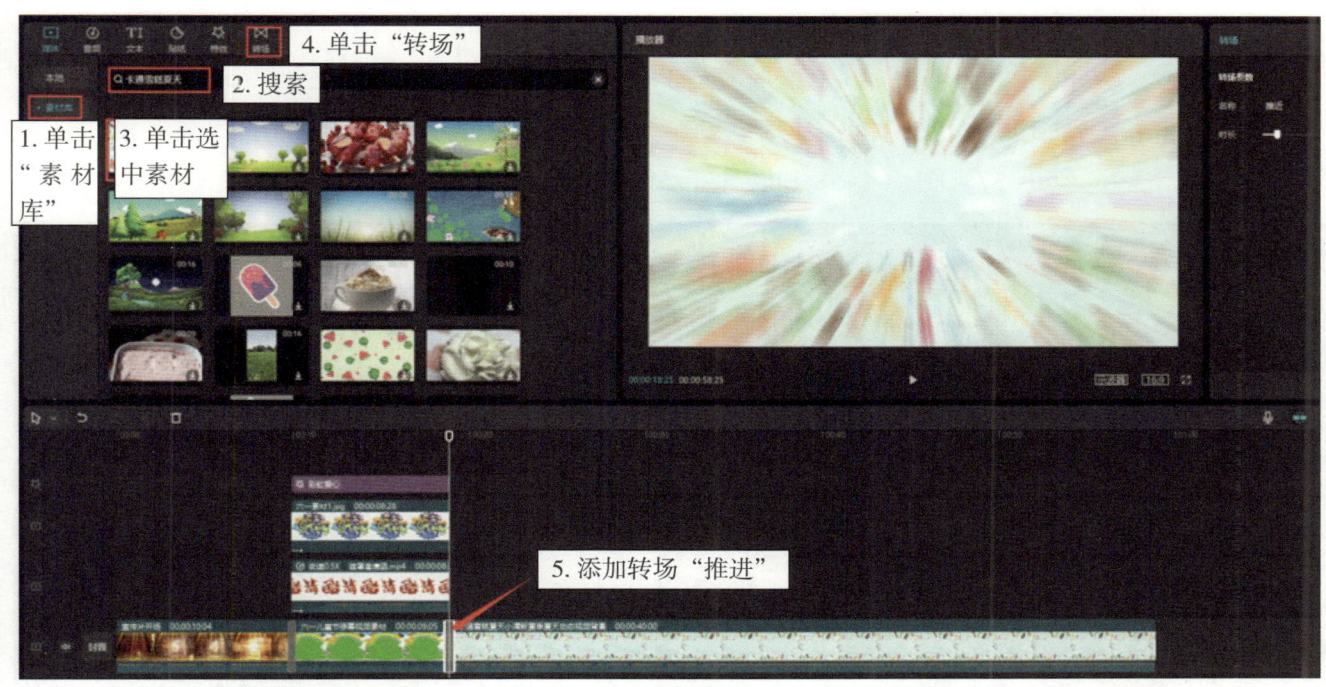

图 4-1-55 设置转场

14. 添加特效。选择工具栏"特效"→"边框"选项卡中的"夺冠"和"美漫"两种特效选项,将二者添加到时间轴中,并调整时长,如图 4-1-56 所示。

图 4-1-56 添加特效

15. 添加文本。单击工具栏"文本"→"文字模板"→"任务清单",选择合适的样式（本次使用第一行左起第二个和第五个），单击"文本"→"文字模板"→"字幕"，选择合适的样式（本次使用第四行左起第二个），每选中一种模板，就在调节窗口"文本"→"基础"选项卡中输入相应文本，效果如图4-1-57、图4-1-58和图4-1-59所示。

图 4-1-57　添加文本"活动目的"

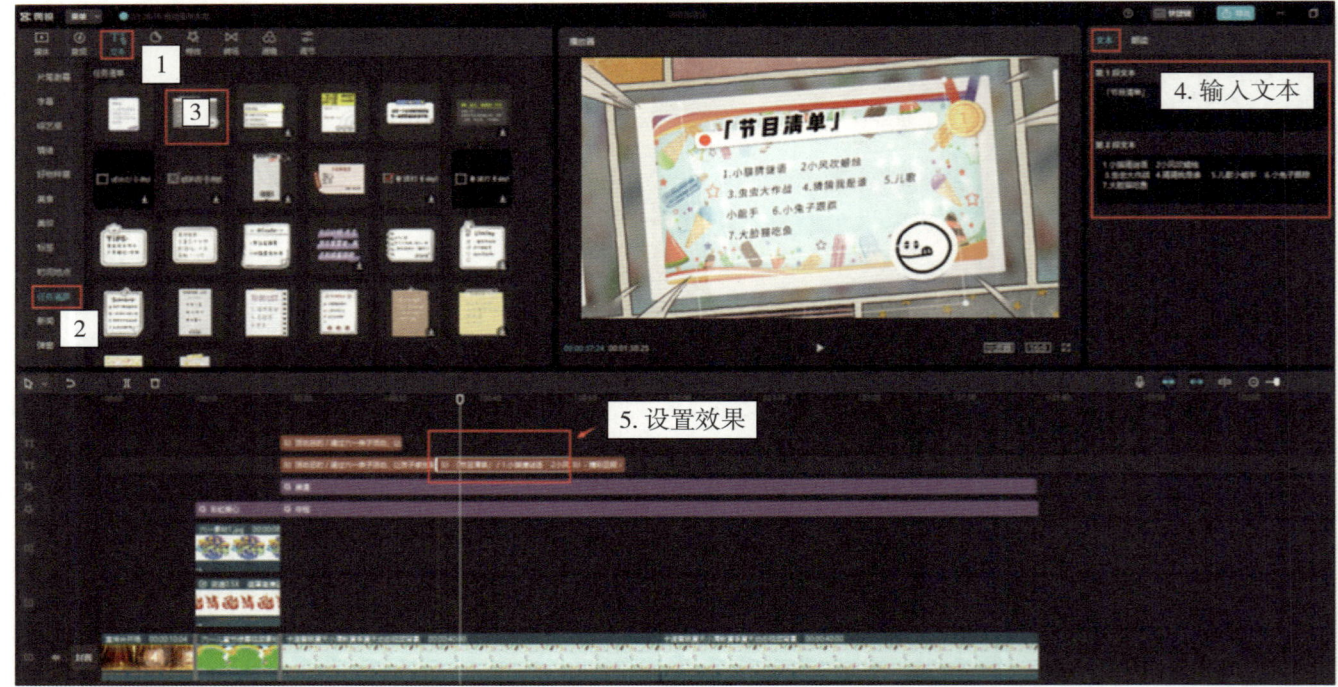

图 4-1-58　添加文本"节目清单"

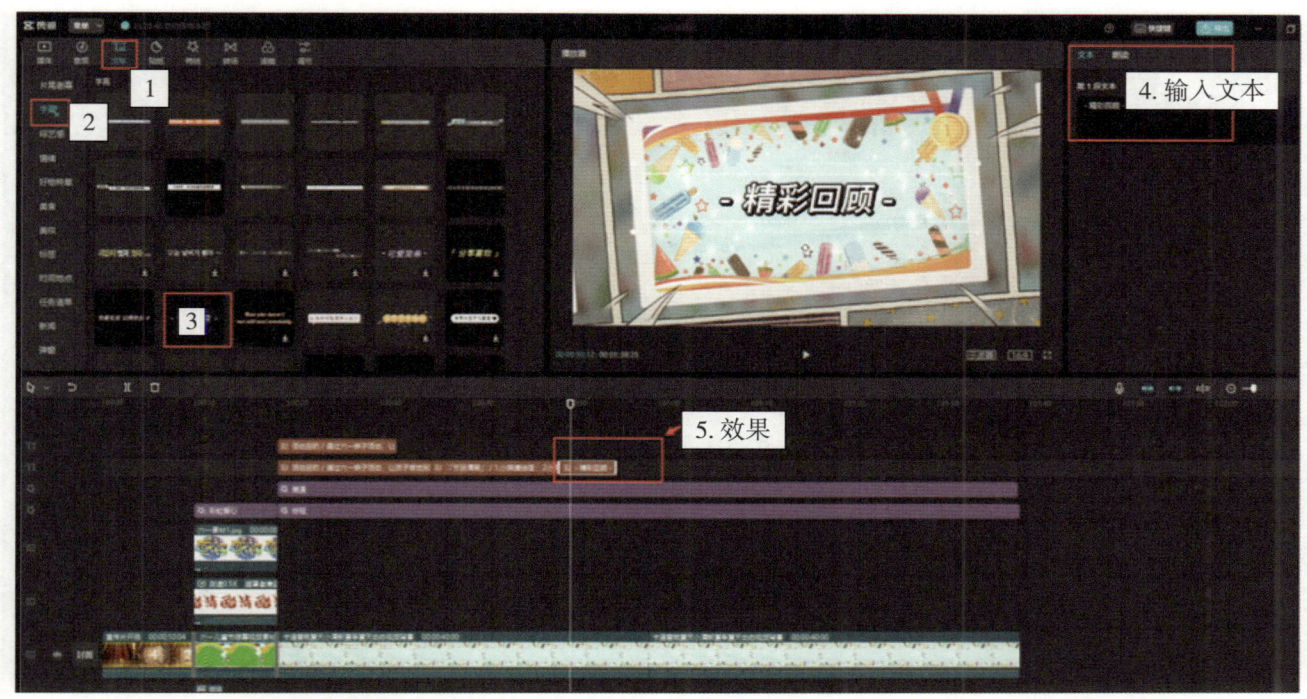

图 4-1-59 添加文本"精彩回顾"

16. 添加视频素材。单击"媒体"→"本地"库，拖拽需要的本地视频至时间轴，并在右侧调节窗口调整视频画面大小，如图 4-1-60 所示。为了丰富邀请函中的内容，可以添加多个幼儿活动时的视频。

图 4-1-60 设置视频画面大小

17. 添加结尾文本。单击工具栏"文本"→"新建文本"→"默认文本"，在调节窗口"文本"→"基础"选项中输入活动时间和地址，如图 4-1-61 所示。

图 4-1-61　添加活动时间和地址

18. 导出动态邀请函。单击软件右上角"导出"命令，导出邀请函视频文件，如图 4-1-62 所示。

图 4-1-62　导出作品

一、单选题

1.Windows 10 系统自带的录音机软件，录制的音频文件默认扩展名是（ ）。

A. MP4　　　　　　B. WAV　　　　　　C. MP3　　　　　　D. AVI

2.微信截图的快捷键为（ ）。

A. Alt+A　　　　　B. Alt+Ctrl+A　　　C. Ctrl+A　　　　　D. Shift+A

3.在 Word 2016 中，用户可以在菜单栏的（ ）选项卡中，单击"屏幕截图"按钮截取图片。

A."开始"　　　　　B."绘图"　　　　　C."插入"　　　　　D."布局"

二、多选题

1.以下有关 Cool Edit Pro 2.1 的描述，正确的是（ ）。

A. Cool Edit Pro 2.1 可以处理多种音频格式，如 WAV、MP3 等

B. Cool Edit Pro 2.1 可以对音频文件进行裁切、编辑、混合等处理

C. Cool Edit Pro 2.1 可以应用各种音效器，如均衡器、韵律处理、时延等

D. Cool Edit Pro 2.1 只能在 Windows 操作系统上运行

2.剪映软件提供的视频编辑功能有（ ）。

A.视频剪辑　　　　B.图片合成　　　　C.音效添加　　　　D.过渡效果添加

三、判断题

1.Cool Edit Pro 2.1 的"多轨编辑"功能可以让用户同时编辑多个音轨。（ ）

2.Cool Edit Pro 2.1 只能处理 WAV 格式的音频文件。（ ）

四、简答题

1.如何使用剪映软件，将文本转换为音频？

2.在电脑版剪映中如何制作画中画效果？

实践与运用

运用本节所学的知识制作一个新年贺卡,完成以下操作。

1. 插入文本,修改文本的大小和颜色。
2. 插入图片作为背景。
3. 插入音频、视频,设置转场、特效、滤镜等。

自我评价与反思

任务 2
制作 HTML5 招生宣传页面

学习任务单

姓名		班级		学习时间	4 课时
序号	任务描述		学习建议	完成效果		
				自己评	同伴评	教师评
1	打开 HTML5 制作页面。		以实际操作为主，选择合适的 HTML5 制作平台，自行查找并应用适合主题的预设模板，根据实际需要修改和调整模板内容，尝试保存修改后的模板。			
2	制作片头动画。		以实际操作为主，掌握在 HTML5 页面制作快闪动画的方法。			
3	HTML5 页面设置。		以实际操作为主，掌握在 HTML5 页面插入图片文本、音乐、组件等的方法，根据实际需要设置图片文本、音乐的样式及动画效果，选择合适的组件完成页面设置。			
4	保存并分享 HTML5 页面。		以实践操作为主，掌握 HTML5 页面的保存方法，将制作好的页面分享给同学。			
学习反思						

　　作为一位幼儿保育工作者，苏老师一直坚信"教育为本，孩子至上"的理念，致力于为每一个幼儿提供优质的教育资源和良好的成长环境。因此，她决定利用HTML5（以下简称H5）页面制作一份幼儿园招生宣传页，展现当下幼儿教育的发展成果及幼儿工作者的精神风貌。在这份招生宣传页面中，苏老师想要呈现幼儿园的特色课程、优质师资力量及儿童成长环境等信息，她打算通过生动形象的文字、图片及视频展示，让家长们更加直观地了解幼儿园的教育理念和教学风格。同时，苏老师还想在招生宣传页中特别强调幼儿教育的重要性，弘扬党的二十大报告提出的"办好人民满意的教育，全面贯彻党的教育方针，落实立德树人根本任务，培养德智体美劳全面发展的社会主义建设者和接班人"，让家长们更放心地参与到幼儿教育的共同建设中来。

请思考

1. 在H5页面中如何使用预设的优秀模板？
2. 在H5页面中如何制作快闪动画？
3. 在H5页面中如何插入图片和文本？
4. 在H5页面中如何设置二维码、地图等组件？

　　为了方便快捷地完成无纸化招生宣传和报名，我们可以制作一个H5招生宣传页面并分享链接，让家长可以方便快捷地了解学校情况和招生信息，从而做出选择。此外，我们可以建立网上报名流程提示，引导家长快速完成入校报名。

　　H5页面是基于HTML5技术开发的网页页面，是集音乐、文字、动画、视频、图片、链接等多种形式为一体的多媒体展示页面。它具有丰富的组件和特效且交互功能强大。H5页面应用在学校活动展示、招生宣传等方面时均能达到良好的效果，且成本低、操作简单。

　　在线制作H5页面的网站很多，用户较多的有乔拓云、易企秀、Epub360、MAKA、兔展等。本次任务是在线制作一个H5招生宣传页面。下面将以易企秀网站为例介绍制作H5页面的方法。

 模块四 幼儿园多媒体技术应用

任务实施

一、打开 H5 制作页面

1.打开易企秀首页,在首页右上角单击"登录"按钮 ,弹出登录界面,手机端微信扫码确认后方可登录,如图 4-2-1 所示。

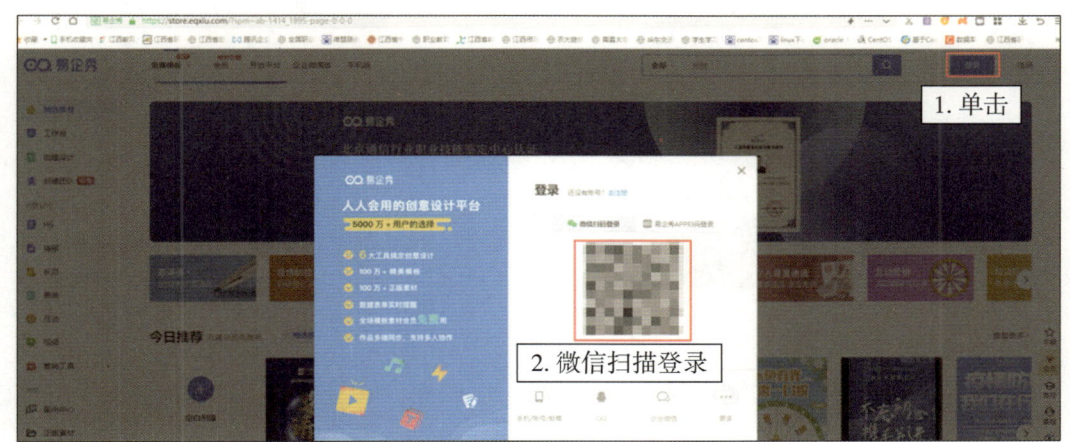

图 4-2-1 登录界面

2.在首页顶端搜索框中输入"幼儿园招生宣传模板",单击搜索按钮,在"价格区间"处单击选中"免费"复选框,在刷新后的页面中选择需要使用的模板,如图 4-2-2 所示。

图 4-2-2 选择模板

3.选中想要的模板的超链接,进入预览页面,单击"下一页"按钮查看全部页面,在右侧窗格中单击"免费制作"按钮,如图 4-2-3 所示,即可在该模

版的基础上制作。

图 4-2-3　预览页面

4. 打开模板，在右侧窗格中选择第一个页面，单击"复制当前页面"按钮，在编辑窗格中单击选中多余的素材，按 Delete 键删除，如图 4-2-4 所示。

图 4-2-4　复制页面及删除多余素材

二、制作片头动画

1. 单击右侧窗格"页面管理"，选择第一个页面，在页面顶端工具栏中单击"组件"→"视觉"→"快闪"，如图 4-2-5 所示。

图 4-2-5 设置快闪

2. 在右侧窗格单击"快闪",进入快闪编辑页面。在快闪第 1 幕一栏单击"背景"图标 ▨ ,弹出"幕背景"对话框,在"纯色背景"中选择"红色",并单击"关闭"按钮 × ,关闭"幕背景"对话框,如图 4-2-6 所示。

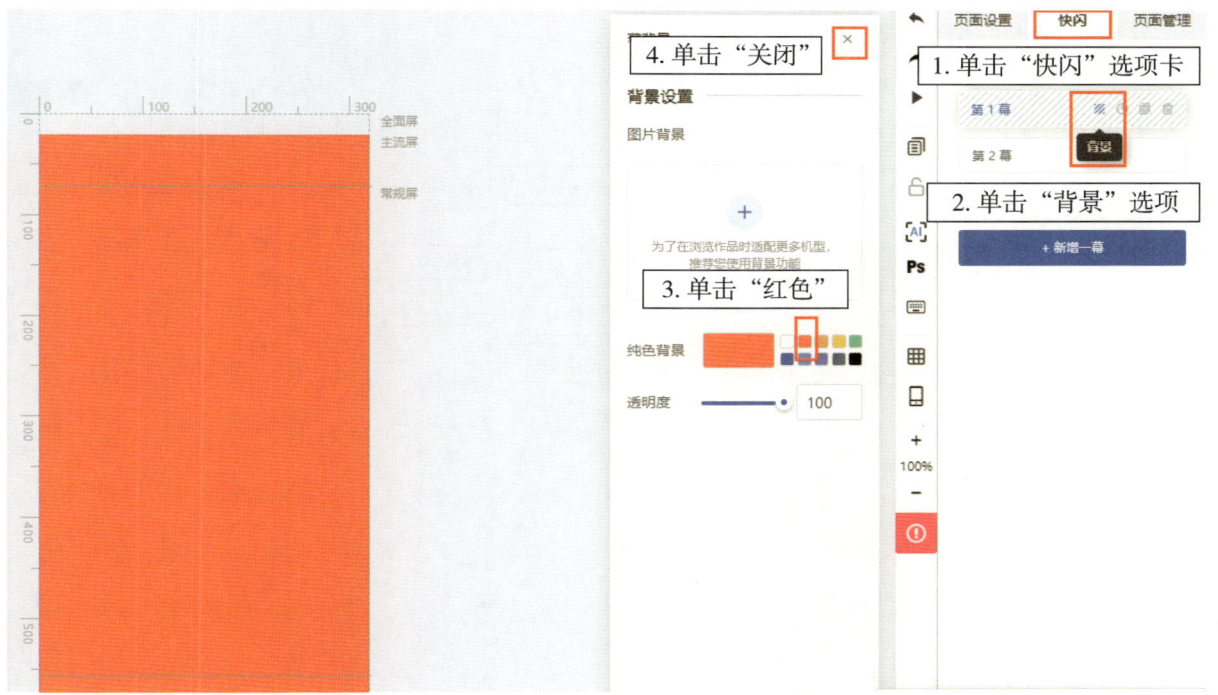

图 4-2-6 设置快闪背景

3. 选中第 1 幕,使用快捷键 Ctrl+A 全选,使用快捷键 Ctrl+X 剪切,再单击第 3 幕,使用快捷键 Ctrl+V 粘贴,如图 4-2-7 所示。

图 4-2-7　粘贴背景

4.选中第 1 幕，在顶端工具栏中单击"文本"图标 ，输入文本，在弹出的"组件设置"对话框中单击"样式"，设置字体为站酷快乐体、字号为 64 px、文本颜色为黄色，调整文本框的大小及位置，如图 4-2-8 所示。注意：文本框最好不要超出常规屏分隔线。

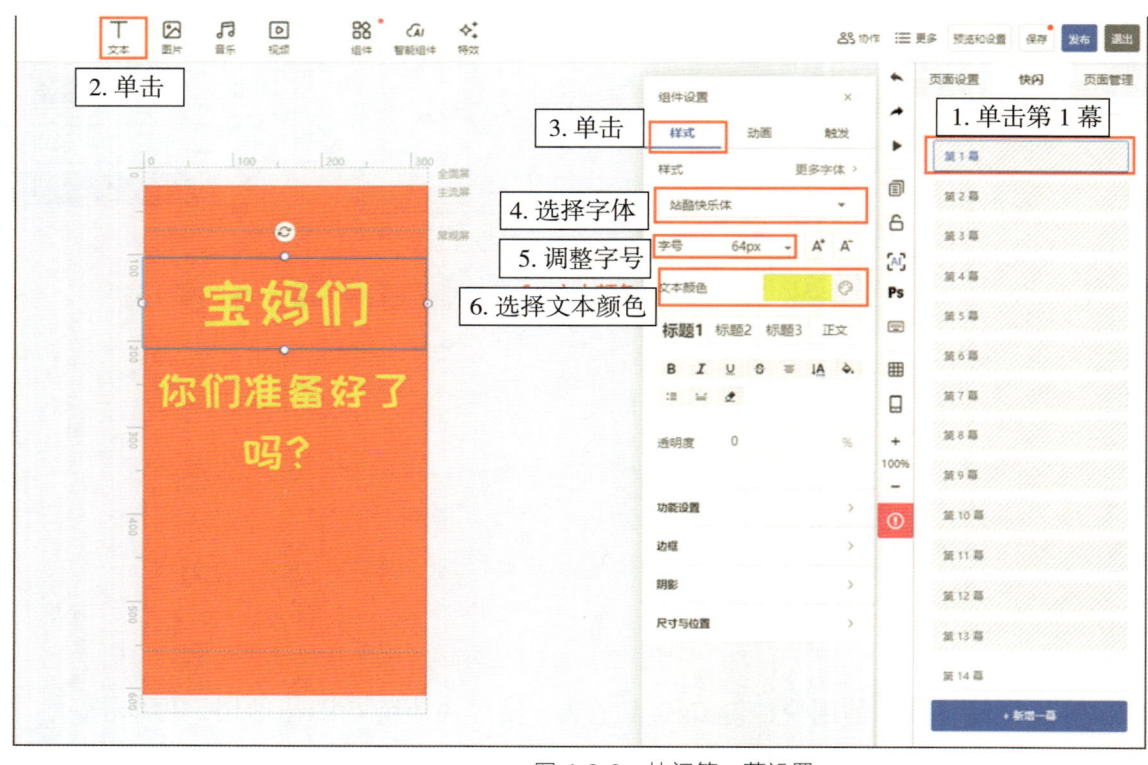

图 4-2-8　快闪第一幕设置

5. 设置文本动画效果。在"组件设置"对话框中单击"动画",在"动画1"旁的按钮处单击,在"进入"→"文字动画"选项卡中选择"中心放大"选项。单击"添加动画"按钮,设置动画2,在"强调"→"文字动画"中选择"放大抖动"选项,如图4-2-9所示。

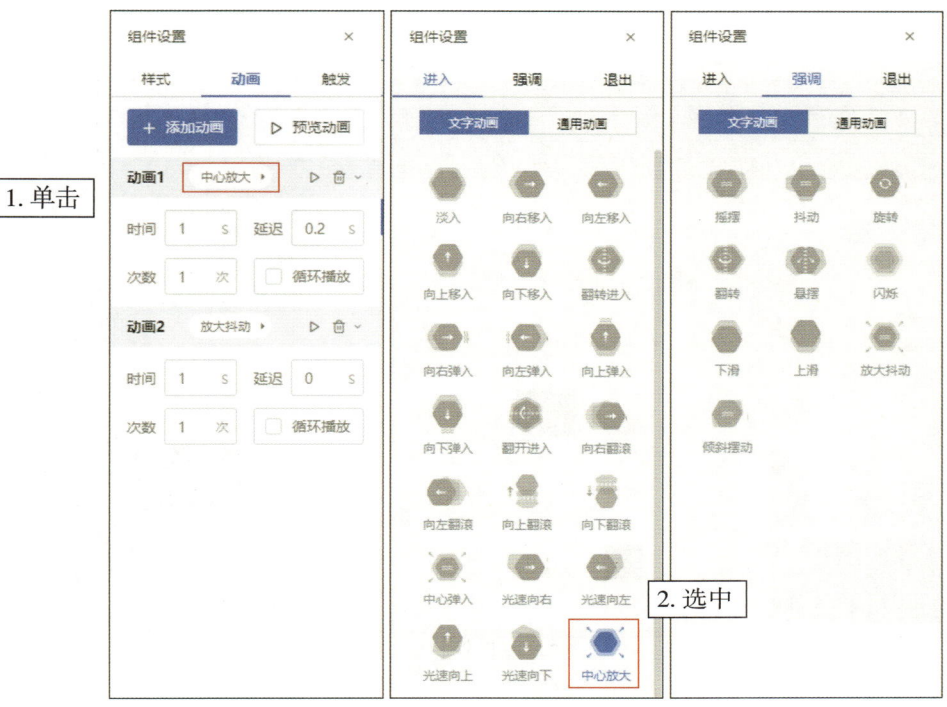

图 4-2-9　快闪动画设置

6. 按照上述方法,添加文本,根据需求设置文本样式及文本动画,如图4-2-10所示。

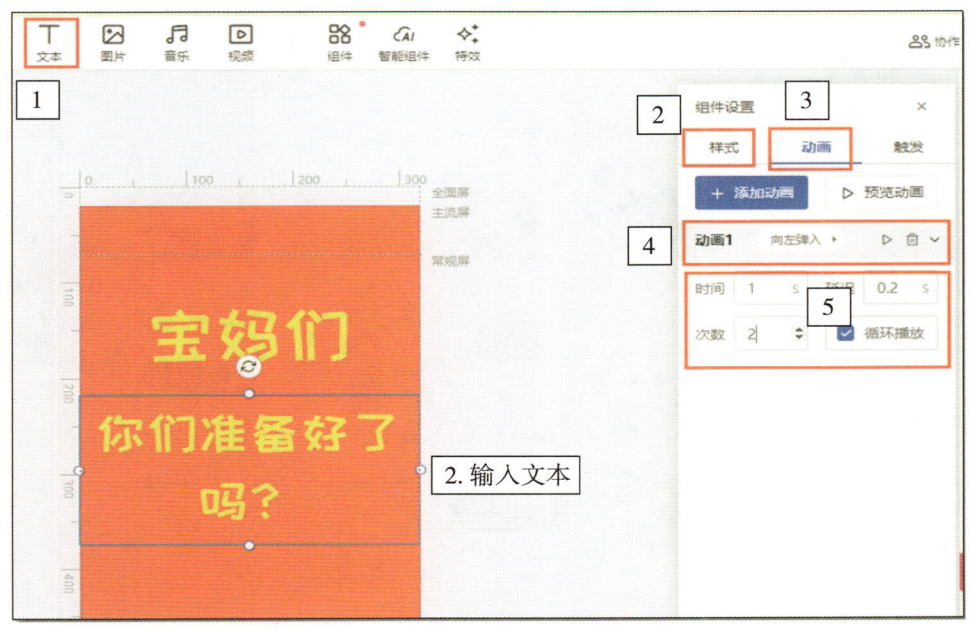

图 4-2-10　文本样式与动画设置

三、页面设置

（一）插入图片，设置动画

1. 在页面顶端工具栏中单击"图片"图标 ，弹出"图片库"窗口，单击"本地上传"按钮，弹出"打开"对话框，选择需要上传的素材图片，单击"打开"按钮，如图 4-2-11 所示。

图 4-2-11　上传图片

2. 返回图片库窗口，在其中单击需要的图片，如图 4-2-12 所示，即可将该图片插入页面中。如果需要在图片库中删除已上传图片，单击图片右上角的图标，即会弹出图标下拉列表，选择"删除"，在弹出的删除对话框中单击"确认"按钮删除。

图 4-2-12　"我的图片"界面

3. 在页面中单击插入的图片,光标移至图片四个角的控制点上,调整图片的大小及位置,在"组件设置"→"动画"中设置图片动画效果为"淡入",如图 4-2-13 所示。

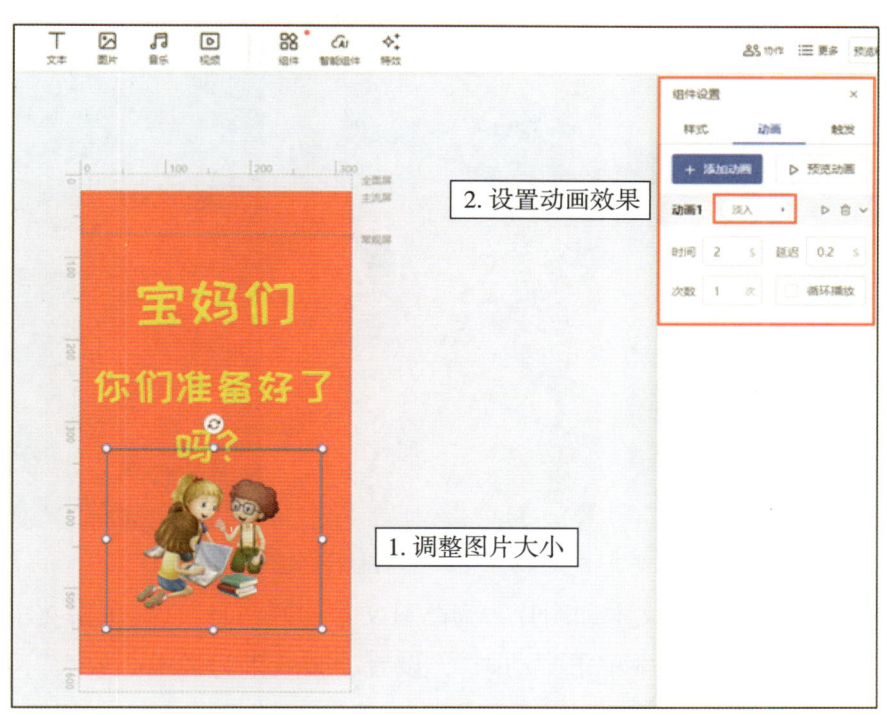

图 4-2-13　调整图片大小及动画

4. 在"第 1 幕"一栏单击"复制"按钮,生成第 2 幕,如图 4-2-14 所示。再按照上述方法,设置第 2 幕中文本的样式和动画,上传并插入图片,效果如图 4-2-15 所示。

图 4-2-14　快闪画面的复制　　　图 4-2-15　第 2 幕设置效果图

5. 在第 2 幕一栏单击"复制"按钮生成第 3 幕，以此类推，第 3 幕、第 4 幕、第 5 幕设置效果如图 4-2-16 所示。

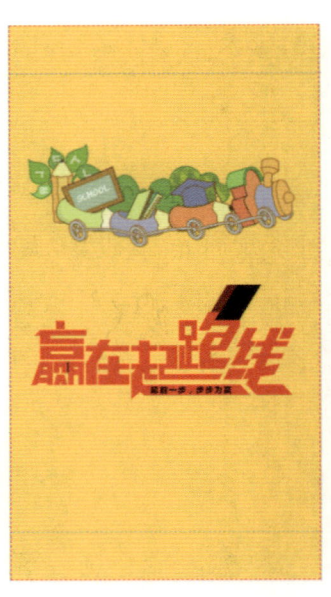

图 4-2-16　第 3 幕至第 5 幕设置效果图

6. 单击第 6 幕，添加文本和图片，为凸显文本"好消息"，在单击文本框弹出的"组件设置"对话框中单击"动画"，设置动画效果为"中心放大"，并设置次数为 3，勾选"循环播放"，如图 4-2-17 所示。（备注：单击"预览动画"按钮即可实时预览当前设置的动画效果。）

图 4-2-17　第 6 幕设置效果图

7. 单击第 7 幕，按照上述方法，设置文本的样式和动画，上传并插入图片，如图 4-2-18 所示。备注：右击文本，在弹出下拉列表中单击"置顶"选项，可将文本置于最上层，防止其被遮挡。

图 4-2-18　文本动画及置顶设置

8. 选中第 7 幕，按照上述方法，在单击文本框弹出的"组件设置"对话框中设置文字"样式""动画""触发"效果，如图 4-2-19 所示。

图 4-2-19　设置文本"动画"和"触发"

（二）设置第二页

1. 在右侧窗格"页面管理"选项卡中，选择第二个页面，单击选中模板中多余的素材，按 Delete 键删除，修改文本为"秀秀幼儿园招生啦"，如图 4-2-20 所示。

图 4-2-20　修改模板

2. 插入图片，调整大小。选中幼儿园招生图片，在弹出的"组件设置"对话框中，单击"样式"选项卡，再单击"抠图"，弹出"智能抠图"页面，选择"自动抠图"后单击"完成"按钮即可完成智能抠图，如图 4-2-21 所示。

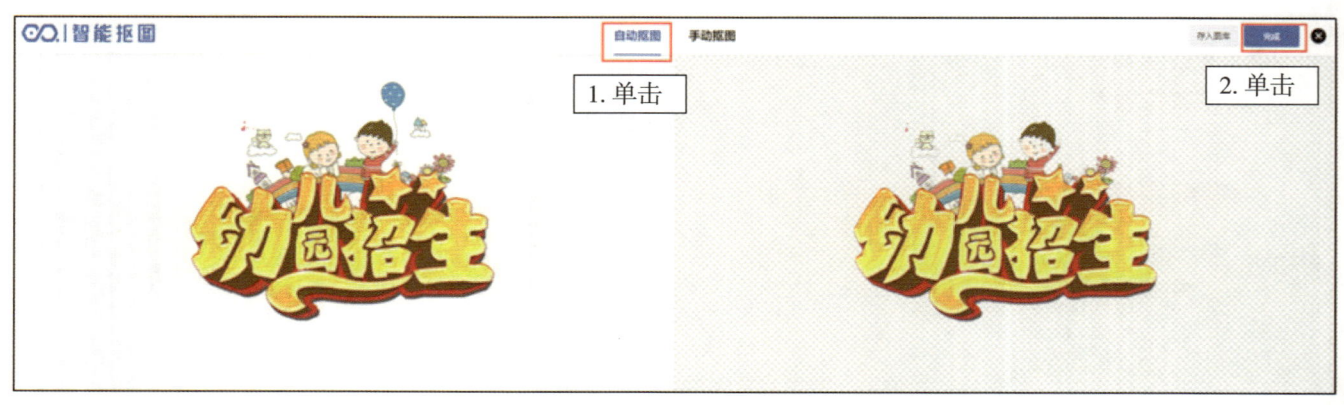

图 4-2-21　智能抠图

3. 设置幼儿园招生图片动画，在"动画"→"动画1"→"进入"中选择"粒子进入"选项，如图4-2-22所示。

图4-2-22　幼儿园招生图片动画设置

（三）设置第三页

1. 在右侧窗格"页面管理"选项卡中，选择第三个页面，删除多余素材。

2. 选中第三个页面，在左侧窗格"推荐"选项卡中，选择一个合适的模块，将其添加到页面合适位置。在"图层管理"→"模板设置"对话框中输入文本"办学理念"，如图4-2-23所示。备注：如果添加的模块在现有图层之下，可在右侧窗格"图层管理"选项卡中，拖动模块至其他素材之上。

图4-2-23　添加模块及图层移动

3. 在顶端工具栏单击"组件"→"视觉"→"轮播图",在弹出的"组件设置"→"样式"中可以选择轮播图风格,添加轮播图片,设置轮播图样式、切换方式、切换时间等,如图 4-2-24 所示。

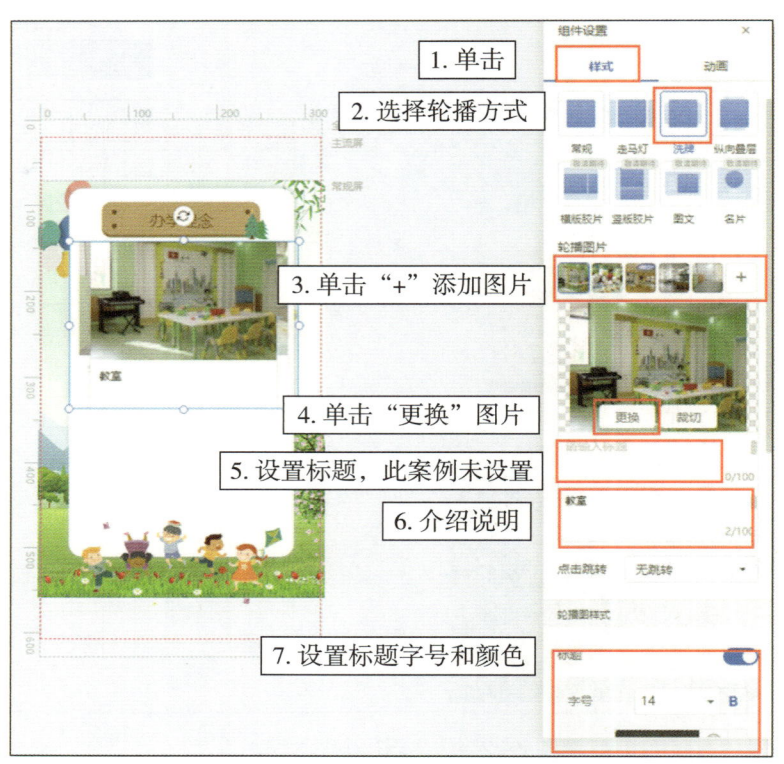

图 4-2-24　设置轮播效果

4. 添加文本,设置文本样式及动画,如图 4-2-25 所示。

图 4-2-25　字体样式及动画设置

（四）设置第四至第七页

重复以上操作，根据需求设置第四至第七页，效果如图 4-2-26 所示。

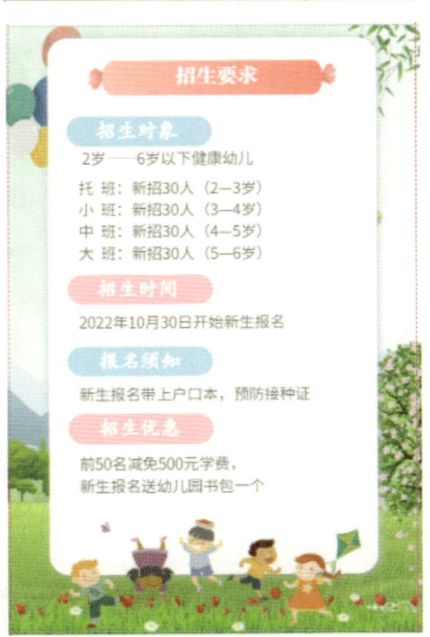

图 4-2-26　第四至第七页设置效果图

（五）设置第八页

1. 在右侧窗格"页面管理"选项卡中，选择第八个页面，在顶端工具栏单击"组件"→"功能"→"地图"，如图 4-2-27 所示。

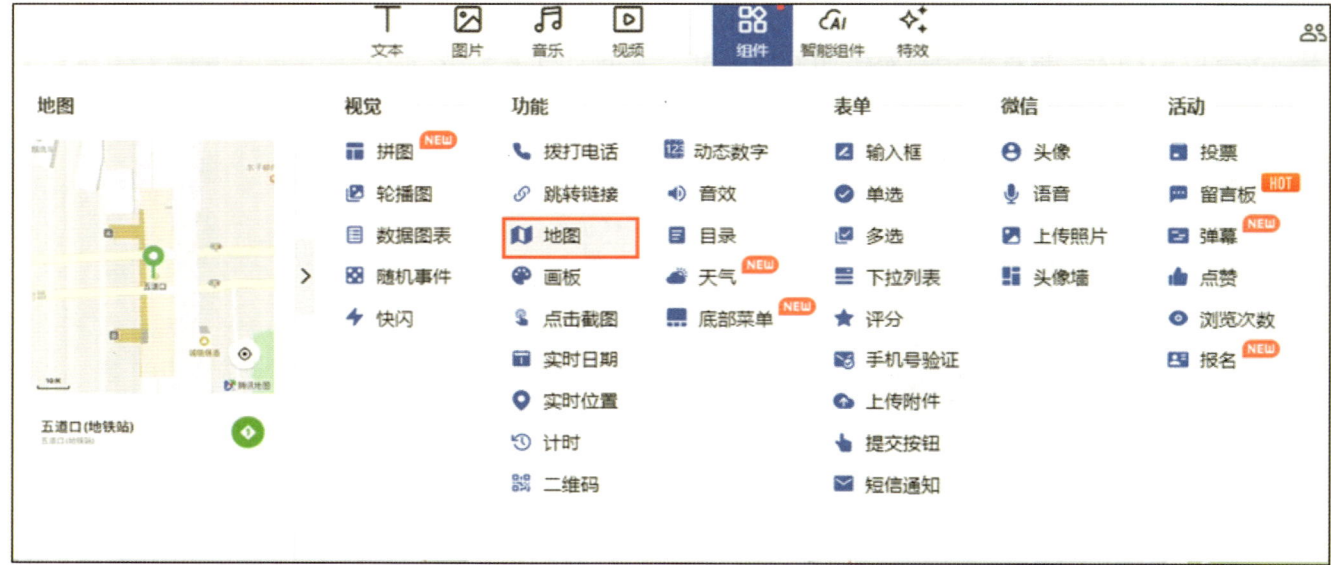

图 4-2-27　添加地图

2. 在页面中单击插入的地图,光标移至图片四个角的控制点上,调整地图大小,在"组件设置"中设置地图"样式",如图 4-2-28 所示。

图 4-2-28　设置地图大小及样式

3. 应用其他模板中的页面来替换自身页面。按照第 3 步中的方法选择模板，进入模板制作页面，在右侧窗格"页面管理"选项卡中，选择模板合适的页面，单击"存为我的模板"按钮，如图 4-2-29 所示。

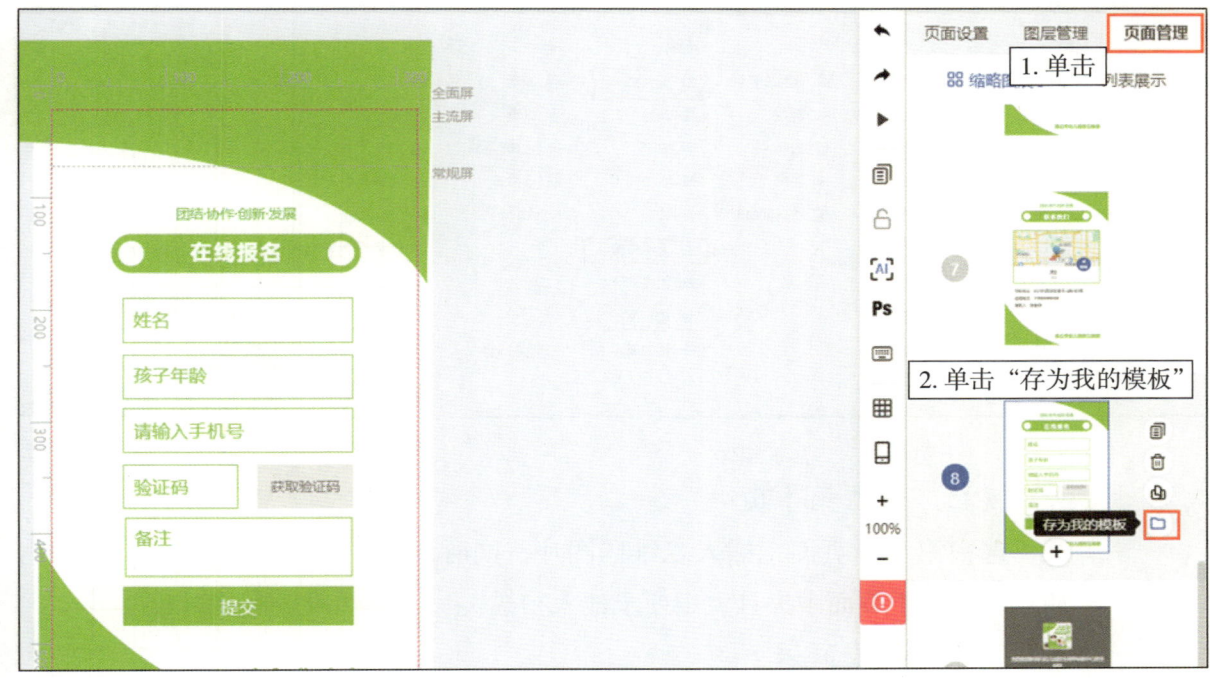

图 4-2-29　保存模板

（六）设置第九页

1. 选中第九个页面，在左侧窗格单击"单页"，在"单页"选项中单击"我的"选项，单击选中需要的页面模板后会弹出页面模板覆盖对话框，单击"是"按钮，如图 4-2-30 所示。

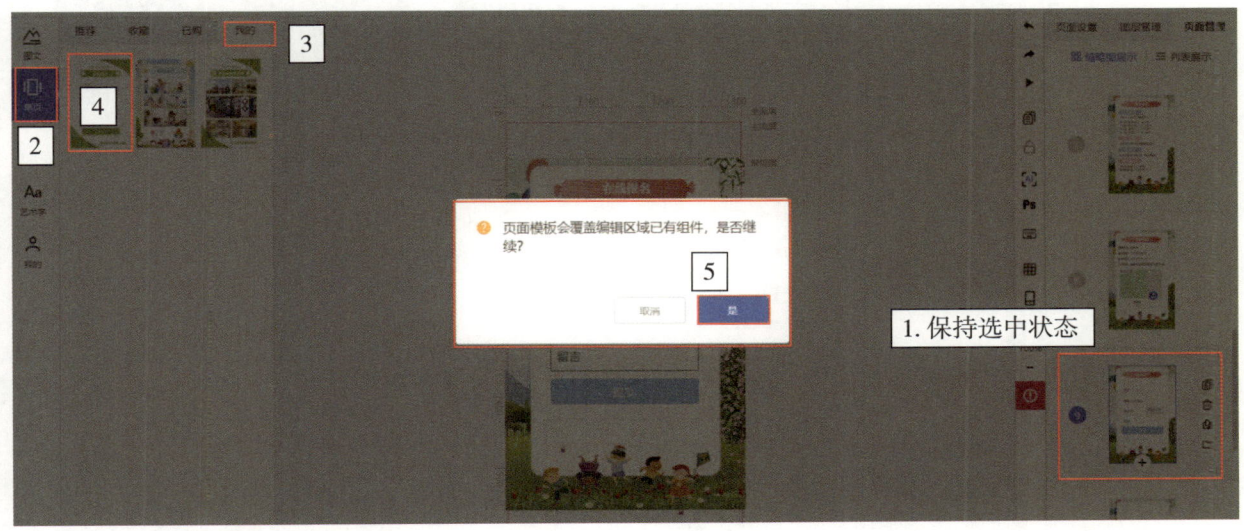

图 4-2-30　覆盖原有页面

2. 选中第九个页面，在顶端工具栏单击"组件"，分别选择"输入框""手机号验证""留言板""提交按钮"等添加到页面中，如图4-2-31所示。调整各组件的大小及位置，效果如图4-2-32所示。

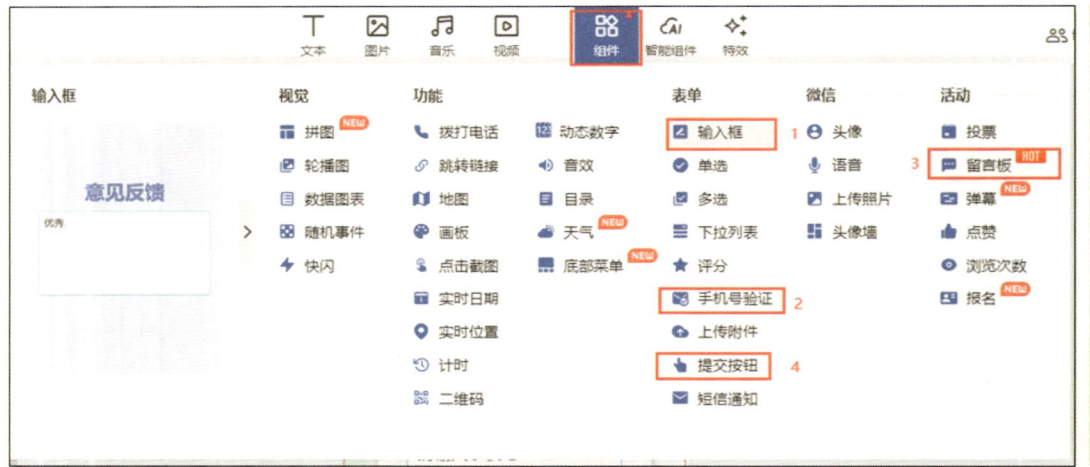

图4-2-31　添加组件　　　　　　　　　图4-2-32　组件设置效果图

（七）设置第十页

选中第十个页面，插入二维码图片，同时调整图片大小、位置、动画等，使二维码处于页面中央且大小便于他人扫描。

（八）更改音乐

在顶端工具栏单击"音乐"→"更改音乐"，单击音乐可进行试听，单击"音乐库"窗格右下方的"立即使用"按钮即可将该音乐设置为背景音乐，如图4-2-33所示。

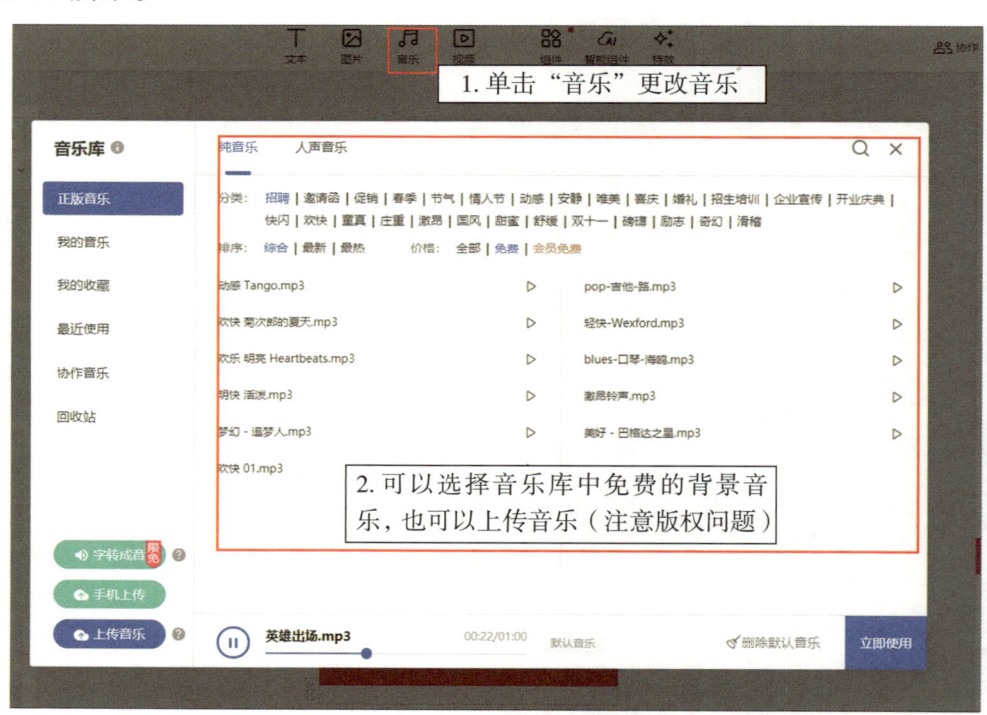

图4-2-33　更换背景音乐

四、保存并分享 H5 页面

1. 全部设置完成后，在制作页面右上方单击"保存"按钮，再单击"发布"按钮，在打开的页面中完善相关信息，单击"立即审核"按钮，如图 4-2-34 所示。

图 4-2-34　分享 H5 页面

2. 审核完成后，在二维码或小程序码图标处单击可下载二维码或小程序码，通过扫描二维码或小程序码查看 H5 页面效果，也可以分享链接。

模块四任务 2
云测试

一、单选题

1. 在易企秀中制作 H5 页面，（　　）可以用来展示图片。

　　A. 文本框　　　　　B. 音频播放器　　　　C. 图像组件　　　　D. 视频播放器

2. 在易企秀中制作 H5 页面，（　　）动画可以用来实现文本逐字显示的效果。

　　A. 旋转　　　　　　B. 淡入　　　　　　　C. 向左移入　　　　D. 中心放大

3. 在易企秀中制作 H5 页面，（　　）可以用来调整组件的层级关系。

　　A. Ctrl+C

　　B. 长按组件并拖动

　　C. 右键菜单中的"置顶""置底""上移""下移"

　　D. 拖动组件到指定位置

二、多选题

1. 在易企秀制作 H5 页面时，（　　）可以添加链接。
   A. 图片组件　　　B. 文本组件　　　C. 视频组件　　　D. 图文组件
2. 在易企秀制作 H5 页面时，（　　）可以用于文本组件。
   A. 粒子进入效果　B. 向右移入效果　C. 向下弹入效果　D. 魔幻向下效果
3. 在易企秀制作 H5 页面时，可以添加（　　）等元素。
   A. 文本组件　　　B. 图片组件　　　C. 视频组件　　　D. 音乐组件

三、判断题

1. 易企秀中的 H5 页面可以适配不同设备分辨率。（　　）
2. 添加音频后可以自定义音频的播放时长。（　　）

四、简答题

1. 简述在 H5 页面中添加一个包含 5 张图片的轮播图组件，并将组件进入动画设置为淡入效果的方法。

2. 简述在 H5 页面中创建图片组件并添加链接的方法。

实践与运用

运用本节所学的知识制作一个节日祝福卡，完成以下操作。

1. 制作节日祝福快闪片头，不少于 6 幕。
2. 上传相关图片并设置动画。
3. 插入文本，设置文本样式和动画效果。
4. 更改背景音乐。
5. 替换现有模板页面。
6. 添加并设置组件。

自我评价与反思

任务 3
微课设计与制作

学习任务单

姓名		班级		学习时间	2 课时	
序号	任务描述		学习建议	完成效果		
				自己评	同伴评	教师评
1	微课视频拍摄。		以实际操作为主,尝试拍摄折纸示范视频,了解拍摄时的注意事项。			
2	微课片头设计与制作。		以实际操作为主,掌握通过转场、特效等设置制作出精美片头的操作方法。			
3	微课视频剪辑。		以实践操作为主,掌握使用剪映软件剪辑视频、美化视频的操作方法,独立完成一次微课视频剪辑。			
学习反思						

　　折纸是深受幼儿喜爱的一项手工活动，这项活动不仅能够锻炼幼儿的动手能力，还能够培养幼儿的审美能力和创造能力。用一张平凡无奇的白纸，我们可以带领幼儿折出多种多样的作品，如纸飞机、纸鹤、纸玫瑰等。但幼儿较多时，我们常常无法一对一地向幼儿展示细节操作，这时，我们可以选择制作折纸微课，将微课投放在多媒体设备上，让每一个幼儿都能跟着视频学习折纸。那么，如何制作这样的微课呢？让我们一起来学习吧！

请思考
1. 微课是什么？
2. 制作微课时，如何针对不同年龄段的幼儿设计微课内容？
3. 为了美化微课视频，提升微课视频的视觉和听觉效果，如何在视频中插入文字、图片、音频等素材？
4. 制作微课时，可以采用哪些技巧？

 学习笔记

 **任务描述**

　　微课以视频为主要载体，记录教师在教育教学过程中围绕某个知识点或教学环节而开展的教学活动的全过程，常用于呈现教学内容中的难点、重点等。微课具有教学时间短、教学内容少而精等特点。一般微课时长应控制在 10 分钟以内。

　　常见的微课有录屏型微课、拍摄型微课等。常用于剪辑制作微课的软件多种多样，如万兴录演、Camtasia Studio、剪映、EDIUS、Adobe Premiere Pro、屏幕录像专家、抖音等。

　　微课制作前，先要构思清楚，厘清思路，再想一想总体要分哪几部分，以什么形式来讲解。如：如何有效地导入，设置哪些问题，是单人从头到尾讲、还是采用双人对话的形式。接下来就是编写微课脚本，脚本相当于电影中的剧本，是详细的方案，要做到把视频中需要讲的每一句话都写下来，避免后期拍摄时紧张忘词，脚本内容根据微课中教授的知识点而定。可参考的优秀微课资源平台有中国微课网、浙江微课网、全国高校微课教学平台、101 教育 PPT 等。下面介绍使用摄像机或手机拍摄并采用剪映软件制作拍摄型微课的方法。

 **任务实施**

一、微课视频拍摄

　　使用手机或专业摄影设备拍摄折纸操作。为了使拍摄效果更好，应选择光

线明亮的场所或人工布置场景灯，同时布置现场如图 4-3-1 所示。

图 4-3-1　微课场景布置

二、微课片头设计与制作

1. 使用剪映软件制作微课片头。双击桌面快捷方式，打开软件。单击"开始创作"进入创作界面，在"媒体"→"素材库"中搜索"3 秒倒计时片头"，选中所需素材，在素材右下角显示的下载图标上单击，下载完成后单击"添加"图标，将片头素材添加到时间轴第一轨道中，如图 4-3-2 所示。

图 4-3-2　添加片头素材

2. 重复上述操作，分别添加片头素材"震撼爆炸片头背景"和"霸气开场片头"到时间轴第二和第三轨道。移动时间线至第二轨道素材 00:00:05:00 处，在工具栏中单击"分割"按钮，如图 4-3-3 所示。单击选中分割后的前 5 秒素材，按 Delete 键删除。

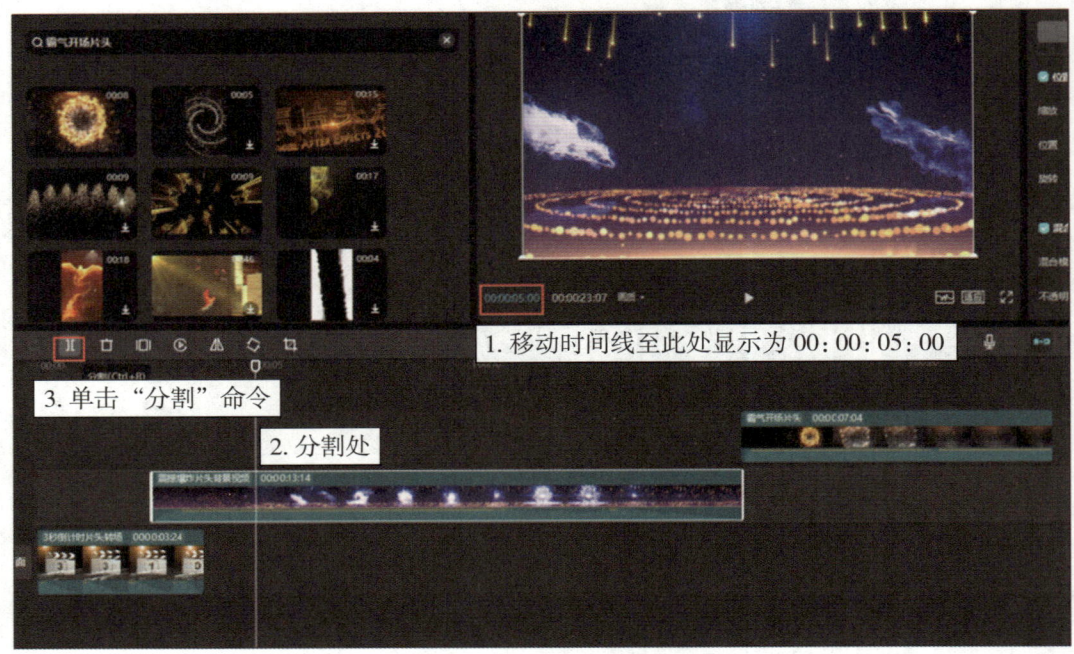

图 4-3-3　分割素材

3. 移动时间线至第二轨道视频 00:00:11:20 处，按照上述方法，在第二轨道素材 00:00:11:20 处分割，并删除分割线后的素材，如图 4-3-4 所示。

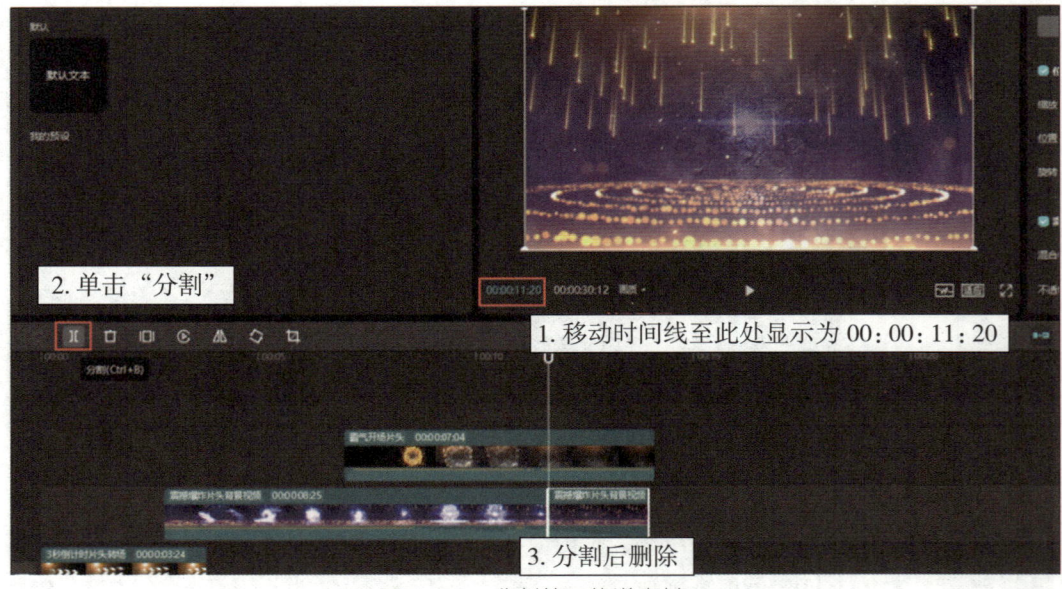

图 4-3-4　分割第二轨道素材

4. 移动时间线至第三轨道视频 00:00:07:00 处，按照上述方法，在第三轨道素材 00:00:11:20 处分割，并删除分割线后的素材，在右侧调节窗格"画面"→"基础"→"混合"选项卡中设置混合模式为"滤色"，如图 4-3-5 所示。

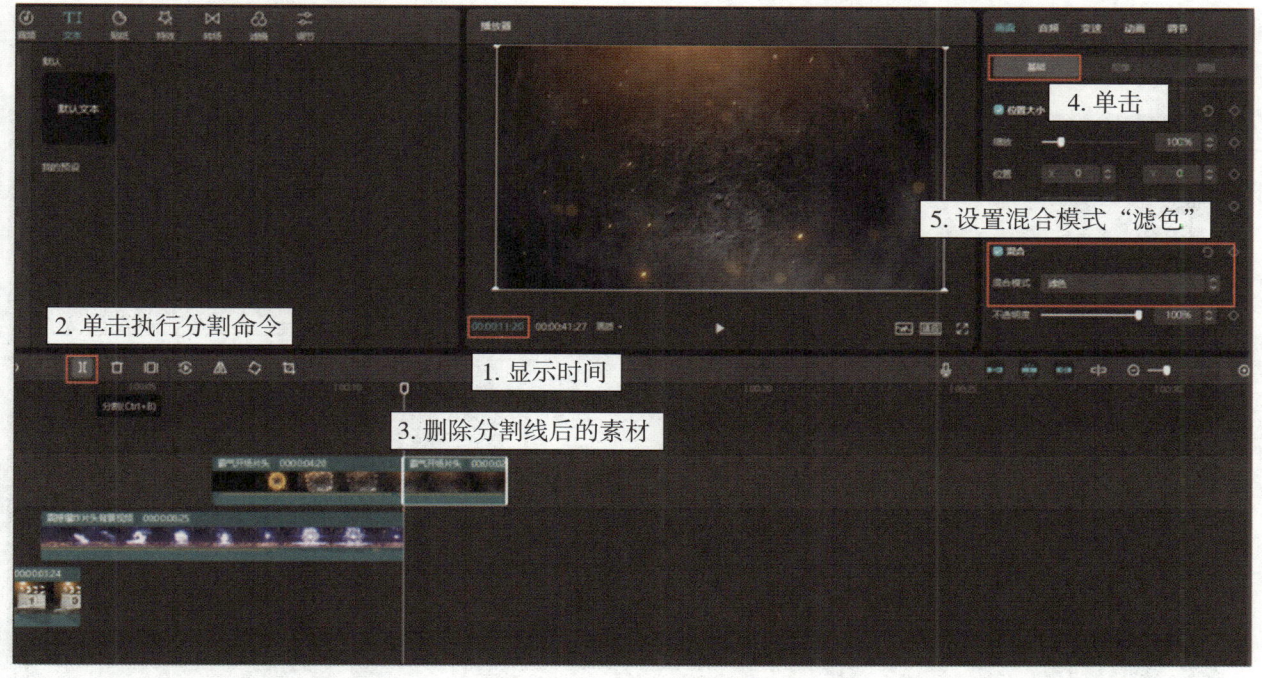

图 4-3-5　混合模式设置

5. 选中第二轨道素材，在右侧调节窗格"画面"→"基础"→"混合"选项卡中设置混合模式为"变亮"。

6. 单击菜单栏"文本"→"新建文本"→"默认文本"，单击右侧调节窗格"文本"→"基础"，在文本框中输入"幼儿折纸"。再移动文本轨道至时间轴 00:00:08:20 处，设置字体为毛笔体，颜色为土黄，阴影颜色为红色，如图 4-3-6 所示。

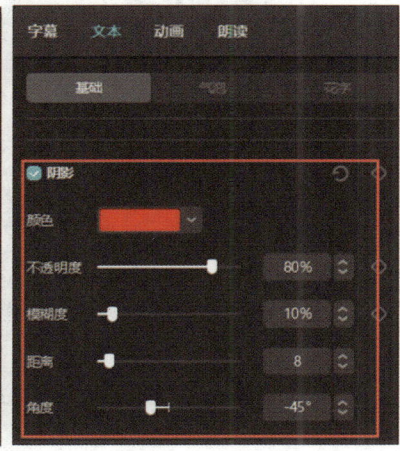

图 4-3-6　文本样式设置

7. 添加文本入场动画。可采用软件预设动画，在"动画"→"入场"选项中选择特定动画效果，也可以设置关键帧动画。设置关键帧动画时，将时间线移动至字体轨道首帧，单击右侧窗格"画面"→"基础"，设置缩放为1%，不透明度为0%。再移动时间线至时间轴 00:00:10:02 处，同样的方法设置缩放为110%，不透明度为100%，如图 4-3-7 和图 4-3-8 所示。

图 4-3-7 设置第一个关键帧的缩放和不透明度

图 4-3-8 设置第二个关键帧的缩放和不透明度

8.导出片头。单击软件右上角"导出"按钮,弹出"导出"对话框,在导出对话框内设置片头文件存放位置及作品名称,如图4-3-9所示。

图 4-3-9　导出片头

三、微课视频剪辑

1.在素材库中单击"导入"按钮,导入片头及微课素材,如图4-3-10所示。

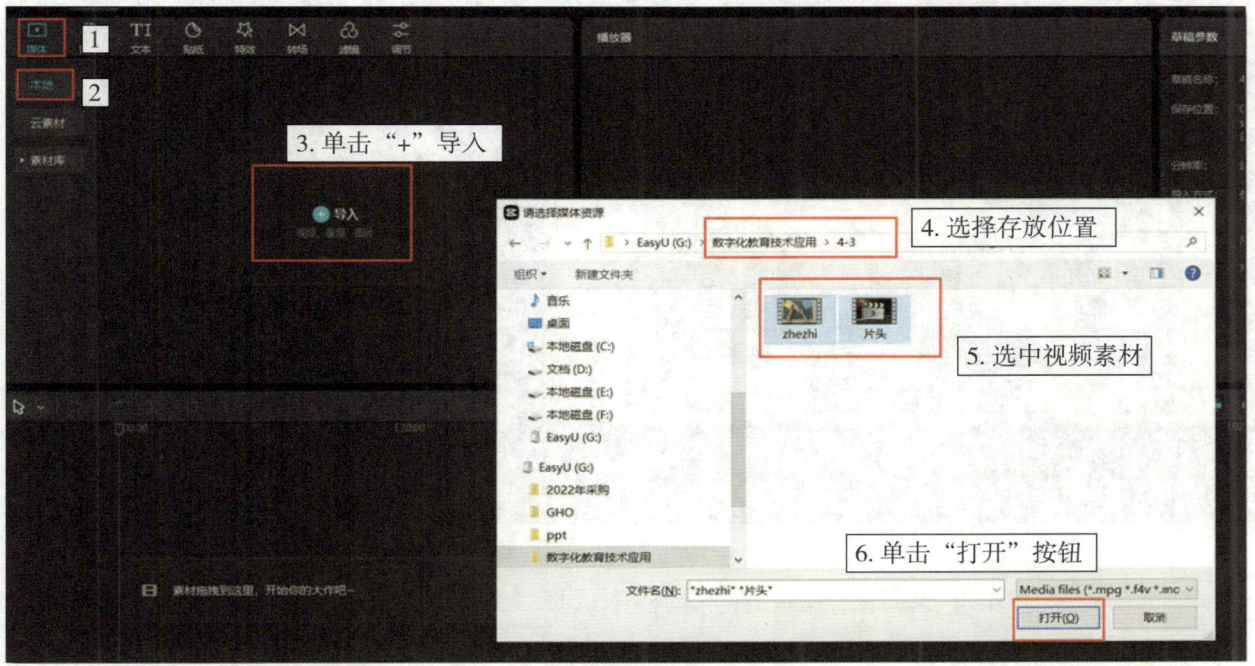

图 4-3-10　导入微课素材

2. 移动时间线至两段视频之间的位置，选择菜单栏中"转场"→"基础转场"中的"模糊"转场选项。在工具栏中选择"滤镜"→"美食"→"影视级"选项中的"深褐"选项，把偏冷色调的微课素材调节成暖色调，单击添加到时间轴上，调整滤镜时长使其与整个微课素材的时长相等，如图 4-3-11 所示。

图 4-3-11 调整色调

3. 选中微课素材，在预览窗口将光标移动到视频四角的控制点上，调整视频大小，如图 4-3-12 所示。

图 4-3-12 视频大小及位置调整

4. 生成旁白字幕。在工具栏中选择"文本"→"智能字幕"→"识别字幕"选项，如图 4-3-13 所示。也可以通过输入文字，使用文字朗读将文字转换成语音并作为旁白，避免因个人普通话不标准影响微课效果。

模块四 幼儿园多媒体技术应用 | 161

图 4-3-13 识别字幕

5. 添加特效。在菜单栏"特效"→"边框"选项卡中选择"运动一夏"选项，下载并添加到时间轴中，调整时长。按照同样的方法在时间轴特定区间添加"金粉旋转"特效，如图 4-3-14 所示。

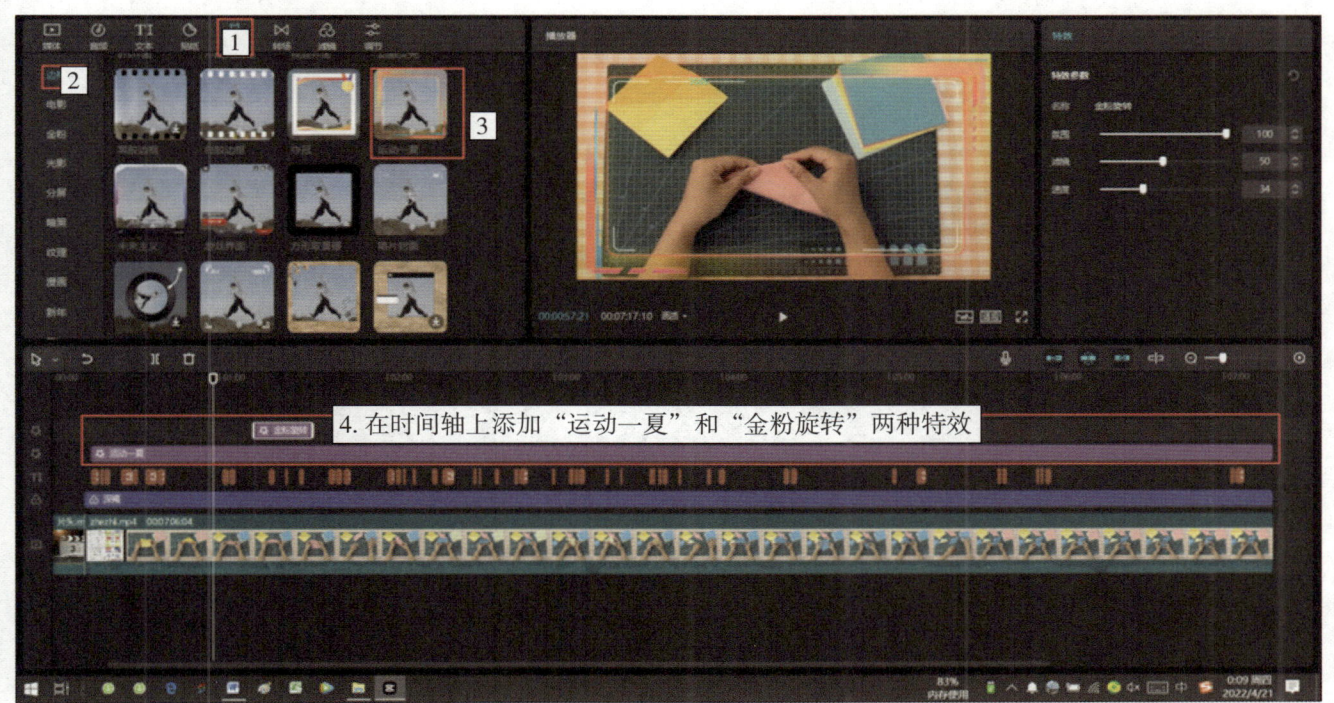

图 4-3-14 添加特效

6. 剪辑声音。右击微课素材，在下拉栏中选择"分离音频"或使用快捷键 Ctrl+Shift+S，如图 4-3-15 所示。选择音频，在右侧调节窗口"音频"→"基本"选项卡中调节淡出时长。

图 4-3-15　分离音频

7. 添加片尾。在时间轴第一轨道（主轨）末尾，添加片尾素材"片头片尾特效素材炫酷特效"，并在这两段素材之间添加转场，选择菜单栏"转场"→"特效转场"中的"放射"转场选项。在时间轴合适的位置添加片尾字幕，选择工具栏"文本"→"文字幕板"→"片尾谢幕"中的"谢幕"选项，在文本框中输入文本"欢迎观看"，如图 4-3-16 所示。

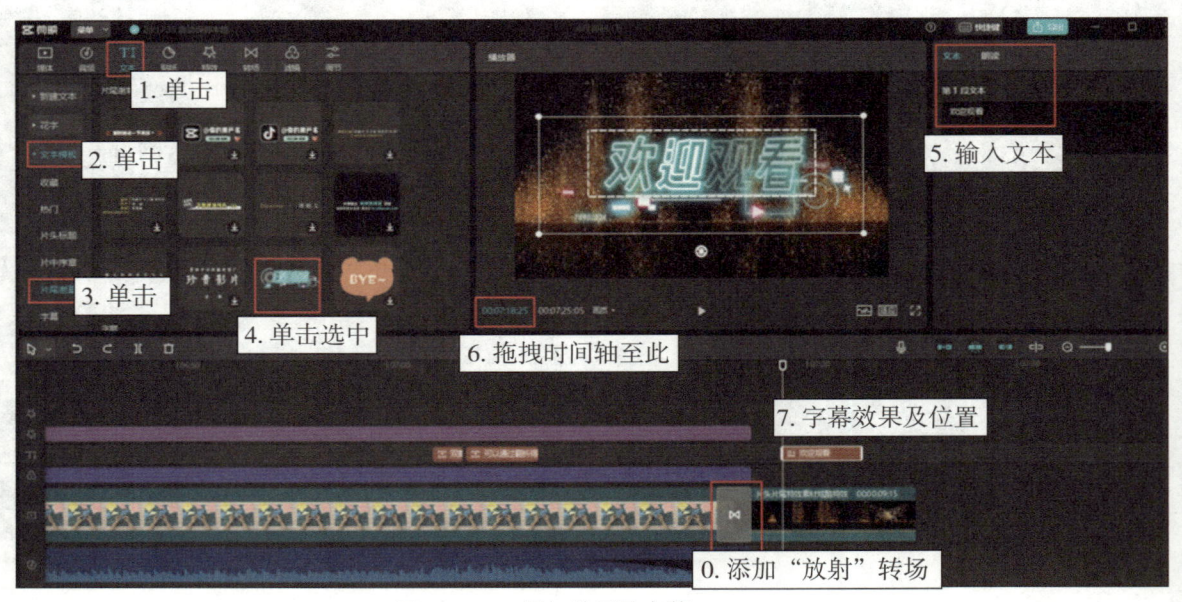

图 4-3-16　添加片尾及字幕

8. 导出微课。单击软件右上角"导出"按钮，弹出"导出"对话框，在对话框内设置微课文件存放位置及作品名称，如图 4-3-17 所示。

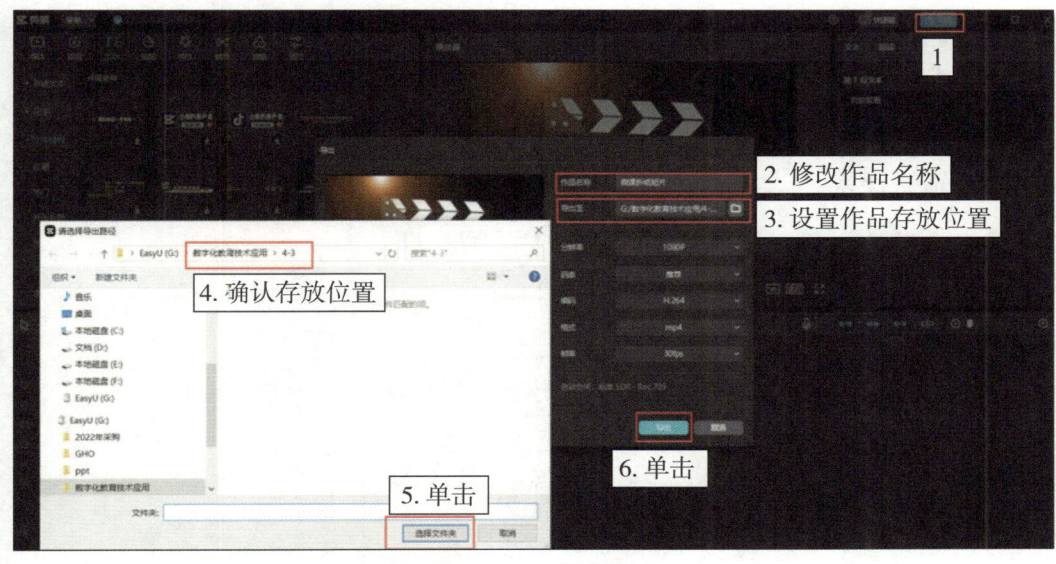

图 4-3-17　导出作品

9. 导出完成后，可以选择是否发布，如图 4-3-18 所示。

图 4-3-18　发布作品

模块四任务 3
云测试

思考与练习

一、单选题

1. 微课是通过（　　）进行教学的。

A. 线上教学　　　　B. 线下教学　　　　C. 实地教学　　　　D. 听课教学

2. 微课的长度一般应该控制在（　　）。

A. 10 分钟以内　　B. 20 分钟以内　　C. 30 分钟以内　　D. 40 分钟以内

3. 微课通常采用（　　）进行展示。

A. 视频 　　　　　B. 演讲 　　　　　C. 音频 　　　　　D. 文字

二、多选题

1. 下面（　　）可以用来剪辑微课视频。

A. Photoshop 　　　　　　　　　　B. Adobe Premiere Pro

C. Final Cut Pro 　　　　　　　　　D. 剪映软件

2. 制作微课教学视频时需要注意（　　）。

A. 视频画面清晰自然 　　　　　　　B. 音效和配乐协调合理

C. 语速适宜 　　　　　　　　　　　D. 布局和操作简洁明了

3. 在拍摄微课现场，以下（　　）可能会影响视频素材的质量。

A. 光线太过强烈 　　　　　　　　　B. 拍摄者体力不支

C. 音频录制失误 　　　　　　　　　D. 天气条件恶劣

三、判断题

1. 微课时长应该根据教师个人风格和经验来决定。（　　）

2. 微课制作时，设置字幕可以方便学生理解和学习。（　　）

四、简答题

1. 简述在剪映软件分离音频的方法。

2. 应该如何评估微课的效果？

实践与运用

运用本节所学的知识拍摄并制作以染纸制作为内容的微课,完成以下操作。

1. 拍摄染纸制作视频。
2. 制作微课片头。
3. 剪辑微课视频,添加特效和转场。
4. 添加背景音乐和旁白。
5. 制作合适的片尾。
6. 将完成的作品发布。

自我评价与反思

任务 4　制作美篇

学习任务单

姓名		班级		学习时间	2 课时
序号	任务描述	学习建议	完成效果		
			自己评	同伴评	教师评
1	打开美篇。	以实际操作为主，掌握在不同平台打开美篇程序的方法。			
2	制作美篇。	以实际操作为主，学会在美篇中插入图片和视频的方法，尝试为美篇添加背景音乐。独立完成以幼儿研学活动为主题的美篇文章制作。			
3	分享美篇。	完成美篇制作后，能够采用不同的方式分享美篇。			
学习反思					

| 模块四 幼儿园多媒体技术应用 |

情境导入

冬天到了，在带队老师的带领下，芒果同学陪伴幼儿前往南昌的洗药湖风景区开展研学活动，记录下洗药湖冬日银装素裹的美景，他想与同学分享本次实习心得。苏老师向他推荐了微信公众号、美篇、时光手账等图文编辑平台。在本任务中，我们将以美篇为例，介绍图文编辑的基本方法，让我们一起来学习吧！

请思考

1. 常见的美篇有哪些类型？
2. 如何在不同平台打开美篇？
3. 如何制作文章类型的美篇？
4. 如何在美篇中插入图片、文本、视频等素材？如何制作出漂亮的美篇？
5. 如何分享美篇？

任务描述

在幼儿保育工作中，我们常需要将收集的幼儿活动照片和活动描述文本整理出来，并即时分享给家长。图文编辑平台可以很好地帮助幼儿保育工作者。常见的图文编辑平台中有各种模板可供参考，同时操作难度低，分享范围广。以美篇为例，将美篇运用到幼儿园的日常工作中，通过美篇及时向家长分享幼儿参与活动的照片和记录，能够帮助我们建立家园沟通，从而更好地帮助幼儿茁壮成长。

一、打开美篇

1. 通过微信小程序打开美篇。打开微信，单击"搜索"图标 跳转页面，在页面中选择"小程序"跳转至搜索页面，搜索"美篇"，再单击"美篇"图标 进入美篇创作界面，单击页面下方 开始创作，如图 4-4-1 所示。

2. 打开网页版美篇。选择任意浏览器，搜索"美篇官网"，在搜索结果中，单击美篇官方网站的超链接，如图 4-4-2 所示。通过微信扫码或手机号登录账号，单击"新建文章"按钮，进入美篇创作界面，如图 4-4-3 所示。

3. 在手机中下载并打开美篇 App。通过微信授权、手机号等登录后，进入美篇主界面。

图 4-4-1　打开美篇

图 4-4-2　打开美篇网页版

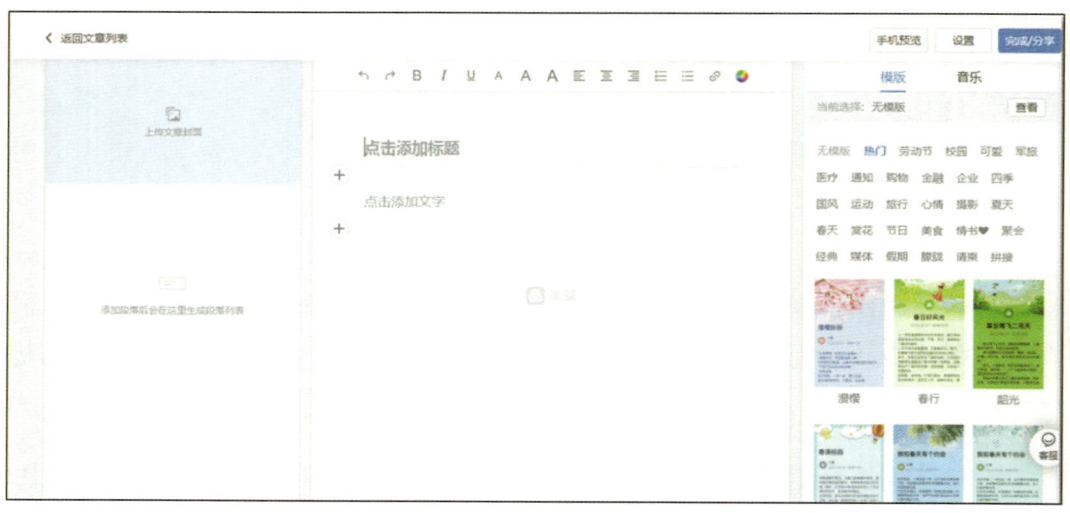

图 4-4-3　美篇创作界面

二、制作美篇

1.以手机中美篇的创作为例，单击软件主界面最下方正中间的按钮，在列表中选择"文章"选项,如图 4-4-4 所示。

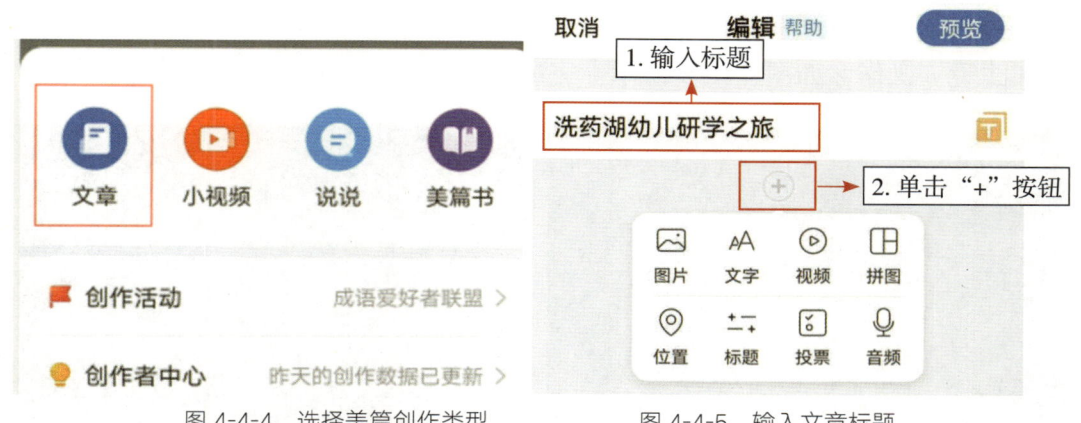

图 4-4-4　选择美篇创作类型　　图 4-4-5　输入文章标题

2. 输入文章标题"洗药湖幼儿研学之旅",单击标题栏下的 ⊕ 按钮,既可以添加"图片",也可以添加"文字""视频"等,如图 4-4-5 所示。

3. 编辑文章内容。在列表中单击"文字"图标,会跳转至文字编辑页面。在输入文字时,可以设置文字及段落格式,包括加粗、字号、对齐方式、字体颜色等,使文字排版更美观,如图 4-4-6 所示。单击右上角"完成"按钮,完成文章编辑。在段落上长按可通过拖拽调整段落顺序,如图 4-4-7 所示。

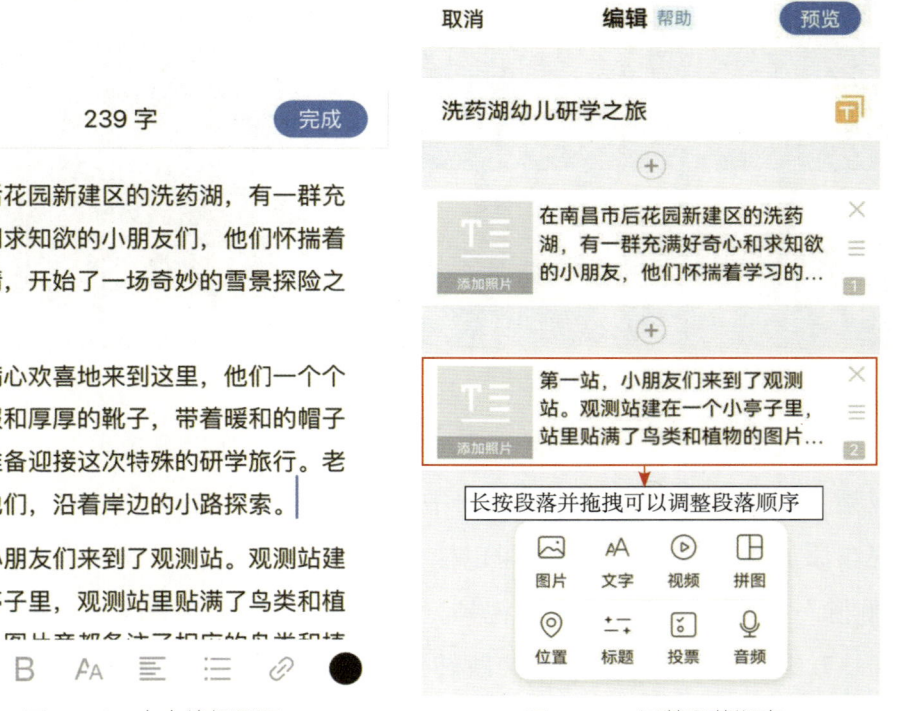

图 4-4-6　文字编辑界面　　图 4-4-7　调整段落顺序

4. 添加图片。在列表中单击"图片"图标,跳转至手机相册,选中要添加的图片,单击页面右下角"添加"按钮,完成图片添加。美篇中一般最多可以插入 100 张图片。

学习笔记

5. 编辑图片。单击图片，可以跳转至图片"编辑"和"更换"页面，如图4-4-8所示。单击"编辑"按钮，在编辑页面可以进行修剪、添加文字说明、添加滤镜等操作，如图4-4-9所示。完成操作后，单击右下角"完成"按钮。

图4-4-8　图片编辑及更换界面 　　　　图4-4-9　编辑图片

6. 添加视频。在列表中单击"视频"图标，弹出视频源选项，选择"本地视频（0/100分钟）"，在手机相册中选择视频，单击右下角"添加"按钮，完成视频添加。美篇中一般最多可以插入100分钟视频。在视频段落右上角，单击"删除"按钮，可删除多余的视频。

7. 编辑视频。单击视频，跳转至视频"编辑"和"更换"页面。单击"编辑"按钮。在视频编辑页可以截取视频。完成截取后，单击右上角"确定"按钮，如图4-4-10所示。

图 4-4-10　裁剪视频　　　　图 4-4-11　背景音乐

8. 添加音频。添加音频的方式有两种：第一种，在列表中单击"音频"图标，弹出音频源选项，选择"添加音频文件"，在音乐库中选择需要的音频文件即可；第二种，单击右上角的"预览"按钮，跳转至模板选择页面，在页面最下方选择"音乐"选项，在可选项中选择符合主题的音乐，如图 4-4-11 所示。

9. 优化美篇。单击右上角的"预览"按钮，根据文章风格添加模板，如图 4-4-12 所示。在此页面中，选择"排版"选项，即可设置文本排布、头像和昵称位置、发布时间显示等，如图 4-4-13 所示。

图 4-4-12　选择模板　　　图 4-4-13　排版格式设置

10. 文章发布。完成所有的编辑后，可单击右上角"下一步"按钮跳转至发布页面，发布文章时可以设置阅读权限，如图 4-4-14 所示。单击右上角"完成"按钮即可发布文章，文章成功发布会弹出创作成功提示框，如图 4-4-15 所示。

图 4-4-14　发布界面　　　图 4-4-15　发布完成界面

三、分享美篇

在发布完成的提示框中，可以选择"生成海报分享"或"发送给朋友"将文章分享出去，如图 4-4-15 所示。我们也可以单击软件主界面左下角的"我"，选择"作品"选项，选择需要分享的美篇，如图 4-4-16 所示。单击页面右上角  按钮分享，如图 4-4-17 所示。

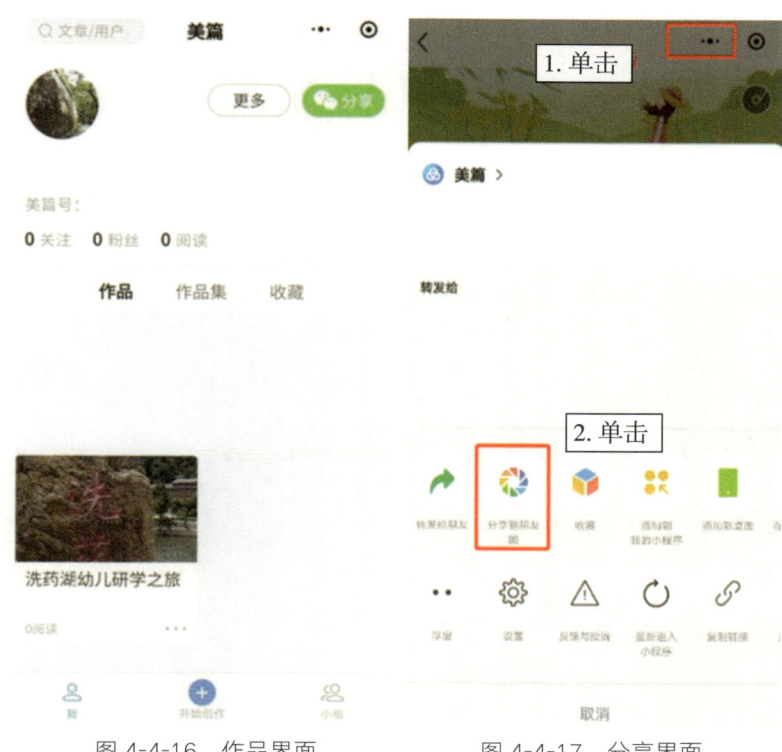

图 4-4-16　作品界面　　　图 4-4-17　分享界面

学习笔记

模块四任务 4
云测试

思考与练习

一、单选题

1. 在美篇软件中，以下（　　）可以帮助我们收藏生活中的美好瞬间。

A. 相册功能　　　　B. 文章收藏　　　　C. 私人空间　　　　D. 签到打卡

2. 在美篇软件中，在（　　）界面可以发布文章。

A. 私人空间　　　　B. 文章收藏　　　　C. 相册功能　　　　D. 发布文章

3. 在美篇软件中，使用（　　）可以发现热门美篇。

A. 推荐阅读　　　　B. 热门文章　　　　C. 关注专栏　　　　D. 投稿专题

二、多选题

1. 在美篇软件中，通过（　　）可以让我们快速找到感兴趣的文章。

A. 推荐阅读　　　　B. 文章分类　　　　C. 热门文章　　　　D. 关注专栏

2. 在美篇软件中，以下（　　）操作会增加积分。

A. 发布文章　　　　B. 点赞文章　　　　C. 发表评论　　　　D. 分享文章

3. 在美篇软件中，（　　）可以将文章分享到其他社交平台。

A. 通过微信分享　　　　　　　　　　B. 通过微博分享

C. 通过QQ分享　　　　　　　　　　D. 通过邮件分享

三、判断题

1. 在美篇软件中，打赏是一种免费的操作，不需要用户支付任何费用。（　　）

2. 在美篇软件中，我们可以通过关注专栏的方式获得专栏作者的文章推送。（　　）

四、简答题

1. 如何在美篇软件中将一篇文章收藏到个人收藏夹？

2. 如何在美篇软件中将自己发布的文章分享到微信朋友圈？

实践与运用

运用本节所学的知识制作幼儿日常活动的美篇，完成以下操作。

1. 插入文本，编辑文本格式。　　　　　4. 插入符合主题的背景音乐。

2. 拍摄幼儿日常活动的图片，插入美篇。　5. 插入投票。

3. 拍摄幼儿日常活动的视频文件，插入美篇。　6. 发布美篇并分享至朋友圈。

自我评价与反思

任务 5
开展线上教学

学习任务单

姓名		班级		学习时间	2 课时
序号	任务描述		学习建议	完成效果		
				自己评	同伴评	教师评
1	登录会议。		以实践操作为主,掌握登录腾讯会议的方法。			
2	预定会议。		以实践操作为主,预定一次会议并将预定的会议分享给同学。			
3	设置会议。		结合案例,自主完成会议各项设置。			
4	管理会议。		结合案例,掌握管理会议成员的方法。			
5	结束会议。		以实践操作为主,在线上教学完成后结束会议。			
学习反思						

情境导入

在线教学平台是教学的重要辅助，常见的线上平台有钉钉、腾讯会议、希沃云课堂等，它们的教学功能开发较为完善，覆盖面广泛。

下面以腾讯会议为例，介绍使用腾讯会议开展线上教学的方法。

请思考

1. 如何登录腾讯会议？
2. 在腾讯会议中，如何录制会议？
3. 如何在腾讯会议中修改会议名称？
4. 如何预定会议并分享给他人？

任务描述

腾讯会议是一款基于音视频通讯技术开发的会议软件，是一种支持视频会议、音频会议、屏幕共享、文件共享等多种功能的在线会议和教育工具。下面讲解使用电脑版腾讯会议开展线上教学的操作方法。

任务实施

一、登录会议

1. 打开任意浏览器，搜索"腾讯会议"并下载，或者打开腾讯会议官网页面，在官网页面单击 Windows 版下载图标，将其下载到桌面，如图 4-5-1 所示。

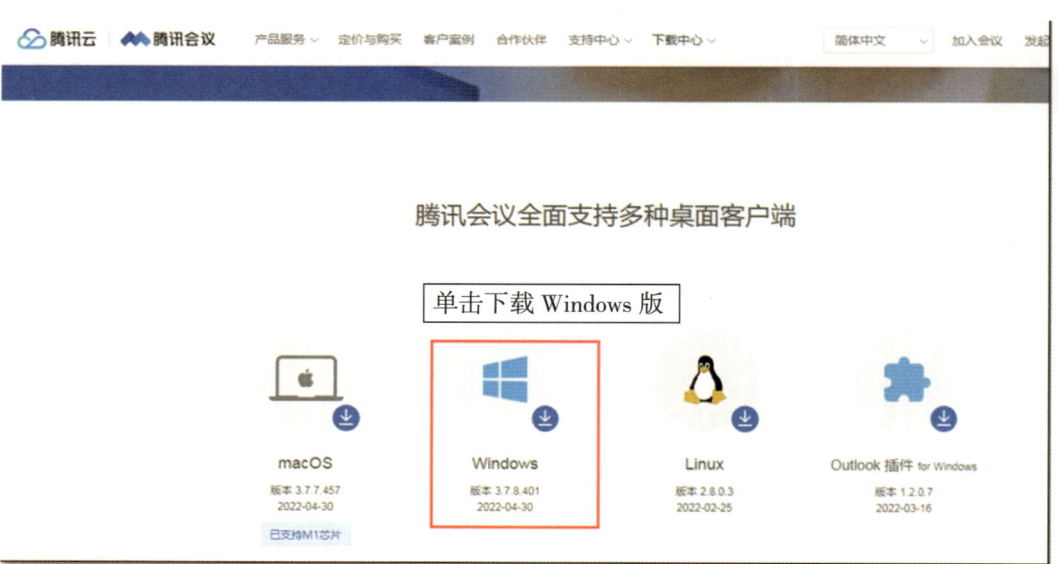

图 4-5-1　选择腾讯会议下载版本

2. 双击桌面快捷方式，打开腾讯会议软件，单击"注册/登录"按钮，跳转至账号密码登录界面，单击界面右下角的"新用户注册"，注册完成后可通过账号密码登录。也可以采用验证码登录、微信、企业微信等方式登录，如图4-5-2所示。

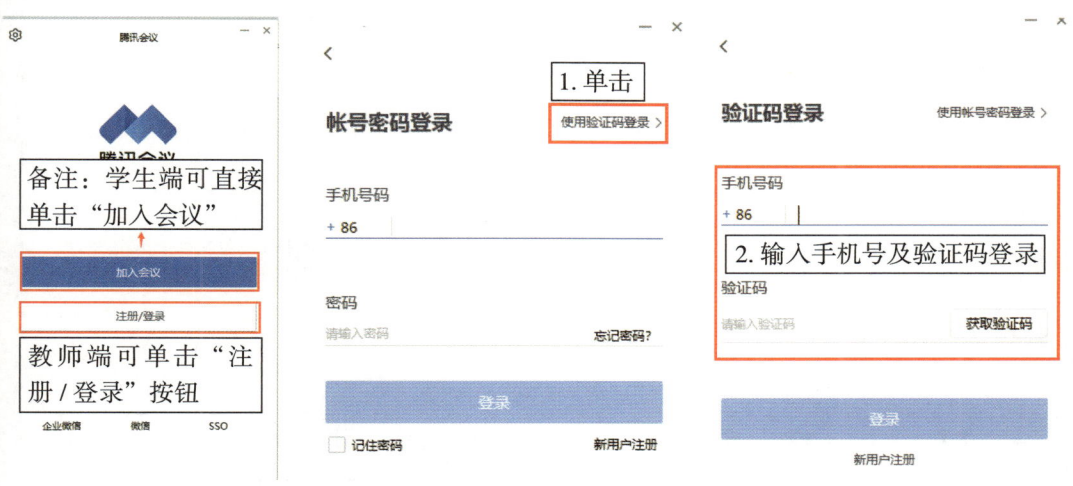

图 4-5-2　登录腾讯会议

3. 若采用微信登录，在微信扫码后，单击"允许"按钮完成登录，如图4-5-3所示。单击"快速会议"按钮，弹出会议音频接入方式对话框，选择"使用电脑音频"，同时勾选"入会时使用电脑音频"，如图4-5-4所示。

二、预定会议

1. 若需要预定会议，应单击"预定会议"按钮，跳转至预定会议设置界面，完成设置后单击"预定"按钮，弹出的对话框中会显示成功预定的会议信息。到预定的时间后，可单击"进入会议"按钮进入会议，开展在线教学，如图4-5-5所示。

图 4-5-3　使用微信扫码方式登录腾讯会议

学习笔记

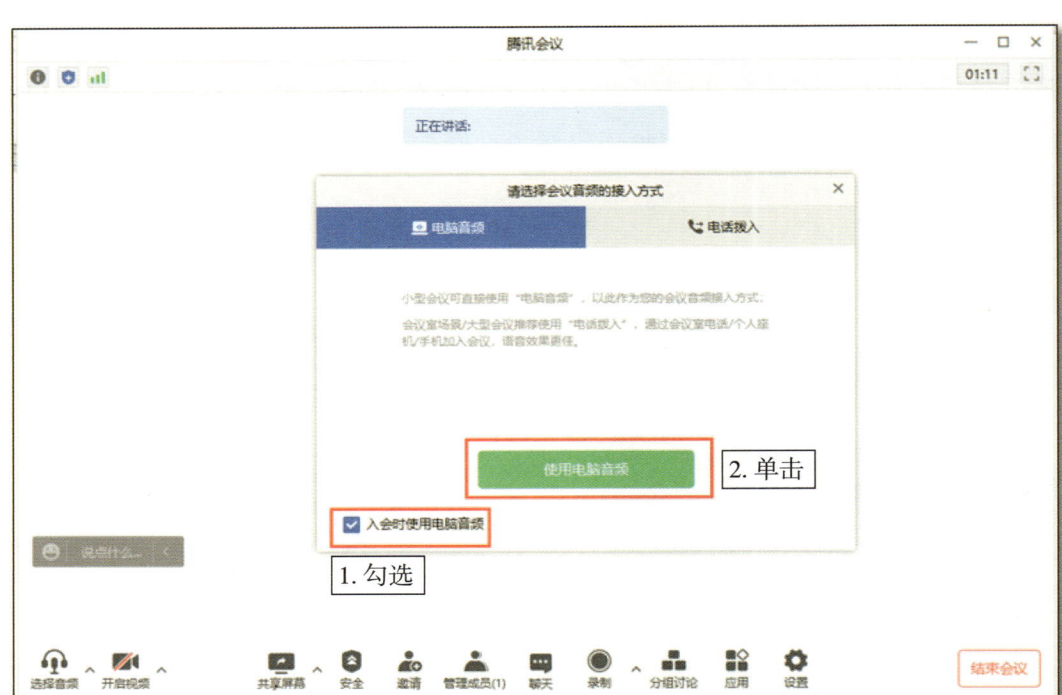

图 4-5-4　选择会议音频接入方式

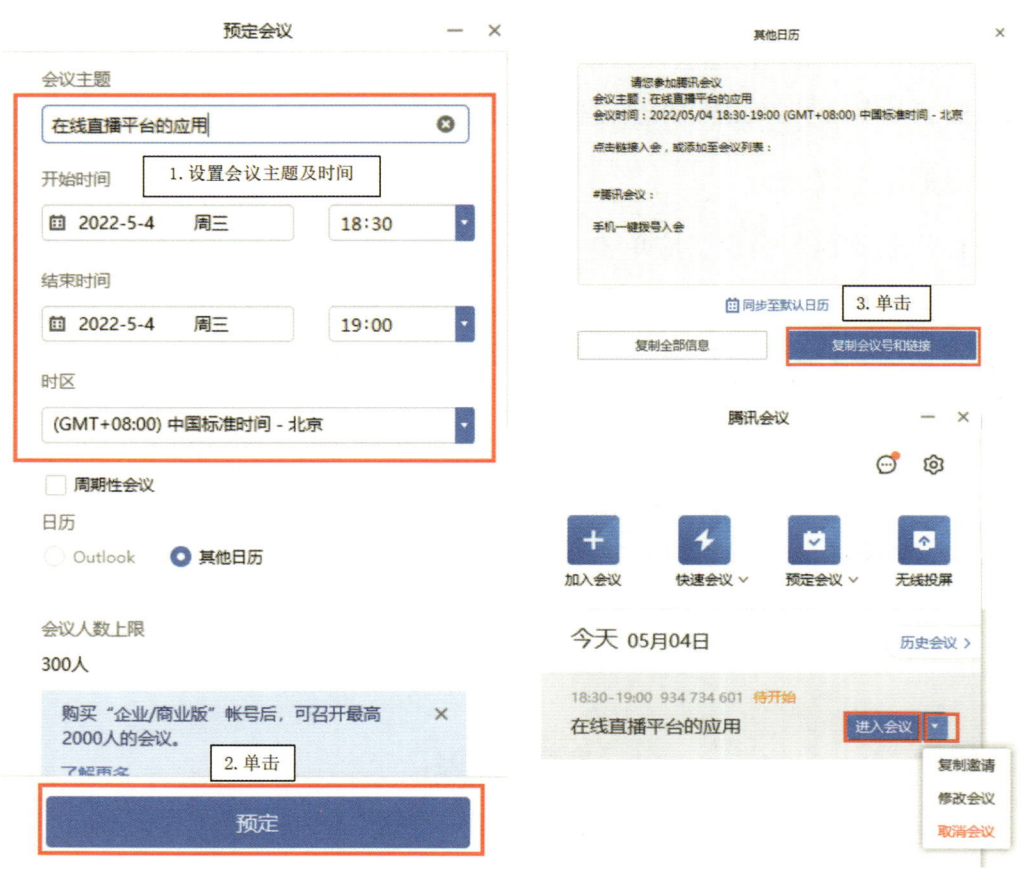

图 4-5-5　预定会议设置及进入会议

2.进入会议后,单击会议界面下方"邀请"按钮,弹出"会议号",再单击"复制会议号和链接"按钮,即可将会议信息复制到剪贴板中,如图4-5-6所示。将复制的会议信息粘贴后可分享给他人。

提示:在未下载腾讯会议应用程序时,可通过"小程序入会"进入会议,如图4-5-7所示。

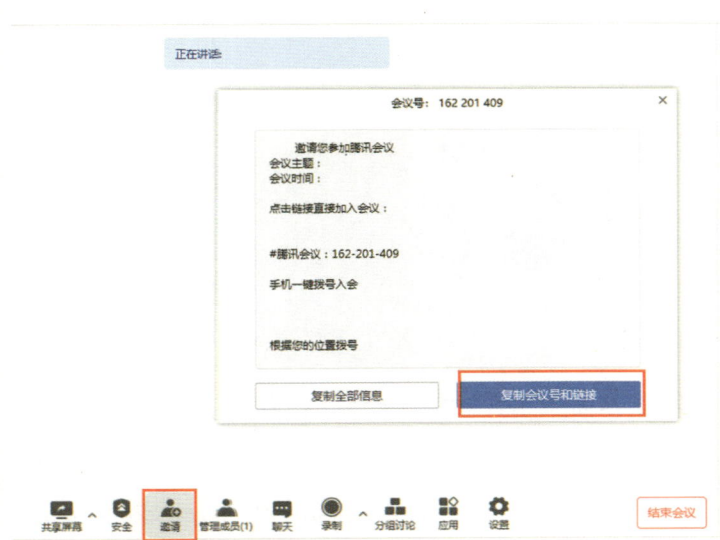

图4-5-6 邀请他人进入会议

图4-5-7 会议参与者进入会议的方式

三、设置会议

1.分别单击"静音/解除静音""开启视频""共享屏幕"按钮旁的箭头,可在弹出的快捷菜单中对相应功能进行设置,如图4-5-8所示。开启视频时,可以在弹出菜单中对"虚拟背景和美颜"进行设置。

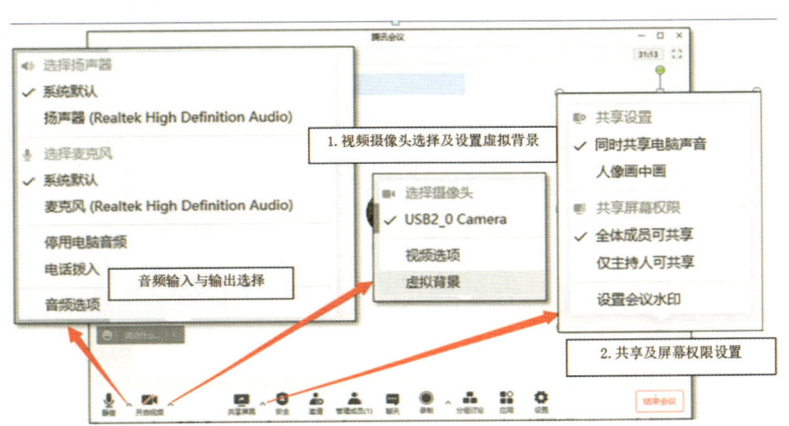

图4-5-8 会议各项功能的设置

2. 为会议设置签到。单击会议界面下方的"应用"按钮，在弹出的快捷菜单中选择"签到"选项，设置签到时长及说明，再单击"立即发起"按钮即可发起签到，直到签到时间结束，可单击"导出此次记录"按钮，如图4-5-9所示，下载签到记录表。

图 4-5-9　设置签到

3. 设置屏幕共享。单击会议界面下方"共享屏幕"按钮，选择共享内容，可共享"桌面""白板""仅电脑声音""Word 程序"等，如图4-5-10所示。选择共享"桌面"，单击"确认共享"按钮，参与者即可即时观看分享者的桌面，如图4-5-11所示。

提示：在同一时间内，会议只允许一个人共享屏幕，共享屏幕时，工具栏会隐藏在电脑屏幕顶部，在工具栏中单击"停止共享"按钮即可停止共享。

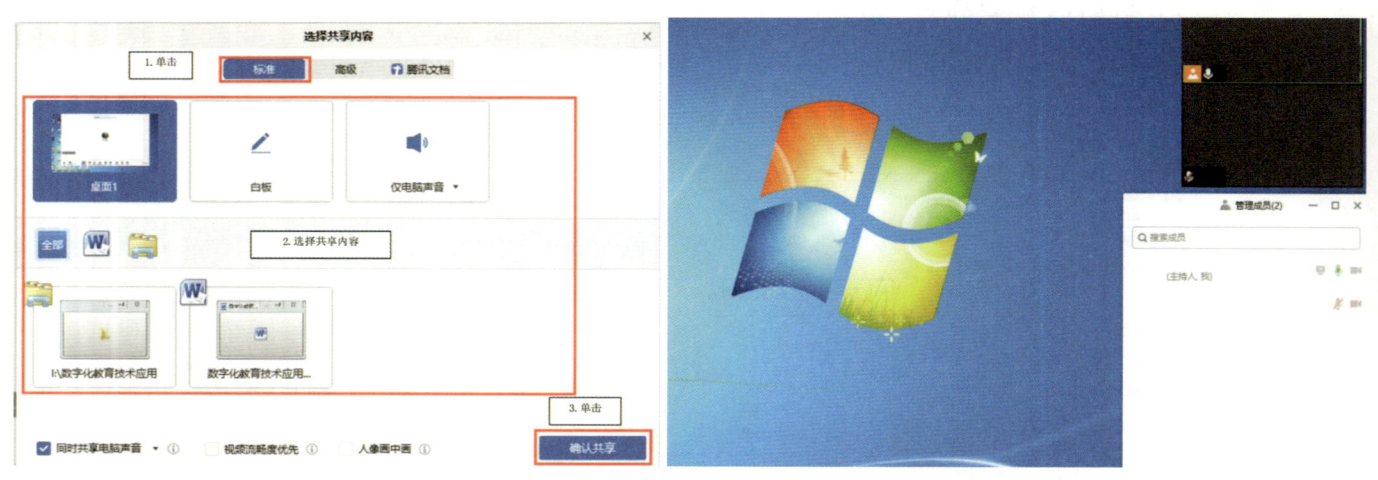

图 4-5-10　设置共享　　　　　　　　　　图 4-5-11　共享桌面效果

4. 录制视频。单击会议界面下方的"设置"按钮，在弹出的对话框中选择"录制"，设置"本地录制"，如图4-5-12所示。单击"录制"按钮旁的箭头，选择"仅主持人可录制"选项，设置完成后单击"录制"按钮，选择"本地录制"，单击"开启"按钮，即可开启课堂录制，如图 4-5-13 所示。

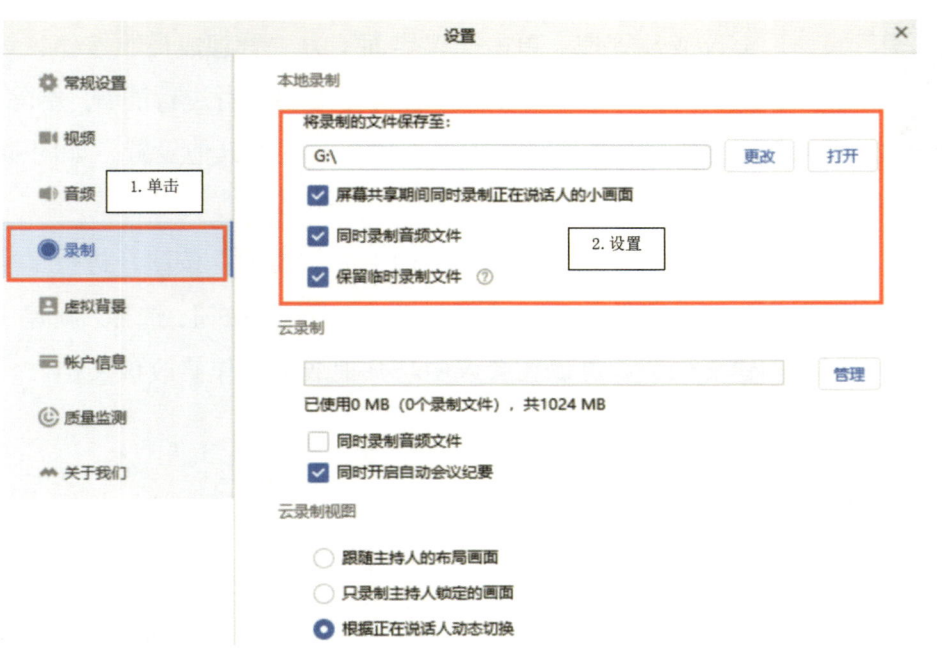

图 4-5-12　本地录制设置

图 4-5-13　开启录制效果

四、管理会议

1. 会议成员管理。单击会议界面下方"管理成员"按钮，可查看加入会议的人员列表和人数。可针对单个参与者进行静音/解除静音、开启/关闭视频等操作，或点击"更多"完成其他设置，如图4-5-14所示。

2. 在教学中可以单击会议界面下方"聊天"按钮，进行文字沟通与交流。还可以单击会议界面下方的"应用"按钮，选择"新建文档"，即可创建文档，并可以在会议中与其他成员协作修改该文档。

五、结束会议

完成教学后，可以单击会议界面下方"结束会议"按钮，结束并退出会议。

图 4-5-14　管理成员

模块四任务5
云测试

思考与练习

一、单选题

1. 腾讯会议中，"专注模式"可以实现（　　）。

A. 禁止聊天和插播内容　　　　　　　　B. 远程控制

C. 调整会议背景　　　　　　　　　　　D. 调整视频画面尺寸

2. 腾讯会议软件可以最多支持（　　）人同时在线。

A. 50　　　　　B. 100　　　　　C. 300　　　　　D. 500

3. 在腾讯会议中，无法实现（　　）。

A. 屏幕共享　　　B. 聊天互动　　　C. 视频剪辑　　　D. 云端文档共享

二、多选题

1. 在腾讯会议中，以下（　　）可以帮助参会成员提高会议效率。

A. 互动白板　　　B. 投票　　　C. 云端文档共享　　　D. 聊天互动

2. 在腾讯会议中，以下（　　）可以增强会议的安全性。

A. 开启会议密码　　　　　　　　　　B. 安排强制退出

C. 限制参会人员身份　　　　　　　　D. 限制麦克风和摄像头使用

3. 在腾讯会议中，（　　）可以管理会议。

A. 开启或停止录制　　　　　　　　　B. 设置听众模式

C. 开启或关闭聊天功能　　　　　　　D. 发起投票

三、判断题

1. 在腾讯会议中，只有主持人可以管理参会人员。（   ）

2. 在腾讯会议中，会议组织者可以随时更改会议设置和参会人员。（   ）

四、简答题

1. 如何创建一个预定会议？

2. 简述在腾讯会议中共享桌面的方法。

实践与运用

运用本节所学的知识，使用腾讯会议上一堂在线直播课，完成以下操作。
1. 预定会议。
2. 录制关键教学过程。
3. 设置 5 分钟实名签到提醒。
4. 设置麦克风、扬声器等音频输入、输出设备。

自我评价与反思

任务 6
制作调查问卷

学习任务单

姓名		班级		学习时间	1 课时
序号	任务描述	学习建议	完成效果		
			自己评	同伴评	教师评
1	调查问卷内容的拟定。	根据问卷主题,在 Word 文档中初步拟定问卷题目。			
2	调查问卷的创建。	以实际操作为主,学会用多种方式在问卷星中创建调查问卷。			
3	问卷内容的编辑。	以实践操作为主,熟练编辑题目。			
4	问卷外观的设置。	以实践操作为主,根据问卷主题,为问卷设置适合主题的样式。			
5	问卷的发布与发送。	以实践操作为主,掌握发布问卷及将问卷发送给填写者的方法。			
6	问卷数据的分析。	以实践操作为主,学会查看问卷结果,尝试借助工具对问卷结果进行分析。			
学习反思					

情境导入

芒果同学准备对暑假期间居家幼儿的状况进行调查，同时希望这次调查不仅能够方便自己掌握幼儿的实际居家情况，也能够方便幼儿家长参与。想法有了但不知道如何实施，芒果同学向苏老师问道："苏老师，我想对暑假期间居家幼儿的状况进行了解调查，您有什么比较好的办法吗？"苏老师笑着说："这个很简单，用问卷星做一个调查问卷就能很好地解决你的这个问题，既高效又方便。"那让我们一起来学习吧！

请思考

1. 如何用问卷星制作调查问卷？
2. 如何对问卷的题目进行编辑？
3. 如何对调查问卷的数据进行分析？

为了方便幼儿家长填写暑假期间居家幼儿的状况，同时方便幼儿园教师掌握幼儿的实际居家情况，本次任务是制作一个幼儿园暑假期间居家情况调查问卷，效果如图 4-6-1 所示。下面介绍使用问卷星制作调查问卷的方法。

图 4-6-1　调查问卷制作效果

拓展阅读 ▶▶▶

党的二十届二中全会强调，要"大兴调查研究之风，大力弘扬求真务实、真抓实干的作风"。没有调查就没有发言权，更没有决策权，调查研究是做好工作的基本功。以习近平同志为核心的党中央一直以来高度重视调查研究工作。

使用问卷星制作调查问卷，在家长群体中对幼儿状况进行调查研究，能够精确获取幼儿的各项数据，以便更好地开展幼儿园的各项工作。

制作幼儿园暑假期间居家情况调查问卷，主要的操作有调查问卷内容的拟定、问卷的创建、创建方式的选择、问卷题目的编辑、问卷外观的设置、问卷的发布与发送、问卷数据分析等。下面开始我们的学习之旅吧！

一、调查问卷内容的拟定

打开 Word 软件，对调查问卷的各项内容进行初步拟定，设置好题目和题型，可在问题后备注题型，如图 4-6-2 所示。

晨林幼儿园暑假期间居家情况调查问卷

家长您好！暑假期间是幼儿成长的宝贵时期，为了解幼儿居家状况，本园特制定此问卷。我们将认真对待每一份问卷，从问卷中总结经验，不断提升自我，以便更好地为您提供科学实用的居家生活教育指导，辛苦各位在百忙之中拨冗填写本问卷，谢谢！

1. 幼儿所在班级
  彩虹一班
  彩虹二班
  向阳一班
  向阳二班
  晨光一班
  晨光二班

2. 幼儿居家期间主要陪伴人
  父母
  祖父母或外祖父母
  家庭教师
  其他

3. 主要陪伴人在陪伴时开展的活动有【多选题】
  玩亲子游戏
  阅读书籍
  看电视节目
  锻炼身体
  其他

4. 孩子居家的状态
  情绪愉快，和平时差不多
  情绪不快，偶尔烦躁
  非常烦躁，经常哭闹

5. 您认为以下哪些活动比较重要【多选题】
  学习知识
  开展亲子游戏
  锻炼身体
  提高学习兴趣
  养成生活习惯

6. 居家期间与孩子相处的情况
  非常好
  比较好
  一般
  非常差

7. 居家期间的作息情况
  非常规律
  规律
  偶尔规律
  不规律

8. 孩子的自由时间一般会开展以下哪些活动【多选题】
  阅读
  玩玩具
  运动
  看电视
  玩电子游戏
  做力所能及的家务
  其他

9. 幼儿居家期间您遇到的问题有哪些？【填空题】

10. 您希望幼儿园提供哪些方面的帮助？【填空题】

图 4-6-2　调查问卷内容拟定

拓展阅读

在多选题题目后应做好题型标记,如图 4-6-3 所示。对于多选题等题型需做好题型标记,才能被问卷星系统识别。

3. 主要陪伴人会把陪伴时间用在哪些方面【多选题】

玩亲子游戏

阅读和交流

看电视或打游戏

锻炼身体和其他

图 4-6-3　备注题型

二、调查问卷的创建

1. 打开问卷星网站,登录后,单击"创建问卷",如图 4-6-4 所示。

图 4-6-4　问卷星登录后界面

2. 选择"调查",单击"创建",如图 4-6-5 所示。

图 4-6-5　创建问卷

3.问卷星平台中有三种创建方式可供选择,以"文本导入"为例,如图4-6-6所示。将拟定的问卷内容文本复制粘贴到文本框中并进行编辑,如图4-6-7所示。

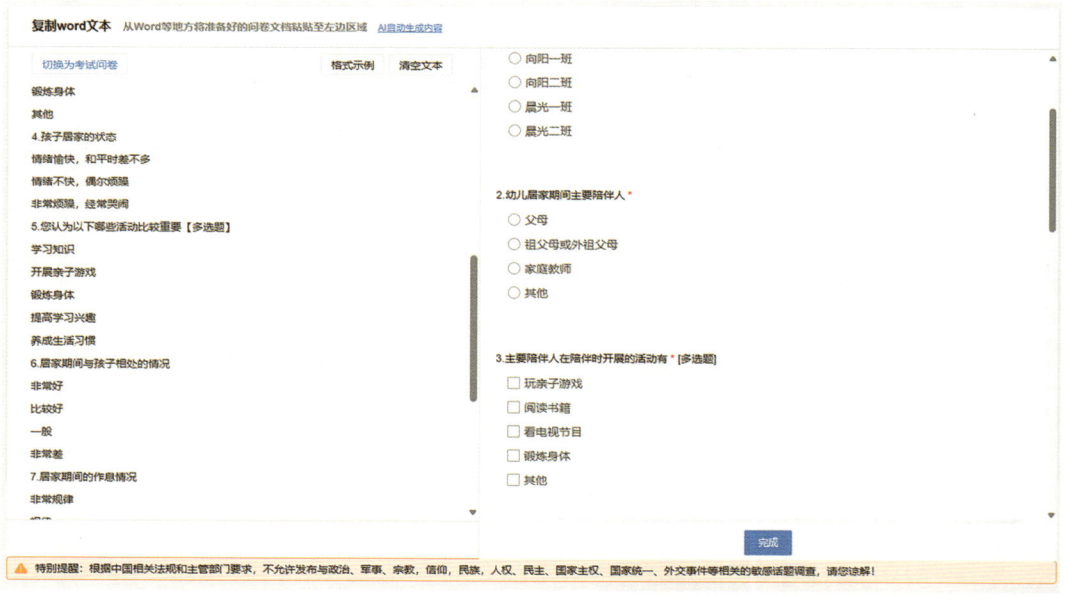

图 4-6-6 选择"文本导入"方式

 温馨提示

"文本导入"是一种高效快捷的方式,非常实用。结合导入文本后问卷呈现的效果,可以对需要调整的内容及题型进行编辑。

图 4-6-7 文本导入效果

三、问卷题目的编辑

1. 文本导入完成后，单击页面下方的“完成”按钮，进入问卷编辑页面，如图 4–6–8 所示。

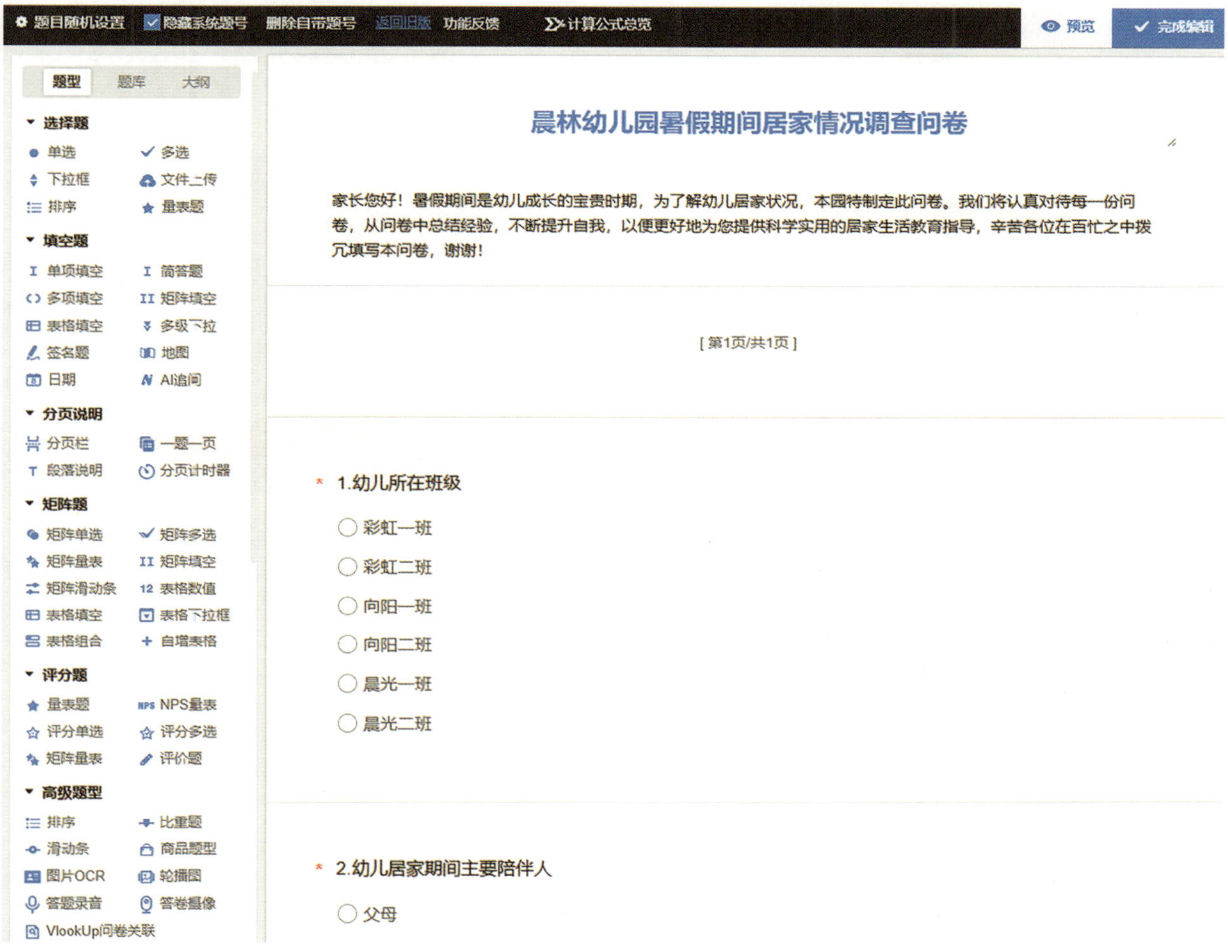

图 4-6-8　问卷编辑页面

2. 选中题目或单击题目栏下方的“编辑”，进入题目编辑状态，可对题目进行修改，如图 4–6–9 所示。

学习笔记

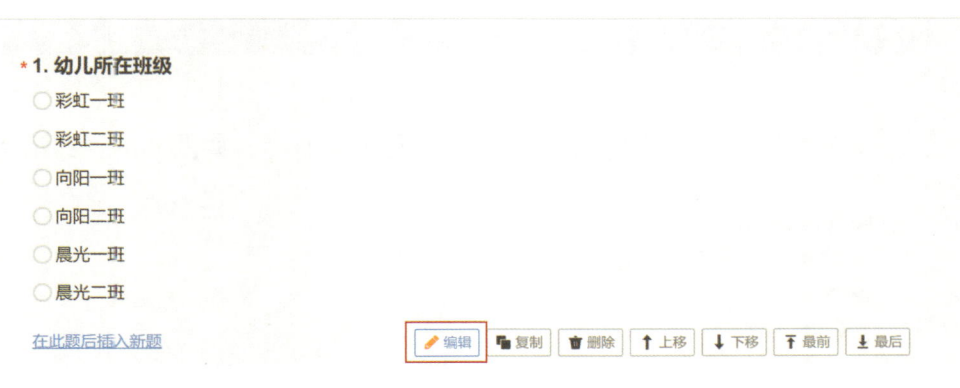

图 4-6-9　进入问卷编辑页面

（1）对选项进行增加和删除，如图4-6-10所示。

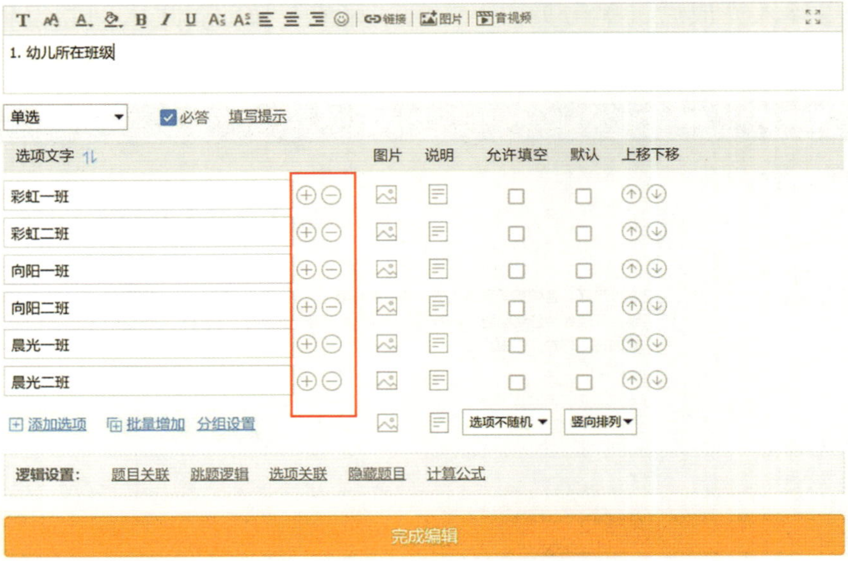

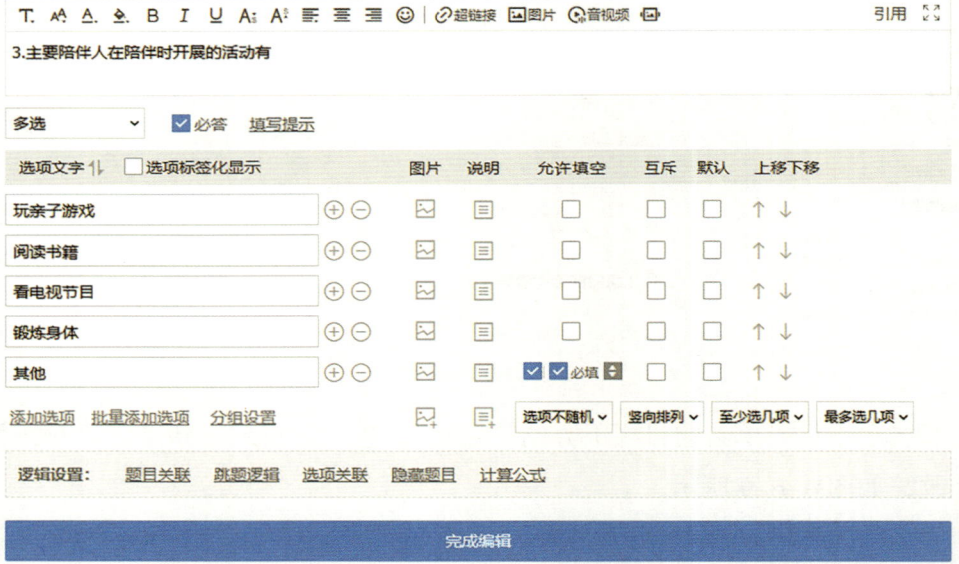

图 4-6-10　增加和删除选项

（2）对选项设置补充填空，如图4-6-11所示。

图 4-6-11　补充填空设置

（3）删除题目，单击题目栏下方的"删除"即可，如图4-6-12所示。

图 4-6-12　删除题目

（4）可根据需要在题目后插入新题，单击"在此题后插入新题"即可，如图 4-6-13 所示。

图 4-6-13　插入新题

3. 完成题目编辑后，可单击"预览"，查看问卷的最终效果，如图 4-6-14 所示。

图 4-6-14　预览问卷

4.仔细预览问卷，确认没有问题后，可单击页面上方的"完成编辑"按钮，如图4-6-15所示。

图4-6-15　单击"完成编辑"

四、问卷外观设置

1.单击"设计问卷"→"问卷外观"，选中"电脑预览"，可以使用问卷星提供的预定义背景，如图4-6-16所示。

图4-6-16　"电脑预览"问卷外观

2. 问卷背景设置。在问卷预览右侧窗格中单击"设置背景"，在下拉列表中设置问卷背景。

（1）预定义背景，单击相应图片即可设置，如图 4-6-17 所示。

（2）自定义背景，背景图片推荐尺寸为 1440×540 px。如果图片较小，会默认平铺。若选中"背景图应用到移动端"，则移动端问卷背景也会更新为该图片，此时可单击"手机预览"进行查看，如图 4-6-18 所示。

3. 问卷页眉设置。在页眉位置可以添加图片，在右侧窗格"页眉页脚"的下拉列表中进行设置，如图 4-6-19 所示。

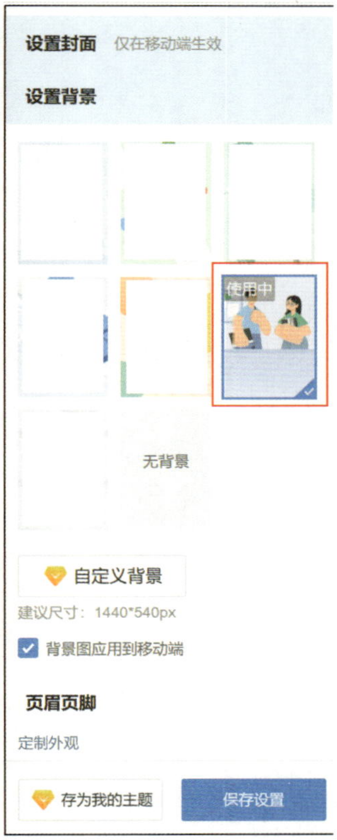

图 4-6-17　设置背景 　　图 4-6-18　自定义背景 　　图 4-6-19　页眉设置 　　图 4-6-20　页脚设置

4. 问卷页脚设置。可以在页脚处添加版权信息或幼儿园名称等信息并居中显示，如图 4-6-20 所示。

5. 文字格式设置。在"文字格式"下拉列表中可以修改问卷内字体大小、标题按钮颜色及题干文字颜色。若想修改为其他颜色，可以单击颜色代码，将其修改为其他颜色，也可以在拾色器中选取合适的颜色，如图 4-6-21 所示。

6. 其他设置。单击右侧窗格下方"存为我的主题"按钮，将当前问卷的外观设置保存为个人主题模板，可在其他问卷中应用该模板，如图 4-6-22 所示。

图 4-6-21　修改文字格式　　　　　　　图 4-6-22　存为我的主题

五、问卷的发布与发送

1.完成编辑之后发布问卷，单击页面上方的"设计向导"，在跳转的页面单击"发布此问卷"按钮，如图 4-6-23 所示。

图 4-6-23　发布问卷

2.问卷发布之后将生成问卷链接，单击"复制"按钮，将链接复制，并通过微信等发送给填写者，如图 4-6-24 所示。

图 4-6-24　复制链接

六、问卷数据分析

收集到问卷数据后，在问卷列表中单击该问卷栏下方的"分析＆下载"查看结果，在跳转的页面中可查看默认报告、分类统计、交叉分析、自定义查询、在线 SPSS 分析，同时可以下载报告。如图 4-6-25 所示。

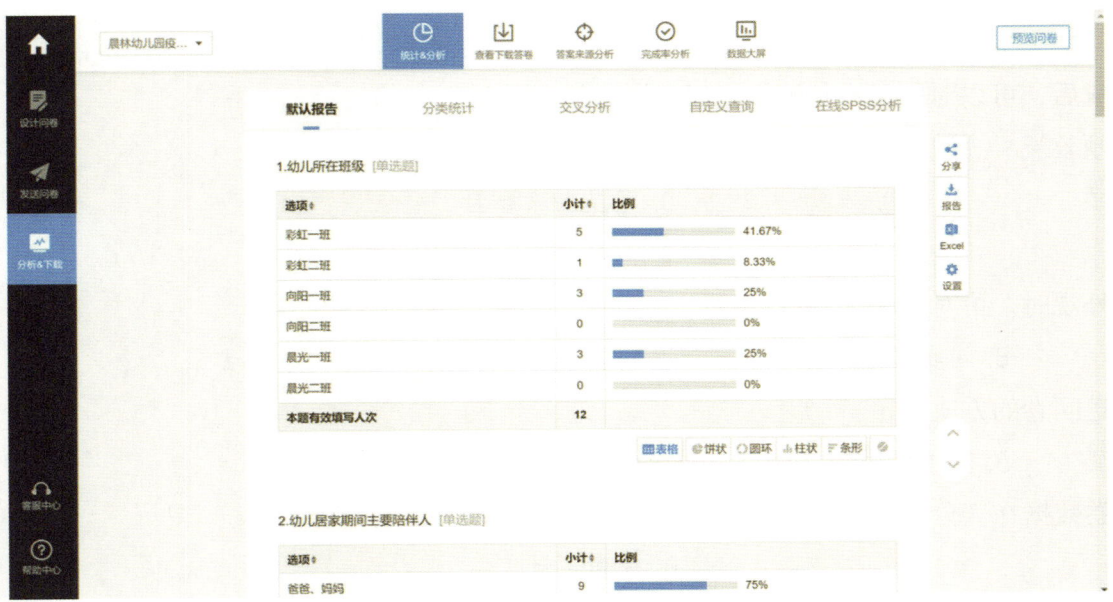

图 4-6-25　问卷数据分析页面

要点小结

1. 创建问卷前应根据需要在 Word 文档中初步拟定问卷内容。
2. 创建问卷有三种形式，分别是从空白创建、文本导入、人工录入服务。
3. 使用"文本导入"创建问卷非常高效，可实现批量导入。
4. 完成问卷编辑后，可以发布问卷，并将问卷链接发送给填写者。
5. 产生答卷后，可进行数据分析。

微课：制作调查问卷

拓展阅读

问卷星的"分析＆下载"功能除了可以让发布者查看"统计＆分析"之外，还可以实现下载问卷、分析答案来源、分析完成率、查看数据大屏等，帮助发布者对调查结果进行更全面的分析，为发布者提供更有效的数据参考，帮助问卷发布者了解实际情况，从而更好地开展相关工作。

思考与练习

模块四任务 6
云测试

一、单选题

1. 创建调查问卷有（　　）种方式可供选择。
   A. 1　　　　　　B. 2　　　　　　C. 3　　　　　　D. 4

2. 本任务介绍的调查问卷制作过程，一共包括（　　）个步骤。
   A. 4　　　　　　B. 5　　　　　　C. 6　　　　　　D. 7

3. 文本导入完成后，可以对题目进行编辑，以下说法错误的是（　　）。
   A. 不可以对选项设置补充填空　　　　B. 可以删除选项
   C. 可以增加选项　　　　　　　　　　D. 可以删除题目

二、多选题

1. 在设置问卷外观时，可对（　　）进行设置。
   A. 问卷背景　　　B. 问卷页眉　　　C. 问卷页脚　　　D. 文字格式

2. 向答题者发送问卷的方式有（　　）。
   A. 链接与二维码　B. 微信发送　　　C. 邮件发送　　　D. 短信发送

3. 收集到的问卷数据在"分析＆下载"中可通过（　　）查看结果。
   A. 默认报告　　　　　　　　　　　　B. 分类统计
   C. 交叉分析　　　　　　　　　　　　D. 自定义查询和在线 SPSS 分析

三、判断题

1. 拟定调查问卷内容时，对于多选题等题型需做好题型标记，才能被正常识别。（　　）

2. "文本导入"是一种高效快捷的方式，非常实用。结合导入文本后问卷呈现的效果，可以对需要调整的内容及题型进行编辑。（　　）

四、简答题

1. 创建问卷有哪几种方式？

2. 简述修改问卷标题文字及题干文字颜色的方法。

实践与运用

运用本节所学的知识制作一个幼儿基本信息调查问卷，完成以下操作。

1. 问卷应包含家庭基本情况、幼儿基本情况、家长对幼儿园及老师的期望等内容。
2. 根据实际需要设置单选题、多选题、填空题等题型。
3. 采用"文本导入"方式创建问卷。
4. 对标题按钮颜色及题干文字颜色进行设置。

自我评价与反思

任务 7
制作打卡接龙

学习任务单

姓名		班级		学习时间	1 课时
序号	任务描述	学习建议	完成效果		
			自己评	同伴评	教师评
1	创建打卡接龙。	以实践操作为主,学会创建打卡接龙的方法。			
2	设置打卡标题和内容。	以实践操作为主,对标题和内容的设置进行练习,根据实际需要在文字、图片、视频、附件中选择最合适的打卡形式。			
3	设置按名单打卡。	以实践操作为主,按姓名或编号预置打卡名单。			
4	编辑打卡内容。	以实践操作为主,掌握编辑打卡选项的方法。			
5	打卡设置。	以实践操作为主,结合实际需求,尝试对打卡的具体参数进行设置。			
6	打卡管理。	以实践操作为主,掌握管理打卡的方法。			
学习反思					

情境导入

为了培养幼儿养成良好的运动习惯，强健幼儿的体魄，芒果同学想发起运动打卡活动，想要鼓励幼儿在日常生活中坚持运动。想法有了但不知道如何实施，芒果同学向苏老师问道："苏老师，如何高效快捷地统计幼儿的运动打卡情况？"苏老师笑着说："这个不难，接龙管家小程序中的打卡接龙功能就能实现你的想法。"那让我们一起来学习吧！

请思考

1. 怎样方便幼儿家长完成运动信息打卡？
2. 如何查看打卡情况？

本次任务是制作一个幼儿运动打卡接龙，效果如图 4-7-1 所示。通过打卡接龙的方式高效地完成幼儿运动情况调查。

图 4-7-1　幼儿运动情况打卡制作效果

拓展阅读

2017年8月27日，习近平在会见全国体育先进单位和先进个人代表等时指出，加快建设体育强国，就要坚持以人民为中心的思想，把人民作为发展体育事业的主体，把满足人民健身需求、促进人的全面发展作为体育工作的出发点和落脚点，落实全民健身国家战略，不断提高人民健康水平。

鼓励引导幼儿养成运动的好习惯，为建设体育强国打下坚实的基础。

学习笔记

打开接龙管家小程序，制作运动情况打卡接龙，需学习的主要内容有设置标题和内容、设置按名单打卡、编辑打卡内容、设置打卡方式等。那开始我们的学习之旅吧！

一、创建打卡接龙

1. 在微信小程序中搜索"接龙管家"，如图4-7-2和图4-7-3所示。

图4-7-2　微信小程序界面　　　　　图4-7-3　"接龙管家"搜索结果

2. 进入小程序后，依次单击"发布接龙"→"打卡接龙"，如图4-7-4和图4-7-5所示。

图 4-7-4 接龙管家界面　　　　图 4-7-5 创建"打卡接龙"

3. 创建一个新的打卡接龙时，可以先查看已有模板中是否有合适的主题，也可以复制之前发布的接龙，如图 4-7-6 所示。当模板中没有合适主题时，可以单击"从空白创建"来创建新的打卡接龙，如图 4-7-7 所示。

图 4-7-6 查看已有模板　　　　图 4-7-7 从空白创建

拓展阅读 ▶▶▶

单击小程序底部"我的接龙",在跳转的页面中找到之前发布的打卡接龙,单击"更多",如图 4-7-8 所示。在弹出的列表中选择"复制"即可复制之前发布的接龙,如图 4-7-9 所示。

图 4-7-8 我的接龙界面　　　　　图 4-7-9 复制接龙

二、设置打卡标题和内容

创建打卡接龙后,根据实际情况对标题和内容进行具体设置,如图 4-7-10 和图 4-7-11 所示。

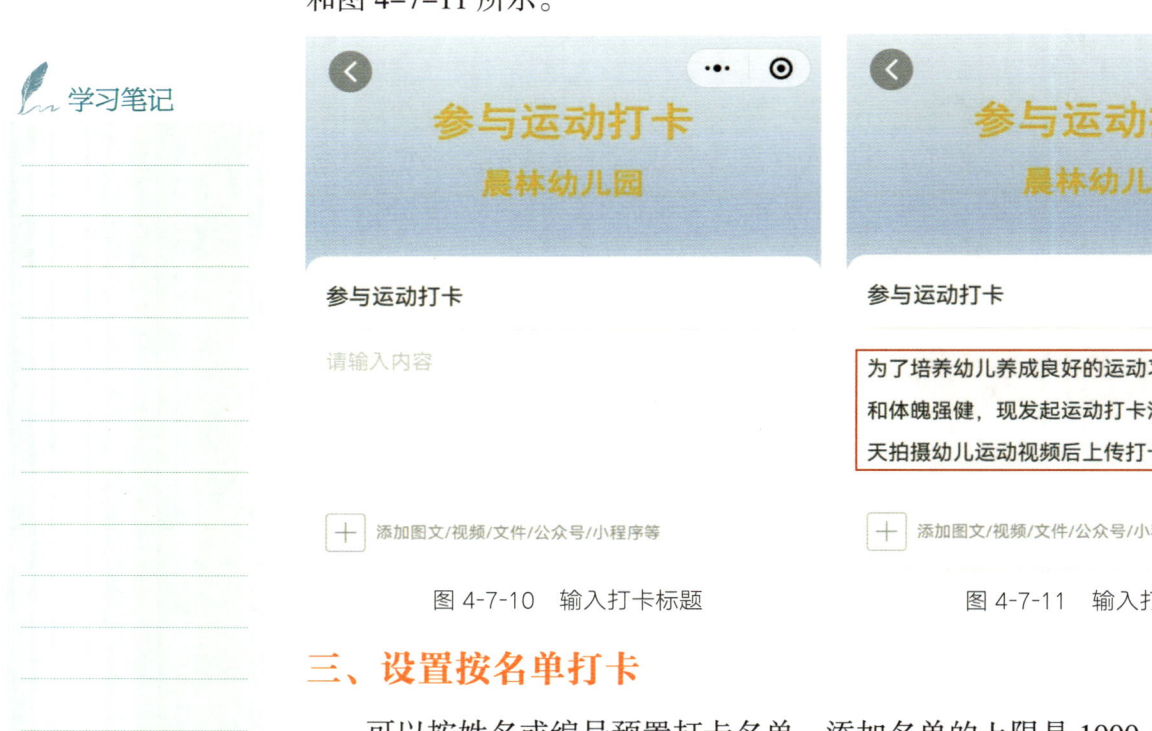

图 4-7-10　输入打卡标题　　　　图 4-7-11　输入打卡内容

三、设置按名单打卡

可以按姓名或编号预置打卡名单,添加名单的上限是 1000 人。

1. 设定姓名:一行一个姓名或用逗号分隔,可添加编号,姓名与编号间用 & 分隔。例如:李欢 &1,林晨 &2,赵苗苗 &3,如图 4-7-12 所示。

图 4-7-12　设定姓名输入

2. 设定编号,编号规则如下。

（1）连续编号,如 1-20、21-30 等,如图 4-7-13 所示；

（2）单独编号,直接写出号码即可,如 6,8,15,36；

（3）混编,如 1-5,12,15-25,31。

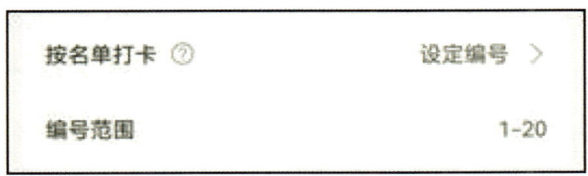

图 4-7-13　设定编号

四、编辑打卡内容

1. 程序支持的打卡内容形式有：文本、图片、录音、视频、单选、多选、下拉选择、数字、日期、位置、文件、签名,如图 4-7-14 所示,可按需添加并对已添加的内容进行排序、编辑和删除操作。

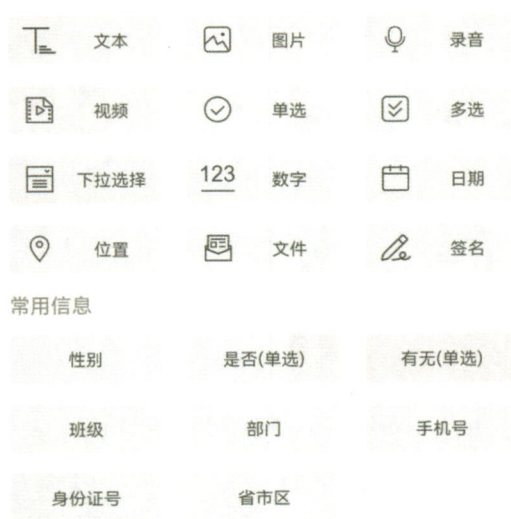

图 4-7-14　添加打卡内容

2. 在打卡内容中，默认给出的"署名"为必填项，但"署名"二字可进行修改，即可改为"姓名""学生姓名"等，如图 4-7-15 所示。

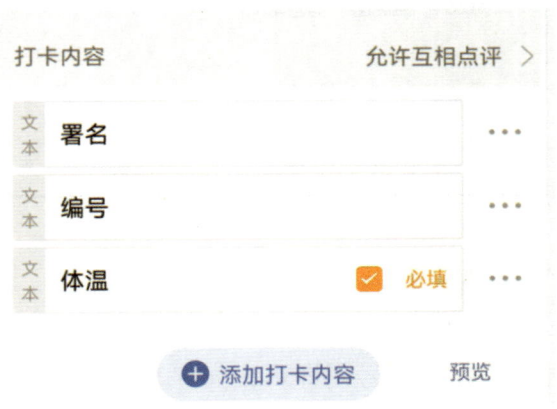

图 4-7-15　添加打卡内容

3. 选中文本类型的内容，单击内容栏右侧的"更多"，在列表中选择"编辑"跳转至文本内容的编辑页面，可以从默认值、验证格式、多行文本、是否必填等方面对文本内容进行编辑，如图 4-7-16 所示。

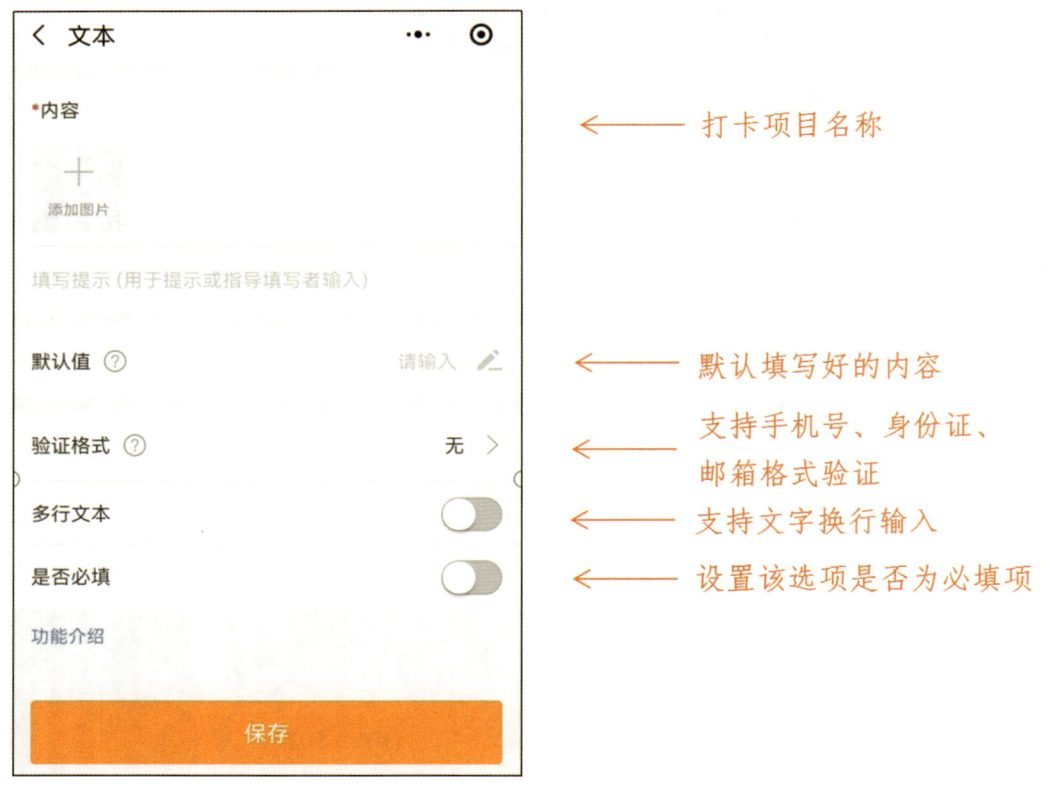

图 4-7-16　文本内容的编辑

4. 此外，图片、录音、视频、文件的上传要求如下。

（1）图片：每位参与者最多上传 9 张，可选择限制上传图片的数量。

（2）录音：可上传录音时长最长为 600 秒。

（3）视频：可上传视频时长最长为60秒，大小不超过20兆字节。

（4）文件：最多上传6个文件。

拓展阅读 ▶▶▶

若打卡内容涉及隐私，建议发布者勾选"打卡互不可见"，此设置会让参与人只能看到自己打卡的内容，如图4-7-17所示。

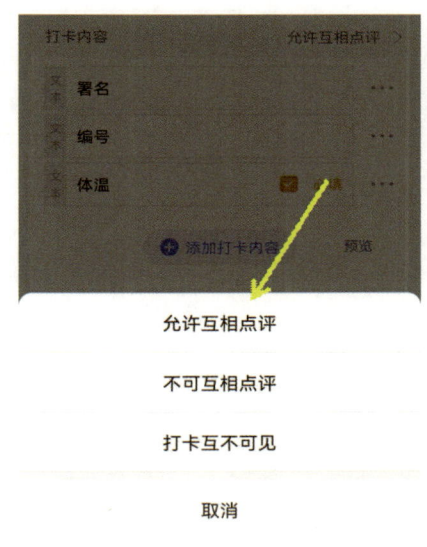

图 4-7-17　隐私设置

五、打卡设置

1.打卡频率设置。打卡频率可设置为每月、每周、每天，也可设置为法定工作日、法定节假日、自定打卡日等，如每周二和每周四打卡等，如图4-7-18所示。

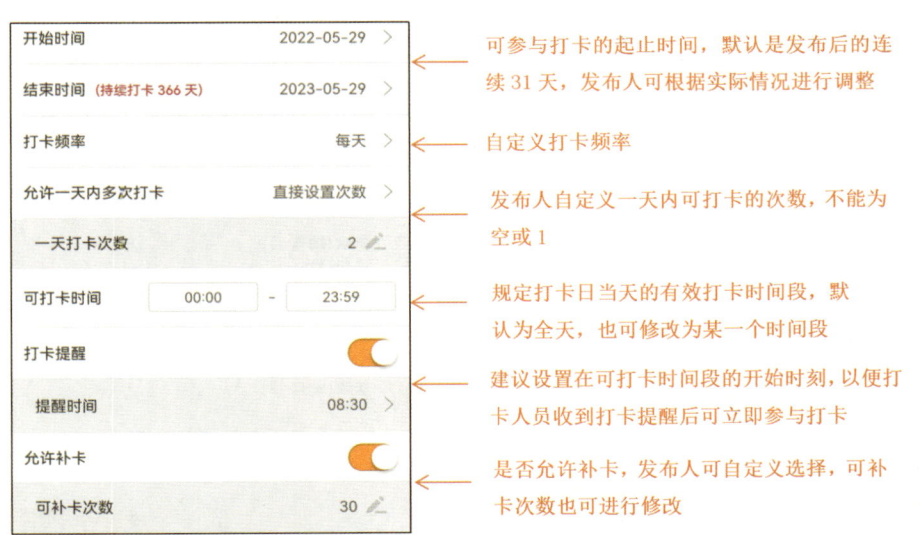

图 4-7-18　打卡设置

2.自定义打卡次数，发布者自定义一天内可打卡的次数，该项需大于1但不大于30，如图4-7-19所示。

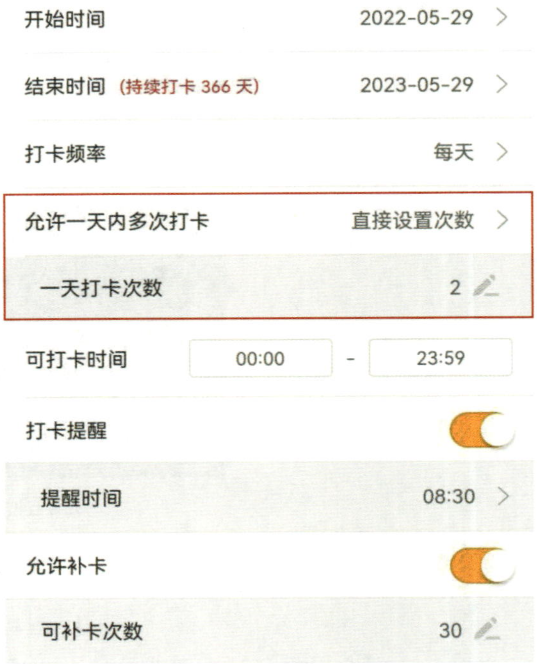

图4-7-19 自定义打卡次数

3.自定义打卡次数设定后，参与者在一次打卡之后需单击"继续打卡"按钮继续当日打卡，当打够规定打卡次数后才算完成打卡。完成当日打卡后，参与者可单击"我的打卡记录"查看个人打卡情况，如图4-7-20和图4-7-21所示。

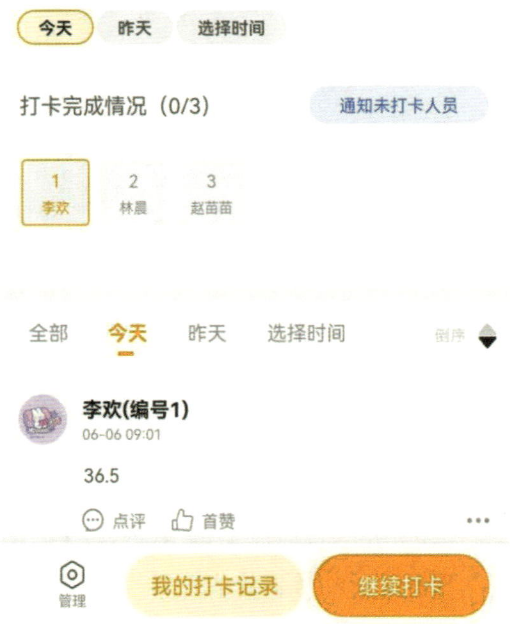

图4-7-20 完成1次打卡 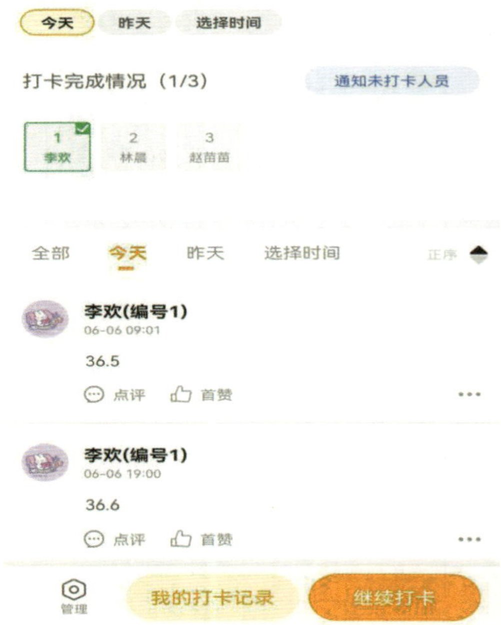   图4-7-21 完成规定次数打卡

4. 自定义打卡时间段设置。发布者可添加多个时间段作为打卡时间，各个打卡时间段之间不能有重合，如图4-7-22所示。设置后，参与者必须在当日所有规定的时间段内均进行一次打卡才算完成当日打卡任务。

5. 打卡提醒设置。打卡提醒是由接龙管家公众号发送提醒给参与者，参与者单击该提醒后自动跳转至打卡页面。打卡接龙默认允许补卡且给参与者30次补卡机会，发起人可以根据实际情况设置是否允许补卡及可补卡次数。

6. 更多设置。单击"更多设置"旁的下拉箭头，在下拉列表中可对设置转发图、打卡后允许修改、默认填写上一次内容等10余项内容进行设置，如图4-7-23所示。设置完毕后，单击"立即发布"。发布成功后可以单击打卡页面上方的"邀请填写"分享打卡，相关人员即可参与打卡。

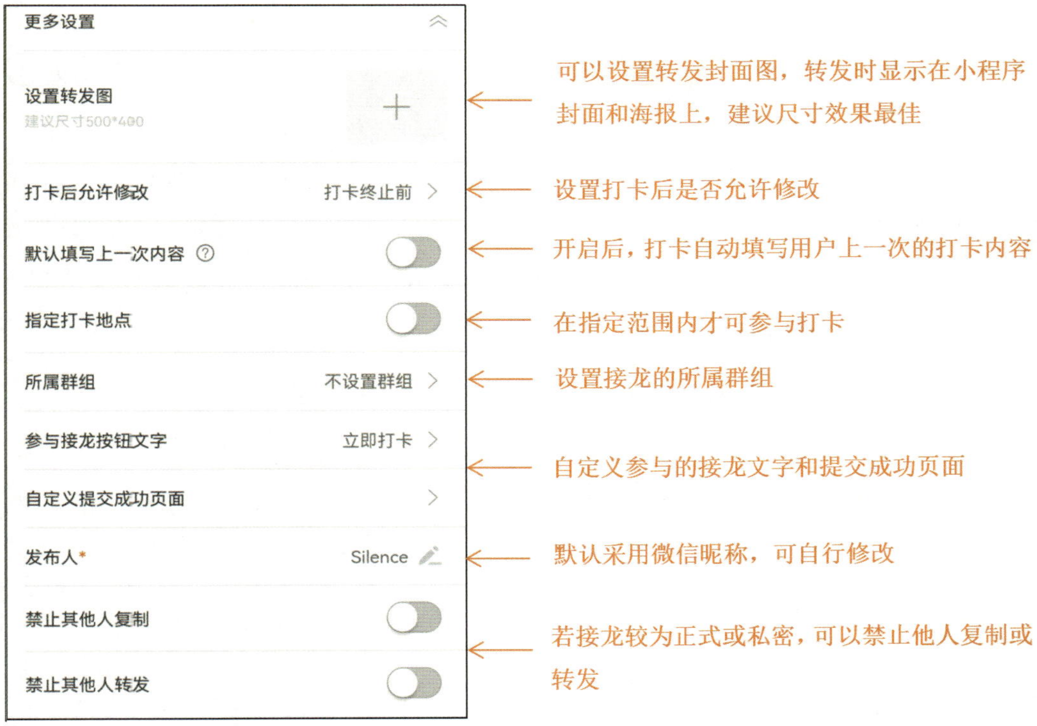

图4-7-22 自定义打卡时间段

图4-7-23 更多设置

六、打卡管理

1. 通知未打卡人员设置。若发布者预置了打卡名单,可在打卡页面单击"通知未打卡人员"将打卡转发或发送未打卡名单来提醒未参加打卡的人员查看并参与打卡,如图 4-7-24 所示。

2. 单击"通知未打卡人员"→"转发到群",选择打卡人员所在的微信群后,将转发封面为未打卡名单的小程序卡片,参与者单击该卡片即可参与打卡,如图 4-7-25 所示。

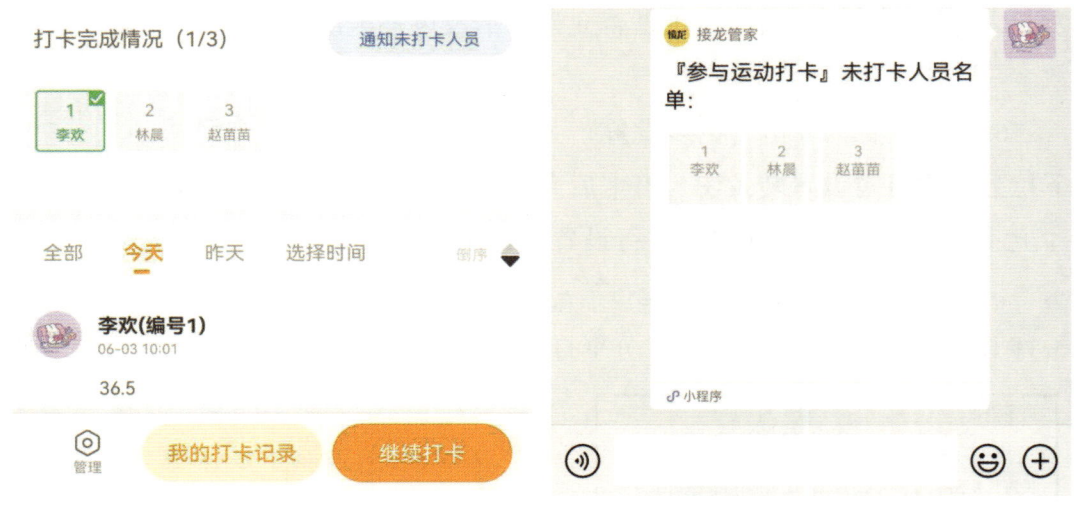

图 4-7-24　通知未打卡人员　　　　图 4-7-25　"转发到群"通知效果

3. 设置管理员。发布者可在打卡页面单击"管理"→"设置管理员",邀请他人成为管理员,也可以设置已参与打卡的成员为管理员。管理员拥有除影响发布人权限以外的所有管理权限,包括删除和拉黑打卡成员、修改打卡成员名称等,如图 4-7-26 所示。

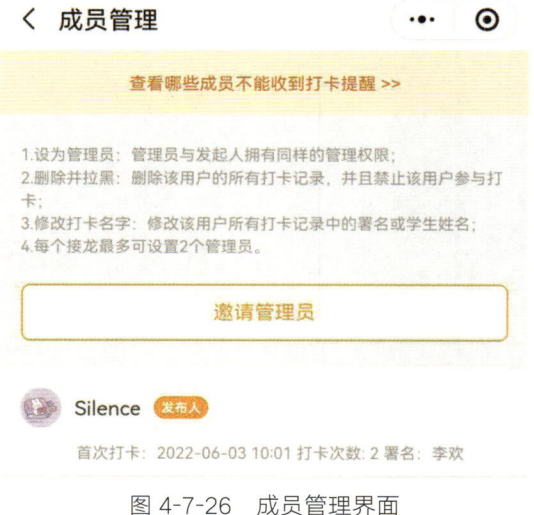

图 4-7-26　成员管理界面

4. 更多管理设置。发布者可对打卡进行导出、修改、复制、提前结束和删除等操作，如图 4-7-27 所示。

注意：如需对接龙做较大改动，为避免数据丢失请提前导出数据或在复制后重新发布新的接龙。

图 4-7-27　管理界面

要点小结

1. 利用打卡接龙可以进行周期性的信息收集，极大降低了统计人员的时间成本。

2. 可以设置按名单或编号打卡，方便统计人员查看未打卡人员，使打卡情况一目了然。

3. 可自定义打卡内容，打卡内容支持多种形式，统计人员可根据实际需要进行设置。

4. 打卡情况会自动汇总，并生成详细的打卡记录，可以通过打卡管理一键导出打卡数据，方便统计人员统计分析。

微课：制作打卡接龙

拓展阅读 ▶▶▶▶

接龙管家小程序支持的打卡内容形式有文本、图片、录音、视频等，发布者可按需添加并对已添加的内容进行编辑。尤其在需要收集打卡图像时，可在打卡中添加图片形式的打卡内容，就会非常便捷高效。收集完成后，发布者可以通过打卡管理对提交的图片进行批量下载。

一、单选题

1. 设置按名单打卡时，添加名单的人数上限是（　　）。
   A.1000　　　　　　　　　　　　B.800
   C.600　　　　　　　　　　　　D.500

2. 打卡接龙默认给出的补卡机会是（　　）次。
   A.10　　　　B.20　　　　C.30　　　　D.40

3. 关于自定义打卡，下列说法错误的是（　　）。
   A. 发布者可设置多个打卡时间段
   B. 各个打卡时间段之间可以重合
   C. 参与人必须在当日所有规定的时间段内都进行一次打卡才算完成今日打卡任务
   D. 发布者可以自定义一天内打卡次数

二、多选题

1. 按编号预置打卡名单，设定编号的规则有（　　）。
   A. 连续编号　　　B. 单独编号　　　C. 混编　　　D. 固定编号

2. 设置自定义打卡次数时，发布者自定义一天内可打卡的次数不能为（　　）。
   A. 空　　　　B.1　　　　C.2　　　　D.3

3. 关于打卡频率，下列说法正确的是（　　）。
   A. 打卡频率可以设置为每月、每周、每天
   B. 发布者也可设定法定工作日为打卡日或自定义打卡日，如每周二和每周四打卡等
   C. 发布者也可自定义一天打卡次数
   D. 参与打卡的人只需要在规定打卡时间内打够次数即可

三、判断题

1. 创建一个新的打卡接龙可以先查看已有模板中是否有合适的主题，也可以复制之前发布的接龙。如果模板中没有合适主题，发布者可以点击"从空白创建"来创建新的打卡接龙。（　　）

2. 在"我的接龙"中找到之前发布的打卡接龙，单击"更多"，在弹出的界面中选择"复制"即可复制之前发布的接龙。（　　）

四、简答题

1. 对"1号李某、2号赵某、3号林某"采用按名单打卡的形式，应该怎么设置？

2. "允许一天内多次打卡"有哪几种类型?

实践与运用

运用本节所学的知识制作一个打卡接龙,主题为"幼儿暑假居家阅读打卡"。完成以下操作。
1. 设置"按名单打卡";
2. 打卡内容设置为姓名、编号、幼儿阅读视频三项内容;
3. 设置打卡频率为"每天";
4. 设置"一天打卡次数"为1次。

自我评价与反思

附录　全书任务素材

模块一任务1　素材

模块一任务3　素材

模块二任务2　素材

模块三任务1　素材

模块三任务2　素材

模块三任务3　素材

模块三任务4　素材

模块四任务1素材

模块四任务2　素材

模块四任务3　素材